「野菜の価格が高い!」
D社対IY戦争で知る
商売の真髄

渡辺 一憲

東京図書出版

まえがき

(1) 著者紹介

この本の原稿を書き始めた2015年1月1日現在、私は65歳、バリバリの現役の青果のMgr（マネージャー）兼SV（スーパーバイザー）です。

四国にある年商約100億円のローカルスーパーマーケット3店舗の青果を担当しています。

もちろん、3店舗の青果部門（O店500万／月、N店400万／月、U店300万／月）の売上、荒利、在庫の数値責任を背負っています。

都会の店舗に比べると売上規模、売場面積ともに小さいですが、それなりにマネジメントの苦労は同じです。

中腹に棚田を抱える緑ゆたかな山々、多くの水鳥を育む水量豊かな肱川、魚種の恵み豊かな瀬戸内海の海……自然豊かな地域に立地する店舗で、昔取った「杵柄（きねづか）」（知識、経験、ノウハウ）を活かし、数値を「掌（たなごころ）」で転がしながら適度の数値責任の緊張感を楽しんでいます。

元上司や同僚・部下が悠々自適の生活を送る中、多少ガタがきているものの、頭と体は錆び付いていないので、もうすこし頑張れるかなと思っています。
田舎育ちで、小学校の頃、稲刈りや草刈りを経験しているせいか、農業が主たる産業のこの地の水が合うようです。

ＢＹ（バイヤー）経験を活かし、週に3回は早起きし、40分かけて近くの中央市場や地方市場に買い出しに出かけます。

普通った、全国から荷物を集める大規模な神田や荏原、大田、足立、横浜、世田谷市場などと違い、地場野菜・果物で溢れる、小ぢんまりした楽しい市場です。

自分の目で見て確かめた野菜や自分の舌で吟味した果物を仕入れて、売場に並べて販売し、「安いね！　美味しかったよ！」と馴染みのお客様から言われるのが楽しみです。

私の仕事は青果のＭｇｒ＆ＳＶの他にもう一つあります。

ＳＭ（スーパーマーケット）での商売の基本を、Ｍｇｒや社員、パートタイマーに教える教育担当です。

①ＳＭの歴史、社会的使命、売場づくり・オペレーションの原理原則
②「数値管理」

③荒利コントロール
④表示・コンプライアンス
⑤競合店調査
⑥販売計画

などです。

代を重ねるごとに忘れがちな「創業の精神」や「こころざし」を従業員に知ってもらういい機会です。

原理原則を知るということは、そのことがお客様のためになるのと同時に、「無駄なことをしない」、「遠回りをしない」という意味で結果的に売上・荒利・在庫に貢献する、とても大切なことです。

先人たちの失敗の積み重ねの軌跡の上に、正しい方向へと導く原理原則が生まれたのです。私がこれから語っていく内容も、過去の過ちや反省を見つめ直し、試行錯誤の中で見つけた原理原則、お客様の要望に寄り添って気づいた商売の道筋です。

3店舗のうち大好きなN店を紹介しましょう。

青果部門は、直営と地産コーナーを合わせて売場面積約20坪、売上合計で600万です。

地産コーナーの地元の野菜・果物が良きライバルで、切磋琢磨しています。

人員は、6時間パートタイマーAさん、Hさん、Nさんの3人と私がMgr（30％M／H）とSV（70％M／H）兼務で3・3人体制です。

うちのパートタイマーは優秀です。

Aさんが主に発注を行い、留守をしがちな私は彼女が休んだ時の補助役です。

私がたまに、シーズンの売場づくりのためのレイアウト・棚割を変えるくらいで、値入・売価設定、売価変更、売場づくりや手書き黒板POPなど3人が全員で実施します。

売価設定は、品群別値入率が定められた値入マトリックス表をもとに行います。

①23％値入品群……高購買頻度ベーシック品群（キャベツ、きゅうり、ふじりんご、バナナ、いちご）
②33％値入品群……ベーシック野菜（レタス、トマト、白菜、大根、しめじ、えのきなど）
③38％値入品群……その他の野菜・果物

この店は、競合店が撤退したので、半ば、地域独占に近いです。上限38％の値入率で荒利率25・5％を確保して、安易に売価を上げないように「たが」をはめているのは地域独占の戒めです。

ところで、何か気がつきましたか？　……気づいたら、あなたは大したものです。

■「100品目は原価で、
■ 200品目は原価＋5％売価で、
■ 300品目は原価＋10％原価で……」

そうです、「スーパーマーケット（SM）」の生みの親「マイケル・カレン」が自分の店舗の「キングカレン」で実施した「マージンミックス」の考え方を取り入れているのです。

値入MIXと言えば、「ああそうか」とおわかりでしょう。

1930年、大恐慌に喘ぐ消費者に低価格の食料品を提供したいと考えたマイケル・カレンは、「ワンストップショッピング」、「キャッシュ&キャリー」、「セルフサービス」などのコンセプトのもとに大幅な経費削減を行い、さらに「マージンミックス（値入MIX）」という「考え方」で「部門ミックス」を行い、ベーシック商品をさらに低価格に引き下げて販売できる革新的な「スーパーマーケット」をオープンしました。

そして、この「スーパーマーケット」のオープン以来、85年経った今も、SMの原理原則、「値入MIX（マージンミックス）」は、日常の私たちのSMの商売の中で生きているのです。


私の地域の店舗はお年寄りが多く、私ももうすぐ仲間入りが近い年金暮らしを支えるため、ベーシック野菜を少しでもリーズナブルな価格で提供しようと心がけています。

地域に根ざし、地域のお客様の日々の暮らしを守り、豊かにしたい……そういう「こころざし」を持って商売をしています。


本当は、この値入マトリックスでは、荒利率27〜28％は確保できる設計です。

相場任せのチラシ原価なので、野菜の相場の突然の高騰や、チラシ売価が原価割れで大損することもあり、備えなければなりません。

相場が安定して、発注がスムースにいくと荒利率25・5が確保されて、計算上、在庫も限りなく「0」になりがちです。

そういう時は給料前の20日くらいに、玉ねぎ1個10円、キャベツ1玉50円などベーシック野菜を安く販売して、余剰の差益は全てお客様に還元します。

「こころざし」とそれを支える「原理原則」はとても大事です。
これが、本書を貫くテーマです。

(2) 主な内容案内……

さて、本書に書かれていることのほとんどが、SM（スーパーマーケット）の「青果の商売」に関する内容です。

SMの一般的な原理原則については、渥美俊一先生や他の権威ある先生方の書かれた図書が数多く出版されています。

また、SM全体について書くことは、私の能力の範囲をはるかに超えます。

この本はSMの青果の商売の「原理原則」、「ノウハウ」に関する内容の本ですが、青果物の一般的な知識についての内容ではありません。

青果物の「鮮度管理」や「商品管理」のための商品知識、売場づくりのための商品出回りや品揃え・棚割の知識、「数値管理」のための一般公式などの表面的な知識は、食品商業社から出版されている『青果の教科書』などを読めば充分でしょう。

ここに書かれている内容は、一般の教科書に書かれることのない、「野菜の価格の改善」についての詳細な物語です。

常に、お客様の視点で観察、調査・分析、判断、解決策が組み立てられていきます。

「野菜の価格の改善」の過程で、「顧客志向」を貫きながら様々な改善の手法、指標、ノウハウが出てきます。

そして、お客様の要望に寄り添った商売は、結果的に売上・荒利の向上につながります。

質問1

★キャベツ、ピーマン、サニーレタス……原価@100円です。

3品目について、あなたはどんな売価設定をしますか？

3品目とも一律値入の一律売価ですか？

正解はありません、あなたが「何のために」「誰のために」商売をしているのか、あなたの「こころざし」次第です。

私のお店では、キャベツ：128円、ピーマン：158円、サニーレタス：178円です。

理由は物語を追いかけていけばわかります。

質問2

★あなたの野菜の売場では様々な売価が表示されていると思いますが……。
次に並べる売価で、「意味のある売価」、「意味のない売価」はどれでしょうか？

98円、１００円、１０８円、１１８円、１２８円、
１３８円、１４８円、１５０円、１５８円、１６８円、
１７８円、１８８円、１９８円

●「意味のない売価」とは、お客様が「値ごろ（プライスポイント）」と考えている売価から、安さを演出するためにあなたが10円下げたとしても、売れ数は全然変化しない売価です。お客様は元の売価も値下げした売価も同じ「値ごろ（プライスポイント）」と認識しているので、安さを感じないため販売数量は伸びません。元の売価で販売していても良かったのに、単なる荒利の垂れ流しです。恥ずかしい話、昔、こういうことを無知な私はやっていました。

●こういう例は、チラシの売価や売場の売価で数多く見られます。お客様のことを理解していない証拠です。

質問3

★あなたのお店の野菜売場の野菜はお客様から支持されていますか??

①野菜の支持率（買上率……食品レジを通過した「客数」のうち野菜を買った「客数」の比率）

②1人当たり買上個数……（1人で何個野菜を買ったかの平均個数）

①②……はあなたの売場ではそれぞれ何パーセントで、何個でしょう？目標はありますか？

●都会と田舎では当然、差があります。

25年前、私がD社（ダイエー）の関東地区の責任者をしていた時は、50店舗平均で野菜の支持率：50％弱、1人当たり買上個数：3・3個でした。

今の3店舗は、野菜を自家生産している田舎でもあり、直営売場と地産コーナーが隣接しているので、支持率：22〜25％、1人当たり買上個数：2・2〜2・5個です。

これから説明していく内容は、１９８９年当時、Ｄ社で社外秘となっていた青果の商売についての企業ノウハウです。

ことの発端は、１９８８年に実施されたＤ社とＩＹ（仮称）とを比較した「首都圏での顧客評価結果」です。

この中で、Ｄ社は顧客から、それもヘビーユーザー（固定客）から「まさか」と目を疑うような屈辱的な評価を受け、衝撃を受けました。

買物のしやすさ・販売促進や商品の魅力・ＱＳＣはさておいて、「価格のダイエー」として自負していたＤ社が、それも大黒柱の食品部門の全部門で、「価格評価」が「ＩＹよりも低い」との驚天動地の評価を受けたのです。

その不名誉な評価を挽回するための起死回生策として、経営トップの故中内ＣＥＯ（経営最高責任者・オーナー）の指示で青果部門に「先駆け」として白羽の矢が立ちました。

そして、Ｄ社の資力と知力を青果部門に注ぎ込んで、ＣＥＯ直轄プロジェクトがスタートしました。

Ｄ社ではＣＥＯの指示は絶対、それも例を見ない直轄プロジェクトです。

経営トップの覚悟の程が見て取れます。

プロジェクト名は、ＴＱＣ（Total Quality Control）プロジェクト「野菜の価格と鮮度の改善」、特に、ＩＹに負けない「野菜の価格の改善」です。

まずは、消費頻度の高い野菜の価格で、ヘビーユーザーの高い評価を得ることが至上命令だったのです。

そしてD社の全店の2万人以上のパートタイマーを対象にした「D社の野菜についての従業員アンケート」調査を実施し、結果を元に「全社的なQC活動（TQC）」をスタートさせました。

同時に、競合相手のIYの青果部門についても詳細な観察や実態調査・分析が行われました。「野菜の価格が高い」という身内のパートタイマーのアンケート結果も驚きでしたが、IYの青果部門の実態調査結果からもたらされる事実も、衝撃の連続でした。

「どれだけお客様のことを理解しているか」、「お客様を見る視点の違い」、「週間販売計画の実施率とMgrの教育レベルの差」、こんなにも商売のレベルに差があるのかと驚き、悔しい思いをしました。

このTQCプロジェクト「野菜の価格と鮮度の改善」への取り組みの中で、これから物語とともに読者に説明していく主な内容は……、

①「野菜の価格を改善」するための「顧客志向の考え方」

②「お客様の望む野菜の価格体系へと仕入れ・販売組織を変える仕組みづくり」
③「野菜の価格の改善対策が顧客志向からずれないための様々なチェック指標」
④「八百屋対策のための強力な価格戦略手法」
⑤「週間販売計画」を通じたMgr教育

などです。

1 お客様軽視の営業活動を許さない、お客様視点の改善手法と指標

厳しい「野菜についての従業員アンケート」から現実を直視させられ、「自己改革」に着手しました。

「売る立場」から「買う立場」に180度視点を変えて、お客様の要望に寄り添いながらお客様の視点でしか現状を変えることはできません。

判断・行動の羅針盤とも言うべき「顧客志向」という「こころざし」です。

徹底した「顧客志向」を貫き、お客様視点で青果の商売を「ゼロベース」で見直し、問題点を洗い出し、一つずつ再構築していくしか活路はないと悟りました。

お客様視点に立って「科学的な手法」に基づいた「野菜の価格の改善」のための様々な改善

手法が数多く生まれました。

①仕入れと販売が連動した指示売価制度と必要値入確保のための値入マトリックス
②野菜の「商品構成グラフ」の望ましい形と目標
③競合店売価比較調査とあるべき勝率
④値ごろ（プライスポイント）の絞り込みと意味のある売価・意味のない売価
⑤強力な八百屋対策のための価格戦略

などです。

各Ｍｇｒの野菜の商売を、お客様視点の改善手法のフィルターに通してみると、評価の高かった「優秀なＭｇｒ」の中には、一転して「要注意Ｍｇｒ」へと評価が１８０度変わることも起きました。

売上・荒利の実績を残すため、「お客様軽視」の安易な値上げで売上・荒利の実績を残してきたことがわかったからです。

ＴＱＣプロジェクト「野菜の価格と鮮度の改善」の取り組みの中から生まれた改善手法は、各Ｍｇｒの野菜の商売の中身を３６０度ガラス張りにして、「顧客志向」に反するような「お客様軽視」の営業活動は許しません。

本音も建前もなく、「顧客志向」を徹底して貫くＴＱＣ……お客様の要望に寄り添えない者は、青果から去れ！　……厳しい言葉も出てきました。

あなたは誰のために、何のために商売を行っているのか、ＴＱＣはＭｇｒに、「こころざし」と青果のプロとしての覚悟を迫ります。

2 ＴＱＣプロジェクトは、「組織風土を『顧客志向』へと変える構造改革」

「お客様軽視」の営業活動を生み出す背景には、方針や決め事を守らなくても実績を残せば黙認される「実績偏重」の悪しき「組織風土」、「体質」がありました。

ＴＱＣプロジェクト「野菜の価格と鮮度の改善」は、結局のところ、青果部門の悪しき「組織風土」、「体質」を、「顧客志向」へと変える構造改善の取り組みでした。

ＴＱＣプロジェクト「野菜の価格と鮮度の改善」に取り組んだ後の数値は、青果部門の「組織風土」、「体質」の改革とともに大きく改善されたのは言うまでもありません。

当時の「ＩＹのＳ社長」の言葉が印象的です……「業績は体質の結果である」。

Ｄ社は「For The Customers」を経営理念に掲げていました。

経営理念は、お客様の要望に沿って、正しいプロセスを踏んで業績を残しなさいと説いていいます。

生き残りをかけた創業の時代は、M社などの大手電機メーカーとの軋轢ももののともせず経営理念を貫いてきました。

でも、小売業全国№1になって、自分たちでも知らないところでいつしか、経営理念が風化し、正しいプロセスを踏まずに企業業績が優先される「組織風土」、お客様を顧みない「体質」へと変わっていったのでしょう。

それが、IYよりも評価が低い顧客評価調査結果となって現れているようです。

3 IYのベストプラクティスを参考に……①お客様を知る、②原理原則に忠実に

IYの青果部門の衝撃の実態調査結果からも、役立つ情報が多くありました。

IYの青果部門については外部からの観察や実態調査であるため、正確な中身についてはわかりません。

過大評価や過小評価があるでしょうが、推測するのみです。

私は中小企業診断士の資格を持っています。

多少なりとも小売についての専門的な知識を持ち、長年、多くの不振店対策に取り組んできた分、現役としての豊富な経験もあります。

高い視点、広い視野で商売を見渡せます。

青果部門に限らず、店づくりにしても、入り口照明の配置・照度、正面から見た店内の透視度・開放感、通路幅といったように、ＩＹは「原理原則」に忠実で無駄がないです。

ＢＹの頃、懇意にしている取引先の営業マンからよく言われました。

１００の決め事があると、ＩＹでは85～90守られるが、Ｄ社ではせいぜい60～70守られればいいほうだ！

この頃のＩＹを知れば知るほど、表面から見る柔な印象と程遠く、手ごわい相手だと思いました。

ＩＹから学習し、自分たちで発展させたものは……、

①値ごろの考え方と絞り込み
②価格の包み込み戦略
③「商品・売場づくり」の標準化と、そのための「週間販売計画」を通じてのＭｇｒ教育

などです。

4 ISM (In Store Merchandising)

答えを教えてくれる先生役の、お客様でもあるパートタイマー、参考になるIY。学びの段階が終わり、さらにTQCプロジェクト「野菜の価格と鮮度の改善」を自分たちで進めようと模索している時に、ISM（In Store Merchandising）に出会いました。

お客様の買物行動の視点から、売上を分解して評価していく重要な二つの指標……「支持率（買上率）」と「1人当たり買上個数」です。

野菜の「売上」＝

(1) 野菜の「客数」（①フーズレジ通過客数×野菜の②支持率〈買上率〉）

×

(2) 野菜の「客単価」（野菜の③1人当たり買上個数×野菜の④一品単価）

売上はこれら、お客様の購買行動の結果です。

二つの指標に働きかけるための手段、方法がたくさんあります。

そして実施したことがお客様から、短期的・長期的に支持されているかどうか、「支持率」と「1人当たり買上個数」で評価でき、また改善へとつながります。

5「商品・売場づくり」の標準化を目指す「週間販売計画」

どの店舗でお客様が買物をされても、お客様が満足される一定レベル以上の「商品・売場づくり」サービスを提供するのが私たち、チェーンストアとしての小売業に携わる者の務めです。

大勢のMgrがいれば、中には「商品・売場づくり」の「出来映え」のレベルが低い能力不足Mgrがいるものです。

「出来映え」が悪いということは、お客様に㊌（不便、不満、不信など）と㊚（負担、負荷など）を与えているだけでなく、結果的に数値にも悪影響を及ぼします。

周年主力のベーシック商品やシーズン主力商品の品揃えの欠落・「品切れ」、死に筋や魅力のない商品で売場が埋まったための売上不振、鮮度不良商品の見切りや廃棄での荒利の圧迫、商品が回転しないための過剰在庫の山等です。

要は、①売れ筋商品の見極めがつかず、相場で変化する売価に応じたそれぞれの商品の売れ数がつかめていない、②発注精度が低いということです。

問題点が分かり、解決策も見つかりました。

やはり、手がかりはＩＹが実施している「週間販売計画」を通じたＭｇｒ教育の手法でした。ＩＹでは、ＳＶが自分の担当地区のＭｇｒ全員を毎週集めて、「週間販売計画」を作成していたのです。

今はどうかわかりませんが、以前はＩＹの青果部門の売場はどの店も商品、棚割、売価までほぼ同じでした。それにより、お客様に一定レベル以上の「商品・売場づくり」サービスが提供できていました。

「週間販売計画」作成の会議は、新人Ｍｇｒや能力不足のＭｇｒにとっては、ベテランＭｇｒを見習って学習する絶好の場です。

数多くいるＭｇｒの能力を引き上げて、一定レベル以上の「商品・売場づくり」サービスができるように、チェーンストアとして「標準化」の仕組みができていました。

Ｄ社でも能力不足のＭｇｒの教育が始まり、「ツール」として「週間販売計画」を活用することになりました。ＳＶ指導のもと、全Ｍｇｒが毎週、「週間販売計画」を作成し、ＰＤＣＡサイクルを回しました。

「週間販売計画」のPDCAサイクルを回す一連の仕組み、精度の高い「週間販売計画」の実例を見て自分なりの「週間販売計画」を工夫してみてください。

6 表彰台での忘れられないシーン……青果の「体質」が変わった ……「業績は体質の結果」

さて、TQCプロジェクト「野菜の価格と鮮度の改善」に取り組んで、一番肝心の数値はどうなったのか?

TQCプロジェクトに取り組んで1年目、フーズラインの全国各部門の責任者の中で、売上前年比100%以上を達成した者の表彰がはじまりました。

表彰対象者は、例年、各地区から1部門、1人がせいぜいです。

ところが青果は全国7地区のうち6人が表彰台に上がります。

「ほー」とどよめきが上がり、拍手がパチパチ鳴ります。

お客様視点でこれまでの仕入れや販売方法、方針を見直し、廃止された青果OBの心境は複雑です。

私の関東地区は売上前年比110%です!

2年目です。

全国の青果部門責任者が、横一列に全員並びます。

皆、何が起こったのか事情を呑み込めず、一瞬、会場は水を打ったように静まりかえり、異質なものを見るような視線です。

すぐに、パチパチと拍手が鳴り始めます。

この時に悟りました……D社の組織でありながら青果部門は「違う組織」に変わった、D社の「組織風土」では理解できない異質な「組織風土」、「体質」に変わったんだ……と。

私の関東地区は売上前年比107%です！

当時の「IYのS社長」の言葉が胸を過ります……「業績は体質の結果である」。

⑶ 本書を書いた目的

この本を書こうと思い立った理由は二つあります。

一つは、TQCプロジェクト「野菜の価格と鮮度の改善」のために、D社で膨大な時間と手間と知力を傾けて築いてきた貴重な青果のノウハウを、埋もれさせてしまうのは「もったいない」という気持ちからです。

２万人以上のパートタイマーの「野菜についての従業員アンケート」、ＩＹの青果部門の売場の調査・分析に携わってきた１００名以上のＢＹ・ＳＶ、４００名近いＭｇｒが参加しての仮説と検証のくりかえし……膨大な時間と手間と英知を集結して築き上げたノウハウです。

当時であればマル秘の資料ですが、「ダイエー」という社名も消えた今、もう世の中に開放して、活用してもらってもいいのではないかと思いました。

青果の関連資料は、ほとんどが私の下で作成されたものか、または私が目をとおして活用していた資料ですが、四半世紀経った今も説得力があります。

『Ｄ社もいずれトップが世代交代し、私たち古い世代は会社を去らねばならない』

社外で生きていくために、税理士、中小企業診断士で自己強化し、ノウハウの「引き出し」にせっせと貯めておいた資料たちです。

二つ目は、実践に即した基本や原理原則を学ぶ機会の少ないローカルＳＭのＢＹ、ＳＶ、Ｍｇｒに知って欲しいことが盛りだくさんだからです。

私自身、現役のＭｇｒをしながら、現場でこれらの基本や原理原則を活かし、感じていることです。

ローカルＳＭのＢＹやＭｇｒを観察していると、なんと無駄なこと、的外れなことをして機会ロスや膨大な荒利の垂れ流しをしていることかと思うことが多々あります。

この本に書かれていることは、他の青果の図書では決して目にすることのない、実際の商売に活かせばすぐに効果が現れる実践的なノウハウばかりです。


多分、書かれているノウハウのほとんどは、大手、中堅のチェーンストアのＢＹ、Ｍｇｒ諸君ですら知り得ない内容でしょう。

ベテランＢＹ、Ｍｇｒであれば、経験的に薄々感じている内容もあるかもしれません。

それはそれで、経験を理論や確立された原理原則で裏打ちできれば、遠回りや無駄な手間が省けて効率的で、さらに能力アップにつながるでしょう。

それが私の望みです。

書かれている内容が全て読者の企業で実現できるとは思いません。読者の企業の規模・競争力・個人の能力のレベルに応じて、理解できる部分から取り組んでいただければと思います。

ドイツのカントの言葉です……「経験なき理論は空虚。理論なき経験は盲目」。

青果のプロとして、「こころざし」を持ち、「能力」の更なる高みを目指す人のお手伝いができれば、こんなに幸せなことはありません。

「野菜の価格が高い！」

Ｄ社対ＩＹ戦争で知る商売の真髄

目次

③ TQC (Total Quality Control) とは？……85

1 果実の安売りのつけを主要野菜に回すな！

2 果実は確保すべき荒利をしっかり稼いで、
主要野菜の価格引き下げの原資を確保せよ！

3 SM（スーパーマーケット）の創設者マイケル・カレンが考案した
画期的な品群間のマージンMIX（値入MIX）

4 競合状況に応じた荒利率25％と21％の二つの値入マトリックス

5 売出商品といえども、
値入マトリックスに約束した値入率は守る

6 競合店売価調査報告書

7 値入の検証

⑥ 野菜の商品構成グラフ……151

9 ＩＳＭ（In Store Merchandising）……自分で歩む第2ステップ

1

D社内で密かに進められたIYとの代理戦争の幕開け

(1) サプライズ……経営トップより、「D社(ダイエー)の野菜はIYより高い、改善せよ！IYに負けるな」

それは、1989年5月、青果部門の全国責任者会議でDMM(全国青果部門責任者)の発言から始まりました。

全国責任者会議には、本社の青果部門の企画、野菜、果物の各部門の責任者であるSMD(シニアマーチャンダイザー)と北海道から沖縄までの各地区責任者が集まっていました。

出席メンバーを前にしてDMMが発言します。

「中内CEO(経営最高責任者・オーナー)より、全国全店舗の青果部門でTQC(トータル・クオリティ・コントロール)に取り組むように指示がありました。

TQCの具体的なテーマは『野菜の価格と鮮度の改善』です。

1988年に実施した顧客アンケート調査結果によると、D社の青果の野菜はIYよりも価格が高いと評価を受けたそうです。

IYの野菜の価格に負けないように改善に取り組み、CEO直轄プロジェクトなので毎月1

回、直接ＣＥＯに進捗報告をしないといけないです……」

大変なことになりそうだという気持ちと、あまりにも予期せぬ内容だったので、皆、アンケートに対する反発と不信感でいっぱいです。

「なんや、そのアンケートは、そもそも価格のダイエーがＩＹより高いとはどういうこっちゃ、そのアンケートはおかしいいんと違うか？」というのが偽らざる心境でした。

でも、顧客アンケート結果には反発したものの、ＣＥＯの指示はＤ社においては絶対的な意味を持ちます。実行しなければなりません。

それも従来の業務指示と違って、過去に例を見ないＣＥＯ直轄プロジェクト、ＣＥＯの本気度がひしひしと伝わってきます。

従来の業務指示のように、指示を受けて問題解決・改善の報告書を作成し、報告して終了というレベルの業務ではないことはたしかです。

ただ事ではない、大変なことになったと直感しました。

⑵ ピンチはチャンス……現状変更の絶好の機会

当時、私はＩＹがひしめく関東地区の青果部門の責任者に着任して間もない頃でした。商品部所属の関東地区商品部青果部門、業務上、五反田にある販売部門の関東事業本部と同居です。

仕入部隊の部下10名のＢＹ（バイヤー）と関東地区の直轄50店舗と関連店舗50店舗へ野菜・果物・花の商品供給を行い、また、店舗指導部隊の部下7名のＳＶ（スーパーバイザー）と店舗の青果部門のＭｇｒ（マネージャー・青果責任者）や社員・パートタイマーの販売指導教育、直轄店舗の数値管理・指導を行っていました。

他のメンバーとは異なり、私はＤＭＭの発言を聞いた瞬間、これはチャンスだと直感しました。

ＣＥＯ直轄という大きな強制力はとても重荷ですが、その強制力ゆえに、トレンド発想や既成概念を破る矛先となり、この機会を利用すれば青果の組織風土を大きく変革できる予感がしました。

敵ＩＹのことをもっと知りたいのはもちろんですが、それと合わせて青果部門の悪しき「組織風土」というか「体質」を変える絶好のチャンスと映ったのです。

(3) IYの強力な統率力・実行力の秘密……驚きのMgr評価基準

と言うのも、IYについては、以前、関東地区の青果部門のBYをしていた時の、ある出来事がいつも頭を離れなかったからです。

私が関東地区で野菜のBYをしていたころ、青果部門の売場では、大葉、紅たで、ハーブなどの小型形状の小物野菜は透明袋に入れられ、商品回転率も低いので、冷蔵ケースの最上段で寝かされた状態で販売されていました。

高い位置で寝かして陳列しているため、お客様からは見えにくいという欠点があります。そこで、MgrかSVの提案で、袋の上部に穴をあけ、フックに掛け、立てて見やすく陳列することになりました。早速、関東地区全店舗で実施スタートです。

2カ月ほど経って、毎週火曜日定例のBY・SV会議の場で当時の青果責任者が、「ところで、小物野菜のフック陳列は全店導入して終了したかな」とSVに問います。

SVの報告では、まだ、50店舗中70%の35店舗くらいしか導入が完了していないのです。

おずおずと、西関東地区のＳＶから、「うちの地区のＩＹでは、うちのフック陳列を真似て全店でフック陳列を実施している」との報告です。

すると、他の地区のＳＶからも「うちの地区のＩＹも」と、次から次に同じ報告が上がります。

もうびっくりです。

D社の青果がもたもたしているうちに、ＩＹの青果では一糸乱れぬ統率力で、短期間のうちに同じことを完了してしまったのです。

この「統率力」と「実行力」はどこから来ているのだろう？

ＩＹは食品部門をスタートして日が浅かったので関心が薄かったのですが、もっと彼らのことを知りたいという気持ちが芽生え、非常に興味が湧いてきました。

ＩＹとも取引のある取引先にヒアリングし、時にはＩＹのＢＹと接触があるときにさりげなく会話を交わし、情報を集めました。

１９７０年初め、ＢＹになってすぐ、その当時はまだ売上規模も大きく話題性豊富なS社について調査をしたことがありました。

どんな組織風土なのか、商品部と販売部の中のＢＹ・ＳＶ・Ｍｇｒの役割分担、責任と権限・指揮命令系統、特に数値責任と評価基準など、その結果どんなことが売場に現れるのかでした。

この産業の一端を知るため、まあ、修士論文の産業組織論の軽い応用みたいな気持ちでした。結果は青果部門は別会社になっていて、テナントとして店舗に入店しているというものでした。

店長が食品トータルとして横串を刺しにくい、青果部門が独立しているのでやたらとBYとSVの権限が強いくらいの印象で、特に特筆すべきものもなかったように記憶しています。

同じようにIYについてレポートをまとめてみると、おぼろげながらその姿が浮かび上がってきました。

D社の企業風土とIYの企業風土とでは随分違うことが分かりました。

D社のMgrの評価基準は人事考課と売上荒利の業績考課の二本立てですが、やはり数値面の業績考課が中心です。

人事考課は、人間が人間を評価するため、好き嫌いや人間関係の曖昧な部分が入ってきて、多少の偏りがでるのはやむを得ません。

売上・荒利の実績はMgr個人の能力や力量に大きく依存し、実績を残せば方針や決め事から大きく逸脱しない範囲でMgrの大きな自由裁量というか、気ままが黙認されていました。

これに反して、IYの青果部門では、Mgrの評価基準は、売上・荒利の数値よりもまず、方針や決め事がどれだけ守られているかが優先されるとの調査内容でした。

個人プレーよりも規律が求められる組織だと言ってもいいでしょう。

ＳＶが店舗巡回時に、方針や重要な決め事を書いたチェックリストに基づいてチェックを行い、どれだけ決め事が守られているかの積み重ねでＭｇｒの評価が決まるという内容です。

売上・荒利以外の評価基準値を優先してＭｇｒを評価する。

新鮮な驚きでした。

(4)「方針や決め事」の遵守よりも「数値結果」優先の「組織風土」

D社では、青果部門の方針や決め事がややもするとMgr裁量で軽視され、プロセスよりも数値結果が大きく優先される……その評価基準に疑問が湧いてきました。

売上・荒利の数値実績は、企業にとっては存続を左右する重要なものだということは理解できます。

ただ、売上・荒利の数値実績を残せば、青果部門の方針や決め事を軽視しても、Mgrの裁量として認められ、結果オーライの組織風土では何かおかしいとの思いを抱いていました。

企業の成長、組織の拡大に伴い、組織の規律や統率の面でいずれ課題に直面するだろうと予感できました。

ただ、この時点で、一BYとしての私の知識や経験からでは、どちらの評価基準が公正で、企業としてあるべき姿なのかわかりません。

D社はチェーンストアの原則に基づいてマトリックス組織になっていて、Mgrは二つの組織から指示命令を受けます。

Ｍｇｒは、販売部門の直属の上司である店長から売場管理や労務管理などの全般的な指示命令を受け、専門的な青果の商売では商品部門である商品部のＳＶから売場づくりや数値管理の指導を受けます。

Ｍｇｒの業績考課と人事考課評価は直属の店長が行いますが、Ｍｇｒの異動案は、専門的な営業実態をより把握している商品部が作成する傾向にあり、人事から相談を受けます。

関東地区の青果部門全体としての利益の源泉である荒利は、各店舗の青果部門のＭｇｒが稼いでいます。

それでも、決算となると、関東地区の青果部門の荒利については商品部としての関東地区の青果部門が、店舗の荒利予算未達分を一次的にカバーし、それでも不足が出ると最終的には本社の青果部門が仕入割戻などの原資で埋めます。

数値責任と人事考課、異動とＭｇｒに対する評価もなかなか複雑です。

でも、関東地区青果部門責任者となってＴＱＣプロジェクトを進め、アンケートの中のお客様の要望に真摯に耳を傾け、ＩＹの青果部門を詳細に調査・観察・分析しているうちに、自然と正しい改善の道筋が見えてきました。

(5) 多忙な本社企画部門時代に培った強靭な精神力……タイムリミットのプレッシャーのもと、多くのビッグプロジェクト遂行……物流・情報インフラ構築、全国マネジメントに奔走

ＴＱＣプロジェクトがスタートする前年の秋に、私は、本社の企画部門責任者から関東地区青果部門責任者として着任しました。

長年の本社勤務の激務から解放されて、やれやれやっと現場に戻れたと自由と解放感に浸っていました。

自分の人生設計のための資格取得も道半ばです。

将来は、Ｄ社も息子の代になり、いずれ今の中堅幹部は会社を去らなくてはいけない。

Ｄ社での限定された知識・経験だけでなく、世間で通用する豊富な知識・経験・ノウハウとあわせて公的な資格を身に付けなくては！

税理士取得はあと1科目残るのみ、関東地区責任者になったことで時間の余裕もでき、この1年で合格する目処が立ちました。

思えば本社で、国税の定期検査で問題を指摘されないように、リベート（仕入割戻）の適正な処理と管理を取引先に指導する必要性から、軽い勉強のつもりで取り組んだ資格でした。

もう一つの中小企業診断士は本業に必要な資格です、学習内容と必要時間からしても1年あれば取れます。

税理士試験の所得税や法人税の合格ライン、1科目年間学習時間500〜600時間に比べれば問題ではありません。

公私ともに充実させたい新生活のスタートでした。

それでは、本社勤務はどうだったかというと……。

当時のD社の本社は、東京都港区の芝公園の近くにあり、窓際に立つと増上寺や東京タワーが目の前です。皮肉なことに、ＩＹの本社も近くです。

本社の企画部門の勤務では毎日が激務でした。

チェーンストアとして産業全体が大きく成長していく中、D社も規模拡大に伴う物流・情報のインフラ構築と整備が間に合わないのです。

物流では、首都圏の配送と加工機能を備えた食品センターも120〜130%の稼働率。首都圏だけでなく、地域拠点の近畿、九州、北海道地域では食品センターの新設・増設が急務。その他の地域でも配送機能のみの配送センターの新設が目白押しです。

拠点の配送センター機能でカバーしきれないローカルエリアは、青果独自の青果配送センターを開設し、全国物流ネットワークを構築して商品供給です。

情報システムでは、マネジメントシステムの日々拡大・レベルアップ更新の連続です。POSやEOSやVANシステム導入など、何しろ日本で初めて、業界で初めてと名のつくものが多いのです。

お手本は、アメリカのチェーンストア、日本なりのチェーンストアシステムを目指し、中内CEOがどんどん新しい仕組みを導入します。

日常のルーチンワークの他に2〜3個のビッグプロジェクトが同時並行で走ります。とにかく、「走りながら考える。やってみてダメだったら修正して軌道に乗せる」が合言葉です。

凄まじい権限委譲と責任感……ミスは直営・FCを含めて800店に影響が出るのでプレッシャーの毎日です。

プロジェクトメンバーは皆30代、体力勝負で激務を乗り切っていました。

今、私が勤務しているローカルSMはかつてD社のFCだったので、稼働しているPOSシステムはD社仕様、青果部門では今でも私が設計した仕様とコード体系を使用し、白菜2分の1は0201002等、懐かしく運用しています。


ルーチンワークも大変でした。

上司のDMMが出席する数多くの会議のための資料や報告書の作成、しかも数字は最新のデータが要求されます。

8時からの会議に合わせて家を5時半に出て7時に出社、PCの前でデータ収集を終えた後アウトプットデータを資料にセットして完了です。

週間・月次で全国各地区の売上・荒利管理、予算と実績に5%ギャップが出ていればギャップ対策の指導、報告書作成。

毎月、各地域の産直取引勘定や本社直輸入取引勘定を締め、赤字を出している地区責任者とBYへの対策・後始末です。

店舗での売上・荒利・在庫実績だけでなく、各地域BYが管理する産直取引勘定も青果部門全体の損益に悪影響を及ぼすので気が抜けません。

最終的には、全国青果部門トータルの部門損益が問われます。

四半期、決算月になると決算対策でさらに多忙です。

全国の600の取引先の仕入割戻（リベート）を計算して取引先と確認します。

会社の荒利予算と実績のギャップ、BY勘定のマイナスを埋め、地域責任者に割り当てていた自由裁量予算の6カ月間の使途を確認・決済します。

地域責任者には、販促強化費用、陳列器具・備品購入費用、競合対策店舗の荒利補塡費用などのための一定額の自由裁量予算が、地域の予算責任を全うするための戦闘費として与えられていました。

私が関東地区の責任者の時、半期の自由裁量予算は近畿が一番多くて4000万、関東が3000万だったように記憶しています。

取引先の仕入割戻が戦闘費として運用されるので、取引先での適正な会計処理がされているかの確認が大切です。

国税庁の立入検査や反面調査に耐えられる会計処理がされている必要がありました。

昼間の勤務時間は、会議やプロジェクトの打ち合わせでほとんど潰れます。

やれやれと18時、19時頃からようやく自分の時間です。

1Fのウェンディーズで買った夕飯のハンバーガーとチキンをかじりながらデスクに向かいます。

「辺ちゃん、お先に！」と麻雀や居酒屋に向かう先輩の声を背中に、上司のための会議資料や報告書、プロジェクトの企画書、オペレーションマニュアルなどの作成で、毎日22時くらいまでかかります。

ルーチンワークの多忙期とプロジェクトが重なりスケジュールがタイトになると、月に3回くらいは近くのカプセルホテルに泊まって間に合わせます。

物流・情報システムの新しいプロジェクトや企業規模拡大にともなう業務量拡大で作業量の見積ができないことも一因ですが、企画部門という何でも屋・縁の下の力持ち、そして個人に仕事が集中します。

資格取得のための勉強もあり、焦りと膨大な仕事量にうんざりです。

上司には度々異動願いを出しますが……、

「疲れました。異動させてください。それに評価は広島カープ、やってられません」

すると、上司は身を乗り出し眉間にしわを寄せて、

「こんな仕事ができるのはお前しかおらんやろ！　人事考課はCでもお前はペーパー（試験）でAを取って上に上がれる、大丈夫や。先輩のあいつらを見てみ、勉強もせんと、Aをやらんと上に上がれんのや。わかるやろ！」。お互いの根比べ、何も言えません。

でも、与えられた仕事をこなさないと直営・FC含め800店舗の青果Mgr、社員、パートさんに迷惑をかけます。

困るのは現場です、ぐっと気持ちを引き締めて、目の前の仕事に集中します。タイムリミットのプレッシャーのもと、どんな仕事でも、脳みそが痺れるくらい考えて、考えて、考え抜くと自然と先が見えてきて、答えや解決策が出てきます。

思えば、膨大な権限委譲への責任感と義務感からですが、自分の仕事に天井を設けず、考え抜き、タイムリミット内で実行する強靭な精神力、これが本社勤務での一番の収穫でした。

いや、天井を設けさせてもらえなかったと表現する方が正しいでしょう。

もう一つ、多忙だからこそ翌週の毎日の公私の作業スケジュールを立てる、それも1日を30分刻みで通勤時間も含めて、資格勉強に充てる時間、仕事の優先順位をつけてスケジュール化して時間を有効活用したことです。

D社を役職定年で退職後、ローカルSMに勤務しましたが、課題を与えられても、平常心で取り組み、余裕で実績を残すことができました。

この時の仕事の強度と密度の時間に比べれば、天と地の差です。

それも、この時に鍛えられた強靭な精神力と、これから説明を進めるTQCプロジェクトで培った徹底した「顧客志向」の「こころざし」、科学的なアプローチ手法で培った「ノウハウ」の賜物です。

2 驚きの顧客評価調査結果（1988～1990年）

(1) 足元商圏の獲得シェアにＩＹとの大きな格差が！

ＣＥＯ直轄のＴＱＣプロジェクト「野菜の価格と鮮度の改善」の発端となった顧客評価調査結果の内容が明らかになりました。

資料は、保存の関係で１９９０年版です。１９８８年、１９８９年、１９９０年の３カ年の推移がわかりやすく比較表示されています。

資料１　距離別シェア獲得パターンの変化（Ｄ／ＩＹ）を見て驚きです。

１９８８年に限らず、Ｄ社は、１～３㎞圏の足元商圏占拠率がＩＹに比べてかなり低いです。年次別に０～３㎞圏の足元シェアを見ると、１９８８年はＤ社の29％に対してＩＹは44％で差は15％、１９８９年はＤ社の29％に対してＩＹは40％で差は11％、１９９０年はＤ社の27％に対してＩＹは44％で差は17％です。

１㎞の所在地シェア差は３カ年で多少縮小してきていますが、０～３㎞の足元商圏のシェア差は拡大し、縮まりません。

このグラフを見たとき、どうしてこんなに格差が生じているのか、正直信じられませんでし

資料1　距離別シェア獲得パターンの変化（D/IY）

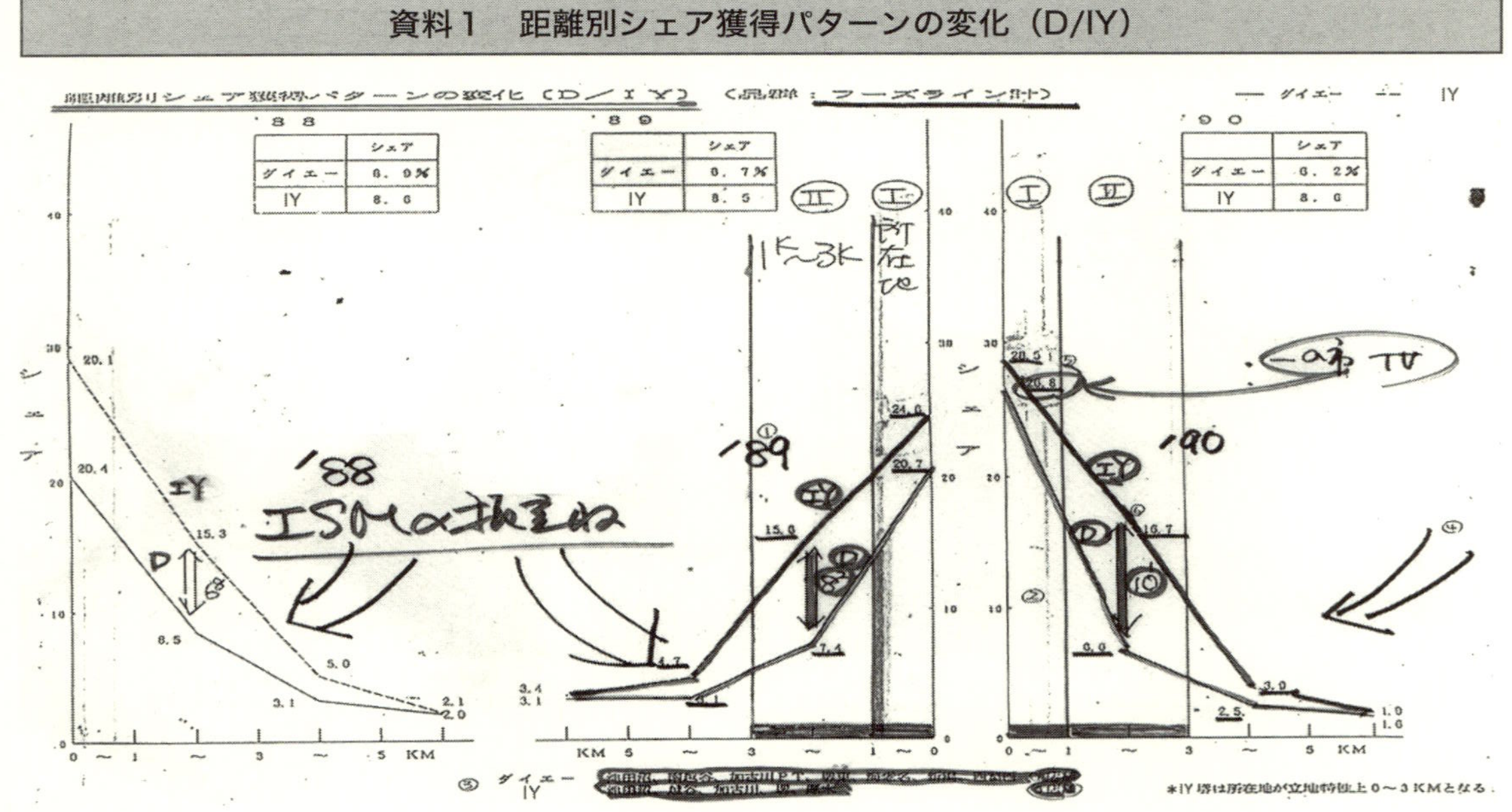

た。

一般管理職の私たちですら驚きです。

発祥の地、関西から本社を首都圏に移し、ＩＹと競り合いながら首都圏でのシェア固め真っ最中のＤ社でした。

Ｄ社の経営トップにとっても、思い入れの深い首都圏でこれほどのシェア格差が生じていようとは、驚きの数値であったに違いありません。

⑵ ヘビーユーザーの評価項目（買物のしやすさ、商品の魅力、ＱＳＣ）もＩＹに全敗！

顧客評価調査結果の**資料2 ヘビーユーザー評価値D／IY比較**の棒グラフも驚きです。

右がＩＹ、左がＤ社の評価値です。

買物のしやすさ（近隣、駐車場、ワンストップショッピング、サービス、売場づくり）、販売促進や商品の魅力（売場づくり、チラシの提案力、売出商品、インプロ商品）、ＱＳＣ（接客、クリーン、品切れ、レジ）の全ての項目にわたって、「Ｄ社はＩＹより評価が低い」です。

数値の０・５以上の差は意味のある有意な差です。

全ての項目にわたって０・５以上の差があり、数値は「そうだ」と厳しい現実を突きつけています。

強力な価格訴求を自負している「売り出し」ですら評価が低いのです。

資料2　ヘビーユーザー評価値D/IY比較

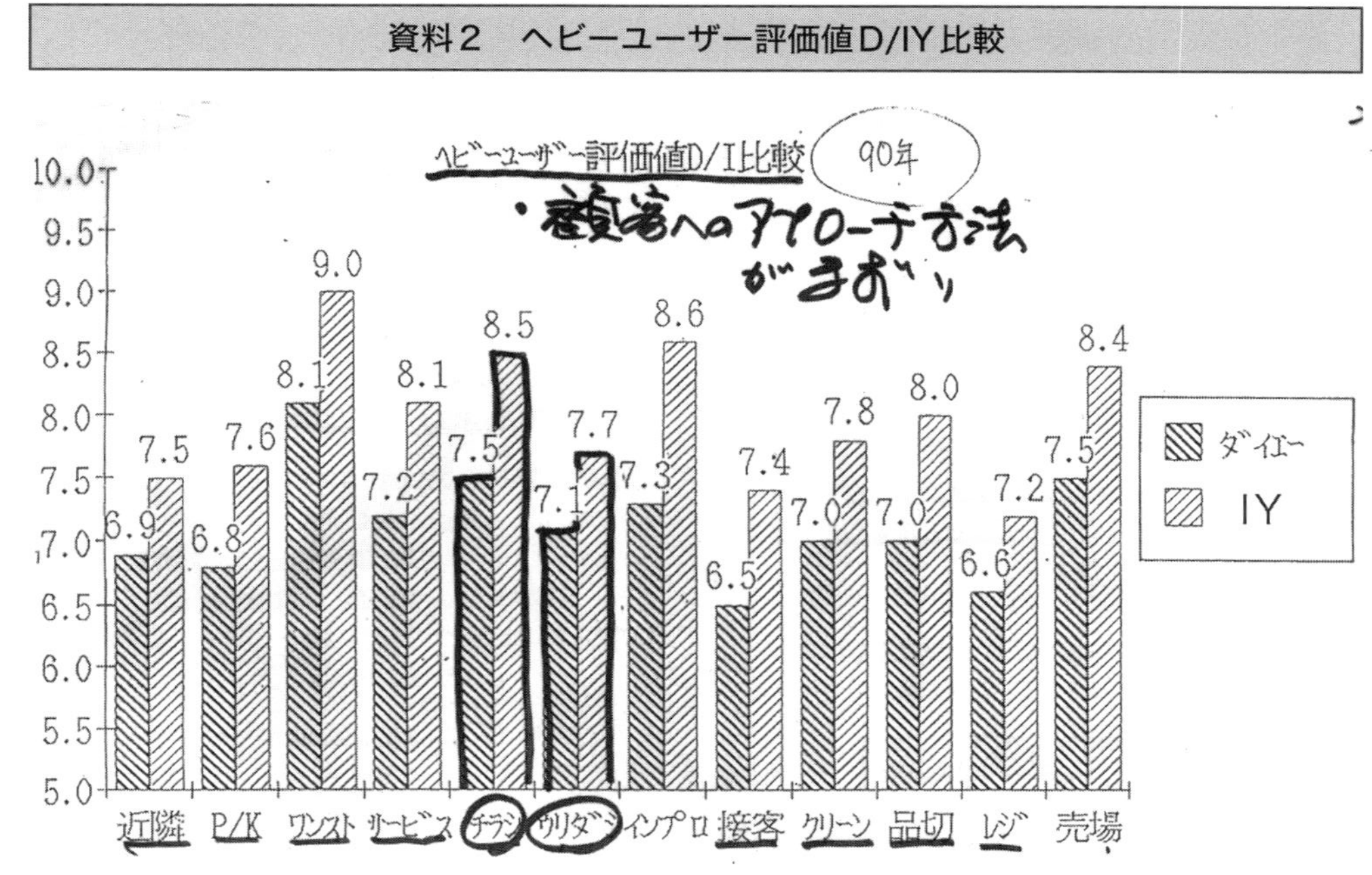

信じられません、数値を見て、ただただ驚き、呆れるばかりです。

各項目で、ＩＹの評価値の高い項目と両社のギャップを見ていると、ＩＹがなぜ足元商圏のシェアが高いのか、少し理解できたように思えました。

ワンストップショッピング、各種サービス、チラシの提案力、インプロでの販売促進、品切れ、売場づくりなどの評価が高く、Ｄ社との格差も大きいです。

特に、店内販売促進のインプロは評価の高さも2位ですが、その格差が1・3と際立って高いです。

買物のし易さ、生活に役立つ情報・商品・売場づくり、快適ショッピングを支えるＱＳＣなど、価格競争に頼らない営業活動を展開して、お客様を引きつけているように思えます。

お客様の毎日の買物が快適に、便利に、日々の暮らしに役立つことに主眼を置いて顧客満足度を高め、結果として顧客評価が高くなっている印象です。

ＱＳＣはもちろん大事ですが、競合店調査の際にいつも見ているあの売場で、価格以外の項目でこれほどお客様の支持や評価を受けているとは理解しがたい事実です。

価格が、お客様を獲得する最も有効な武器だと教えられ育ってきた私は、大きな戸惑いを感じ、お客様のニーズとは何なんだろうとつくづく考えさせられました。

単身赴任を長く経験してきて、「生活実感」が身に付いた今ならよくわかります。

一言で言うと、D社の「お店づくり」、「商品・売場づくり」がお客様の「生活実感」に寄り添っていなかったのです。

(3) 衝撃！「価格の安さ」を自負するD社が、食品全部門の価格評価でＩＹよりも評価が低い？

一番衝撃的だったのは、**資料３「ヘビーユーザー品群別商品評価値」の「価格」**の評価棒グラフです。

「価格のダイエー」の自負を打ち砕くかのように、主力の生鮮３課（精肉、青果、鮮魚）、D社の価格戦略の柱となっているディリー、グロサリー（一般食品）までが、「価格」の評価でＩＹより低い評価を受けたのです。

一般食品は評価の差が、０・４と有意な差である０・５未満です。ＩＹより評価が低いと断定はできないので、なんとか面目を保っていますが、ＩＹより低い評価であることは事実です。

D社の主力の食品部門がＩＹに対して全敗、それも来店頻度の高いヘビーユーザー、固定客が下した厳しい評価です。

売上こそ、全国の店舗を合計すると全国No.１ですが、首都圏での個店レベルでのＩＹとの対

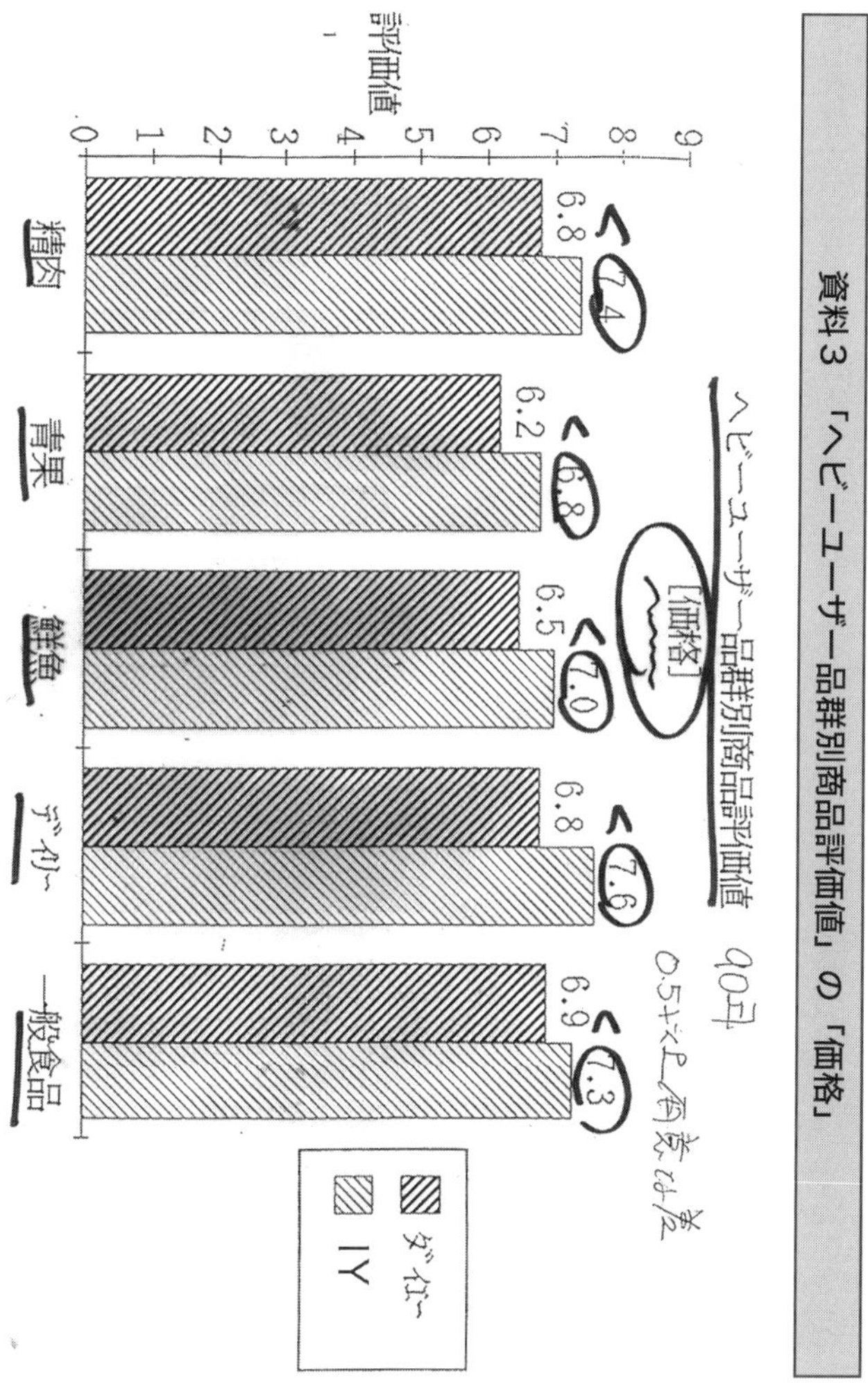
資料3 「ヘビーユーザー品群別商品評価値」の「価格」
ヘビーユーザー品群別商品評価値
[価格]
評価値
0
1
2
3
4
5
6
7
8
9
6.8
7.4
6.2
6.8
6.5
7.0
6.8
7.6
6.9
7.3
精肉
青果
鮮魚
デリカ
一般食品
ダイエー
IY

決は完敗です。

D社に日々来店し、買物をしていただいている固定客のお客様が下した評価です。

そして、それなりの信頼性のある調査機関の調査結果です。

平の管理職の私ですらこの「価格」評価で受けた衝撃は半端ではありません。「価格」についての衝撃的な評価の数値を見た経営トップの「驚き」と「悔しさ」はいかばかりかと胸の内が察せられます。

そして、1988年、1989年、1990年となかなか埋まらないシェア差に「危機感」を抱いていたことは、3年連続でこのシェア調査を行い、そのシェアの数値に注視していたことからも窺えます。

実は、1995年にも同様の調査結果が出ていて、データは割愛しますが、残念ながら格差は絶望的なほど拡大していました。

調査機関が、その3年間の顧客評価調査結果のサマリーとして次のように分析結果を結んでいます。

①D社もIYも遠距離シェア（3㎞以上）がダウンする一方で所在地シェア（1㎞以内）がアップし、より近郊依存型に！

②ただし、１～３㎞シェアは、Ｄ社とＩＹの差は食品部門の各部門とも拡大傾向。高頻度（週１回以上）利用者構成の差の拡大が原因。
③Ｄ社の店トータル評価値、シェアとも低下傾向。
④特に、インプロ、売り出しの魅力、ワンストップ性の評価値がダウン。また、商品評価値では、価格評価値がダウンし、変化のなかったＩＹに対する価格の優位性が薄れた。

顧客評価調査結果を読みながら、本当に、悔しくて悔しくて仕方がありませんでした。

⑷ 中内ＣＥＯの決意……「顧客評価改善」のための「先駆け」となる「突出部門」を青果部門に決定

ここまで開いたＩＹとの大きな格差！

これを埋めるためには小手先の「カイゼン」では挽回を望むべくもない。

商売の中身を根底から見直して、ゼロベースで再構築する改革が必要だ！

……そう経営トップが認識したに違いありません！

まずは、Ｄ社の顧客評価を劇的に大きく変える「先駆け」となる「突出部門」をどこにするか？

お客様の購買頻度が高くて、Ｄ社の新しい試みが認知されやすく、お客様の反応が分かりやすい部門？

回り回って青果部門に白羽の矢が立ったものと思われます。

今では、真偽のほどはわかりません。

ともあれ、私は、関東地区の青果部門の責任者として、部下のＢＹ、ＳＶから店舗のＭｇｒ、社員、パートタイマー、アルバイトに至るまで、全員でベクトルを合わせ、ＴＱＣを展開することとなったのです。

思えば、ＴＱＣプロジェクト「野菜の価格と鮮度の改善」で培った経験は、私の職業人生の中での貴重な財産となり、最大の武器となりました。

その考え方、手法は青果部門だけに有効なものではありません。小売ビジネス一般に通用する応用範囲の広いものです。

青果部門を卒業後、食品商品部長として、国内やアメリカで多くの不振店舗の再生に従事してきましたが、この時の経験が大いに役に立ちました。

また、Ｄ社を退職後、ローカルＳＭに勤め、課題を与えられても、この青果部門責任者や商品部長時代の経験を糧として、胸を張れる実績を残せました。

長い職業人生の節目に、ＴＱＣプロジェクトという貴重な学習、教育・訓練の機会を与えていただいた故中内ＣＥＯに感謝の気持ちでいっぱいです。

3 TQC（Total Quality Control）とは？

(1) 方針や決め事の進捗管理を行い、ＰＤＣＡサイクルを回し、徹底すること……言いっぱなし、指示しっぱなしをやめる

顧客評価調査結果の衝撃も冷めやらぬまま、ＴＱＣプロジェクト「野菜の価格と鮮度の改善」に取り組まなければなりません。

その前に、そもそも、ＴＱＣとは何なんだろう？

何をどういうふうに進めて価格の改善に繋げるのだろう？　……ただただ、戸惑いだけでした。

経営トップの指示で人事本部にＴＱＣの専門部署ができました。

人事のＴＱＣ担当者から、ＴＱＣの考え方や内容、進め方についての説明会が、青果部門のＢＹやＳＶ、Ｍｇｒを対象に開かれました。

要は……言いっぱなしや指示のしっぱなしをやめ、方針や決め事に沿って具体的な計画を立て、数値目標や行動目標を設定し、ＱＣサークル活動のＰＤＣＡサイクルを回して、方針や決め事の進捗管理をしていく。

そして、方針や決め事を徹底する……そう理解するのが精一杯でした。

とにかく、ＴＱＣを進めてみないと、頭の中で理解しただけでは前に進みません。でも、頭の片隅に、方針や決め事軽視を黙認し、「数値結果偏重」のこの忌々しい「組織風土」をなんとかできそうだと、少し希望が見えた瞬間でした。

確かに、ルール通りに決め事をきちんと守り、決められた通りに実行していくのが苦手な企業風土でした。

積極性と創意工夫と言えば聞こえがいいですが、プロセスはさておいて、最後に数値結果が合えば、結果オーライ！　……Ｍｇｒの自由裁量が大きく認められていました。

青果部門に限ったことではないですが、年に2度、各地区で部門の半期方針確認会が開かれます。

商品部のＢＹが、ＳＶとＭｇｒ対象に野菜・果物の方針満載の書類を配り、延々と3～4時間に及ぶ説明が行われます。

半ば、儀式化した方針説明会で、「こういうことをやります」、「やりましょう」といった膨大な量の方針を一方的に流す説明会です。

その後の進捗管理はというと無いに等しく、各ＢＹからの方針を一手に引き受けるＭｇｒにとっては、その方針の数の多さから見ても、実際にフォローは無理でしょう。

(2) 外部の企業研修生からの痛烈な一言……
本社で立派な方針を立てても、店舗では半分も実行されていない

私が本社勤務の時、宮崎県庁から来ていた企業実習生から言われた言葉が強烈に記憶に残っています。

彼は、本社の青果部門で、方針や仕組みなど概要について一通りの座学研修を受け、数カ月間店舗での実務研修を終えて、本社に帰ってきました。

店舗研修の感想を聞くと、「本社では、野菜・果物の責任者から素晴らしい立派な方針の説明をたくさん受けましたけど、店舗では半分も実行されていないですね。期待して店舗に行ったのに、少し、落胆しました」と痛烈な返事で、恥ずかしくて返す言葉もありません。

関東地区でBYをしていた頃に私が感じた「方針や決め事軽視の組織風土」、外部から来た人もそのように感じたのかと、改めて危機感を募らせたことがありました。

100決め事をしたら、IYのように90は守るとはいかなくても、50～60でなく、せめて70～80は守れる組織風土、体質になれないものかというのが私の切なる願いでした。

人事のＴＱＣ担当の説明を聞き、他社の取り組み事例を見ながら、いろんな思いが頭をよぎります。

方針や決め事が守れない、言いっぱなし、指示しっぱなし、結果オーライの無責任体質を変える救世主がＴＱＣだと確信しました。

(3) 他社でも……
言いっぱなし、指示しっぱなし……の放任「体質」

D社退職後に勤めたローカルSMでも方針の進捗管理は同じです。数値結果が伴わない分、もっと悲惨かもしれません。方針発表会で盛りだくさんの方針に目を通しても……。

どうやって具体的に現場に下ろすのだろう？
誰がどのように方針に取り組むのだろう？
方針の進捗度合いを測る管理点となる指標は何なんだろう？
……重要な部分がすっぽり抜けているのです。

方針はアドバルーンではありません、現場に下ろして実施してPDCAサイクルを回して、顧客満足度を高め、結果として売上・荒利を確保するための決め事です。

見かねて、「優先順位の高い実行可能な重要2～3項目に絞って、徹底して実行し、PDCAサイクルを回して進捗管理しましょう。数値は必ずついてきます」と提案します。

しかし、返事は、「各方針は、全部が大事なもので削れないです。書いてないと店は実行しません。これがうちのやり方です。ＰＤＣＡサイクルとはなんですか？　そんなことしたことがないです」です。

業績不振が続くと店舗には意味のない報告書が求められ、会議が増え不毛な時間と労力が費やされていきます。

これが、大方の企業の実情でしょう。

④ 野菜が高い！

厳しい従業員アンケート……

①実態の把握、②調査結果分析、
③問題点の把握、④具体策の立案と実施

目を覆いたくなるような顧客評価調査結果でしたが、事実は受け入れなくてはなりません。

ＴＱＣのコンセプトや手法を人事部のＴＱＣ担当から学んで、いよいよ、ＣＥＯ直轄プロジェクトＴＱＣ「野菜の価格と鮮度の改善」に取り組まなければなりません。

ＱＣ手法の手順に従って進めるのですが、ＱＣサークル活動で手順は慣れています。

手順は、

①「実態の把握」
②「調査結果分析」
③「問題点の把握」
④「具体策の立案と実施」

です。

そして、④「具体策の立案と実施」のＰＤＣＡサイクルを回して、「改善」の方向へ進捗管理していかなくてはなりません。

まずは、「野菜についての実態把握」のための調査です。

ＣＥＯ直轄プロジェクトの威光は絶大でした。

人事本部が、早速、全国、全店舗の2万人以上のパートタイマーへ「野菜についての従業員アンケート」調査を行い、結果をまとめてくれました。

またしても、「そんな……」と目を疑いたくなるようなアンケート調査結果が出てきました。

資料4 '89年野菜についての従業員アンケート」の集計結果の要約がそうです。

要約の①にあるように「野菜購入時のD社の利用率」は全国平均で36%。最も高い地域は近畿で46%、最も低い地域は中部（名古屋）で、なんと18%です。もっと高い利用率を期待していただけに、厳しい数値を目に、またショックです。

要約の②に、D社の「非利用」理由は、1位の「重いから近くで」が35%、これはなんとかわかります。

2位の「価格が高いから」が27%です。

社内アンケートなので、パートタイマーが気を遣って控えめに回答していることを考えると、「価格が高いから」の27%は、実態はもっと高く、この倍以上の50%以上だろうと予想されます。

家庭の主婦でお客様でもある身内のパートタイマーから、「D社の野菜は高い」と厳しい評価をされたわけです。

落胆は隠せませんが事実です。

本社、地域責任者、BY、SVなど青果部門の全員が、厳しい実態を事実として受け入れざ

資料4　「'89年野菜についての従業員アンケート」の集計結果の要約

'89 野菜についての従業員アンケート

II．集計結果の要約

36%

① 野菜購入時のダイエー利用率は３６％．
高いエリア：近畿４６％、北海道４２％
低いエリア：中部１８％、東北２７％

② ダイエー非利用理由は、
「重いから近くで（３５％）」に次いで、
「価格が高いから（２７％）」．×2

③ 購入時の重視点で、価格より鮮度、品質重視は、
レタス、ほうれん草、トマト．
外観、形状より価格重視は、
じゃが芋、玉葱、大根．
・・・葉物、サラダ用は鮮度、
土物は価格．

悪い

④ ダイエーの野菜の価格評価は、全体に悪く、
玉葱、じゃが芋以外は
１０点満点中５点未満．
特に評価得点の低い品群：ほうれん草３．８
生椎茸３．８
レタス３．９

普通

⑤ ダイエーの野菜の鮮度評価は、全体に良く、
どの品群についても５点以上．
特に評価得点の高い品群：キャベツ６．０
大根５．６
トマト５．６
レタス５．６
ネギ５．６

⑥ 野菜の手頃な購入価格は、
１５０円までが大半．

⑦ 野菜の品揃えは７９％が満足．

⑧ 野菜の品切れは満足度５９％、
不満足が３７％ある．

結局　価格の見直しが最優先、
特に、価格を重視して
購入されている商品群
を中心に。

るを得ませんでした。

アンケートは、さらに細かく個別野菜に分かれ、購買頻度の高い「主要野菜」の評価に及んでいます。

対象は、①キャベツ、②大根、③ほうれん草、④レタス、⑤胡瓜、⑥トマト、⑦生椎茸、⑧ねぎ（関東以北は白ねぎ、中部以西は青ねぎ）、⑨玉葱、⑩じゃが芋の10品目です。

要約の④に見るように、購買頻度が高く、関心も高い「主要野菜」の「価格評価」が悪いです。

全国平均ですが、10点満点中、3点台では、ほうれん草3・8、生椎茸3・8、レタス3・9と厳しい評価です。

キャベツ、大根、胡瓜、ねぎなども5点未満の4点台で、10品目中7品目が厳しい評価です。

主婦であるパートタイマーの従業員が、購買頻度が高く生活に必要な「主要野菜」が高いと言っているのです。

「鮮度」、「品揃え」、「品切れ」などの評価については、要約の⑤、⑦、⑧に見るように、ある程度満足されています。

要約の⑥に……、

「野菜の手頃な購入価格は150円までが大半」とあるように、
「主婦であるほとんどのパートタイマーは、150円までで野菜を購入したい」

……ということです。
そして、全体の結論として、

「結局、価格の見直しが最優先、特に、価格を重視して購入されている商品群を中心に」

……と結ばれています。
玉葱とじゃが芋の価格評価は非常に高くて8点台でした。
これは理由があります。

当時は、バブル経済下で物価上昇が激しく、D社は購買頻度の高い商品の価格の値上げを凍結して販売していました。

青果部門では玉葱とじゃが芋が対象となっていて、買いやすい価格の100円で凍結して販売していました。

その結果として、この二つの品目は高い価格評価につながったのです。

資料5「西葛西店」のパートタイマー84名分の「野菜についての従業員アンケート」の結果があります。

「野菜についての従業員アンケート」は全国の直営全店舗で実施されたので、各店舗にはその店舗の個店の「カルテ」としての「アンケート結果」があるのです。

先に説明した「集計結果の要約」はこの個店の「カルテ」の集約版です。

この西葛西店の「野菜についての従業員アンケート」にあるように「主要野菜の手頃な購入価格」として、各主要野菜別に、主婦としてのパートタイマーがその野菜をいくらで買いたいかを聞いてまとめてあります。

最上段のキャベツであれば、100円までで84名中13名、15・5%が、100～150円までで54名64・3%が、150～200円までで17名20・2%が、その価格でキャベツを買いた

資料5　「西葛西店」のパートタイマー84名分の「野菜についての従業員アンケート」

「野菜についてのアンケート」

Q6．主要野菜の手頃な購入価格
キャベツ

	合計	100円まで	100～150円くらい	150～200円くらい	200～300円くらい	無回答
【総数】	84 100.0	13 15.5	54 64.3	17 20.2	- -	- -

Q6．主要野菜の手頃な購入価格
大根

	合計	100円まで	100～150円くらい	150～200円くらい	200～300円くらい	無回答
【総数】	84 100.0	20 23.8	53 63.1	11 13.1	- -	- -

Q6．主要野菜の手頃な購入価格
胡瓜

	合計	100円まで	100～150円くらい	150～200円くらい	200～300円くらい	無回答
【総数】	84 100.0	19 22.6	48 57.1	16 19.0	1 1.2	- -

Q6．主要野菜の手頃な購入価格
トマト

	合計	100円まで	100～150円くらい	150～200円くらい	200～300円くらい	無回答
【総数】	84 100.0	16 19.0	37 44.0	28 33.3	3 3.6	- -

いと答えています。

要は、ほぼ全員がキャベツを２００円までで買いたいと言っているのです。購買頻度の高い主要野菜別に、お客様がそれぞれいくらまでの価格で買いたいのかを知ることはとても重要なことです。

「野菜についての従業員アンケート」で野菜が高いと評価を受けたわけですが、各主要野菜ごとに買いたい価格が分かり、ようやく進むべき方向が見えてきたような気がしました。

お客様の要望をどうやって実現するかがＴＱＣプロジェクト「野菜の価格と鮮度の改善」の解決策につながります。

あれやこれや余計なことを考えるより、目の前に提示されたお客様が思っていること、要望に徹底的に寄り添い実現していくことが今の我々の進むべき道……。

……常に、お客様の立場に立って考え、判断、行動していくことが最も重要だと悟りました。

この「野菜についての従業員アンケート」調査結果をもとに、青果の商売をＱＣ手法で分析し、①「実態の把握」、②「調査結果分析」、③「問題点の把握」までたどり着きました。

いよいよ、次のステップの④「具体策の立案と実施」です。

5 「野菜の価格と鮮度の改善」の具体策

ＴＱＣプロジェクト「野菜の価格と鮮度の改善」のための「具体策の立案と実施」の内容承認

いよいよ、QC手法の最後の段階、「具体策の立案と実施」です。

というより、ここからTQCプロジェクト「野菜の価格と鮮度の改善」の本格的なスタートです。

「野菜の価格と鮮度の改善」のために、「具体策の立案と実施」のPDCAサイクルを回して「野菜の価格の改善」に結び付けなければなりません。

資料6 「野菜」従業員アンケート結果報告が「具体策の立案と実施」内容です。

上段には、

「1 アンケート結果と問題点」の内容として、

資料6　「野菜」従業員アンケート結果報告

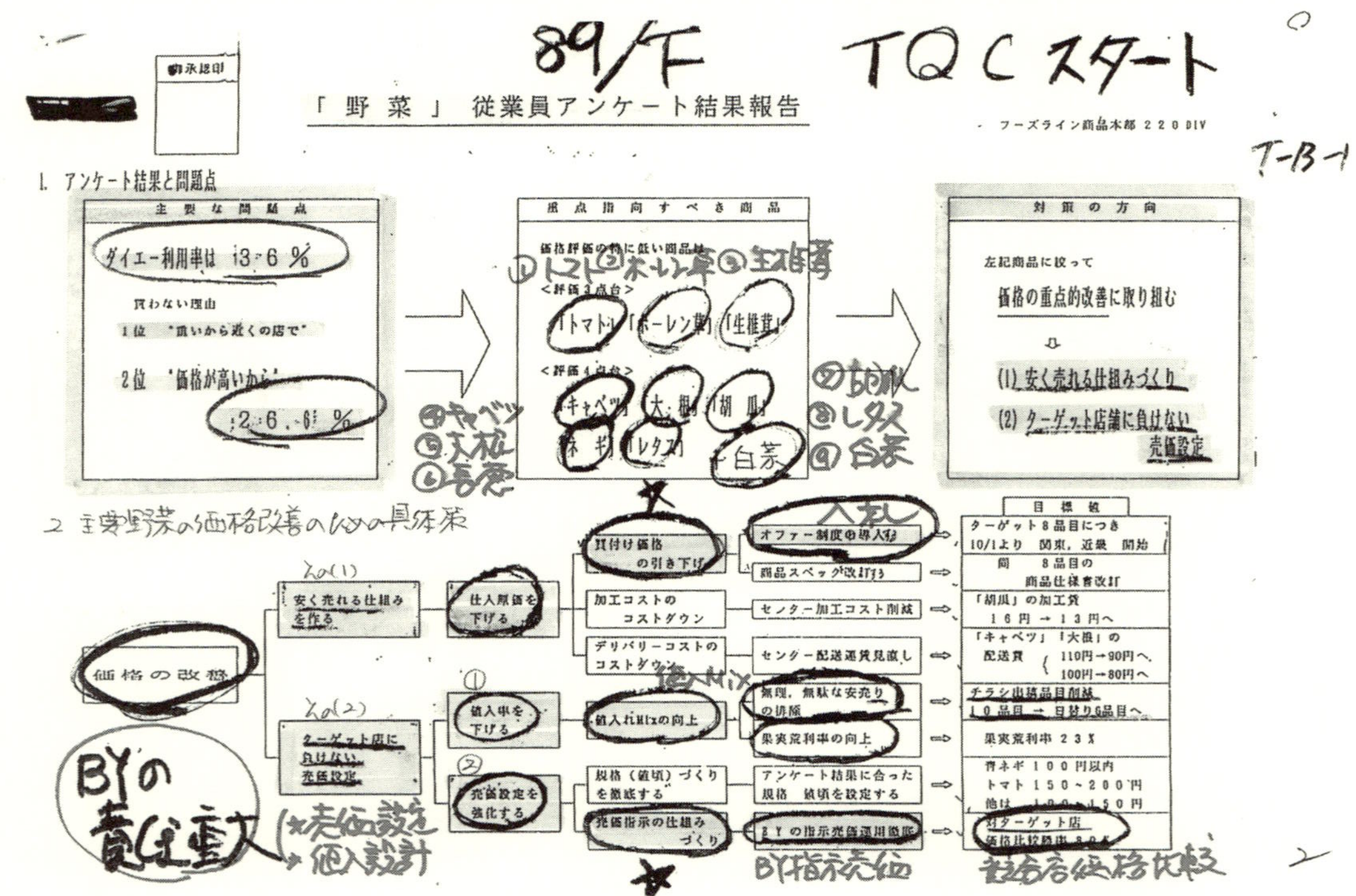

89/下　TQCスタート

「野菜」従業員アンケート結果報告

フーズライン商品本部　220 DIV

T-B-1

1. アンケート結果と問題点

主要な問題点

ダイエー利用率は 13.6％

買わない理由

1位　"近いから近くの店で"

2位　"価格が高いから" 26.6％

重点指向すべき商品

価格評価の特に低い商品は

＜評価3点台＞

「トマト」「ホーレン草」「生椎茸」

＜評価4点台＞

「キャベツ」「大根」「胡瓜」「ネギ」「レタス」「白菜」

①トマト ②ホーレン草 ③生椎茸 ④キャベツ ⑤大根 ⑥長葱 ⑦胡瓜 ⑧レタス ⑨白菜

対策の方向

左記商品に絞って

価格の重点的改善に取り組む

⇩

(1) 安く売れる仕組みづくり

(2) ターゲット店舗に負けない売価設定

2 主要野菜の価格改善のための具体策

					目標値
価格の改善	その(1) 安く売れる仕組みを作る	仕入原価を下げる	買付け価格の引き下げ	オファー制度の導入（入札）	ターゲット8品目につき 10/1より 関東, 近畿 開始
				商品スペック改訂	同 8品目の商品仕様書改訂
			加工コストのコストダウン	センター加工コスト削減	「胡瓜」の加工賃 16円→13円へ
			デリバリーコストのコストダウン	センター配送運賃見直し	「キャベツ」「大根」の配送費 { 110円→90円へ, 100円→80円へ
	その(2) ターゲット店に負けない売価設定	① 値入率を下げる	値入れMixの向上	無理, 無駄な安売りの排除	チラシ掲載品目削減 10品目 → 日替り5品目へ
				果実荒利率の向上	果実荒利率 23％
		② 売価設定を強化する	規格（値頃）づくりを徹底する	アンケート結果に合った規格 値頃を設定する	青ネギ 100円以内 トマト 150～200円 他は 100～150円
			売価指示の仕組みづくり	BYの指示売価運用徹底（BY指示売価）	対ターゲット店 価格比較勝率 80％（競合店価格比較）

BYの責任重大（売価設定、値入設計）

(1)「主要な問題点」……(主要) 野菜の価格が高い

(2)「重点指向すべき商品」……購買頻度の高い主要野菜（①トマト②ホーレン草③生椎茸④キャベツ⑤大根⑥ねぎ〈東・白ねぎ、西・青ねぎ〉⑦胡瓜⑧レタス⑨白菜〈冬期〉）9品目に絞って重点指向で対策を進めます

(3)「対策の方向」……(主要野菜9品目) の「価格の重点的改善」に取り組む
①安く売れる仕組みづくり
②ターゲット店舗に負けない売価設定

下段には、「2 主要野菜の価格改善のための具体策」として上段の(3)「対策の方向」の内容に沿った

「価格の改善」を具体的に進めます。大きくは二つです。

その(1)(主要野菜を)「安く売れる仕組みを作る」……

■市場の取引先との日々の商談を強化して主要野菜の仕入原価を引き下げ、売価を下げます

その(2)「ターゲット店に負けない売価設定」……二つの具体策があります。

①主要野菜の値入率を下げ、売価を下げる……

■果物・その他の野菜の無駄な安売りをやめ、適正荒利を確保し、これを原資として主要野菜の値入率を下げ、売価を下げる

②(主要野菜の)売価設定を強化する……

- ＢＹは取引先と商談した納入原価に基づいて、ターゲットに負けない指示売価を設定し、店舗のＭｇｒはその指示売価を厳守する
- Ｍｇｒは定期的にターゲット店の主要野菜の売価を調査比較し、勝率が80％以上かどうかをＳＶ経由でＢＹにフィードバックし、改善を促す

この報告書が全国青果部門の責任者のＤＭＭから、経営トップの中内ＣＥＯに稟議書として上げられ承認されました。

もう、後戻りは許されません。

ひたすら前を向いて、ここに書かれた具体策に沿って実行するだけです。

(1) 仕入原価を下げる

1 決め事……
ＢＹは、毎日、野菜全品の翌日の値決めをする

資料6 「野菜」従業員アンケート結果報告の下段の「価格の改善」の[その(1)]。

「安く売れる仕組みを作る」→「仕入原価を下げる」と続く具体策の一つに「買付け価格の引き下げ」→「オファー制度（入札）の導入」とあります。

まずは、売価を安くするためには仕入原価を引き下げることが必要で、早速「買付け価格の引き下げ」です。

具体的には、ＢＹが「毎日」市場の取引先と商談して、「主要野菜」を中心に野菜全品を値決めし、翌日の仕入原価を決めることになりました。

値決めは本来、ＢＹの重要な業務ですが、今まで実施されていなかったので、スタートする

となると大変です。

私の担当している関東地区では、ＢＹが駐在しているメインの中央卸売市場は、大田、足立、横浜です。

その他にＢＹが駐在していないが日々野菜を仕入れている副次的な中央卸売市場が、世田谷、豊島、川崎北部、横浜南部、水戸など数多くありました。

それまでのＢＹの主要業務といえば、

(1) 市場業務

①仕入れ対象の各産地の商品や店舗に配送予定の積み込み商品の品質チェック

②相場価格情報の収集と店舗Ｍｇｒへの価格見通し情報の提供

(2) 産直業務

①産直商品開発のための産地出張と店舗への商品供給

②産直取引勘定の損益管理

⑶ 販促業務
①チラシ品目について取引先と原価・売価の商談
②チラシ品目を価格強化版別、個店チラシ別に出稿
③チラシ品目の受注集計、取引先への数量発注

BY業務の中では、特に、⑶販促業務②出稿業務の単純作業が大きなウェイトを占め、BY業務分析の中でも改善課題となっていました。

BYが実施している値決めといえば、週1回のチラシ商品、限られた産直商品、市場外取引の輸入・水物・土物商品の週間値決めだけで、本来、重点管理すべきウェイトの大きい市場商品は手付かずの状態でした。

野菜のBYは、本来の業務とはいえ、今まで実施していなかった野菜全品を毎日、市場の取引先と値決めする業務が降ってきたわけですから大変です。

当然、果実のBYもこれに倣います。

2 大きい相場リスクなのに値決めなしのMgr任せの発注。取引先任せの納入原価

それでは、それまで、市場の野菜・果実の店舗への仕入原価はどのように決まっていたかというと！

売出商品、産直商品、市場外取引の輸入・水物・土物商品についてはBYが仕入原価を決定していましたが、日々の市場商品にはノータッチです。

市場取扱商品のキャベツを例にとると、取引先は前日夕方に店舗のMgrから発注を受けた数量を、早朝、市場のセリで買い付けします。

取引先は、セリで仕入れた原価に取引先の手数料を加えた金額をキャベツの納入原価として、店舗に納入します。

キャベツの相場が急に高騰し、予想以上の高値になる時もあります。

Mgrが100円の売価で販売を予定していても、相場が高騰して200円売価で販売しないといけない時もあります。

すると、販売予定数量が大きく減少するので在庫過多になり、全量を販売するまで予定外の日数がかかります。

それにより鮮度低下や値下げなどで利益を圧迫しかねません。

極論すると、店舗のＭｇｒは、野菜の相場価格見通し情報をほとんど持っていません。翌日の仕入原価がいくらになるかわからない不完全情報のもとで、自分の予測（リスク）で発注しないといけない理不尽なことをＭｇｒは強いられていたのです。

取引先は、当日、セリで仕入れた価格に手数料を加えた納入原価で納入するので、リスクはほとんどありません。

発注のリスクがＭｇｒのみに集中し、仕入原価も取引先任せでした。

それにしても、まぁ、25年経った今も現役Ｍｇｒとして、違う会社で、同じ課題に直面しているのは皮肉です。

ＩＹはというと、市場の商品については週3回の値決めが行われ、取引先が翌日の納入原価表を店舗に流しているとの情報を青果のＢＹ時代に入手していました。

ＢＹが値決めしていたかどうかは不明ですが、多分、取引先任せの納入原価ではないでしょう。

青果のＭｇｒが、翌日の仕入原価が不確実なまま自分のリスクで博打のような商売をするＤ社に対し、取引先とＭｇｒがリスクを折半するＩＹ。

青果の商売での発注時の相場リスクをどのように分散するかという基本的な考え方に、際立った違いがありました。

ＩＹ青果のＭｇｒは翌日の仕入原価がわかっているので、日々の販売計画が立てやすく、売上・荒利の見通しもつくのです。

青果の商売の全体の組み立て方に根本的な差が出ています……それは「計画性」です。

ＩＹの対応を聞くにつけ、関東地区のＢＹ時代に市場商品の前日値決めを上司の関東地区責任者に提案したことがありました。

「毎日市場に行って、豊富な価格見通し情報を持っているＢＹが日々の納入原価にもっと関わるべきでは？」

すると返事は、「神様しかわからない明日の相場がどうしてわかる？　取引先も怖くて相手にせんわ！」でした。

「相場の異常な高騰時には、発注数量を半分にするとか、ＢＹが介入して仕入原価を調整するとか対応方法はたくさんあります。そのためのＢＹです。

Ｍｇｒにばかりリスクを負わせておかしいです。

そもそも、情報の乏しいＭｇｒに価格予測のような難しい業務をさせず、どのＭｇｒも一定レベル以上の商売ができるように仕組みを作って『標準化』するのがチェーンストアでは？」と、主張しましたが、それきりでした。

リスクを恐れるあまり、ＩＹのようにリスクに向き合おうとする姿勢が欠けていました。

3 夕方売場を放置したまま。本末転倒！ Ｍｇｒが ＢＹ代わりに仕入原価商談

それでは、店舗のＭｇｒは、翌日の仕入原価も不確かな理不尽な状況に甘んじていたかというと、そうではありません。

夕方に、Ｍｇｒは発注の時間を迎えます。

しかし、翌日の仕入原価がいくらになるかは、明日にならないとわかりません。

すると、各Ｍｇｒは一斉に取引先の担当者に電話して、長々と、主だった商品の翌日の仕入原価の商談を始めます。

中には、商談に無関心なＭｇｒもいますが例外です。

売上・荒利に責任感の強いＭｇｒほど商談に熱心です。

当然です、私がＭｇｒだったらそうします。

また、売上の大きい店舗は販売数量も多いため、その店舗のＭｇｒは発言力も強く、取引先は耳を傾けざるを得ません。

ここでも、発言力のあるＭｇｒとそうでないＭｇｒとで仕入原価に差がでてきます。

同じ商品の仕入原価について、Ｍｇｒ個人ごとに異なる仕入原価が決まるなど、チェーンストアの標準化の原理原則「一物1価」から許されることではありません。

現状は一物2価、3価、4価です、許されるものではありません。

本来、仕入部門の商品部のＢＹが取り組むべき業務なのに、それをＭｇｒに任せっきりで黙認しているのも大きな問題でした。


問題は、それだけではありません。

Ｍｇｒが翌日の仕入原価を長電話で商談している時間帯は、本来、夕方のピークタイムに向けての大事な準備の時間なのです。

これから一日の売上の折り返し、売上の半分が残っている店舗も多く、すべきことは沢山あります。

夕方のお客様を迎えるため、商品の加工や補充、鮮度チェックや売場の整理整頓、商品の前出しなどに専念すべき時間帯です。

ところが、貴重な時間が仕入原価の商談に費やされる結果、品切れ・品薄、鮮度不良品、売場の乱れが放置され、商売にしわ寄せが及び、結果として、夕方来店されたお客様に迷惑をかけている恐れが大きいです。

Ｍｇｒ業務としては本末転倒、あってはならないことです。

野菜の前日値決めにより、ようやく、ＢＹが本来すべき業務に取り組み、Ｍｇｒは商談から解放され、売場に専念することができます。

4 市場の野菜の前日値決め、本格スタート。BY業務の負担軽減も合わせて実施！

ともあれ、野菜の前日値決めはスタートしました。

各市場のBYは、毎日、今まで以上に真剣です。

各産地の野菜の品質チェック、セリ台に立って相場価格の確認、時には荷受会社のセリ人から各産地の野菜の生育・出荷状況や、今後の相場価格の見通し情報などを収集し、必要な情報の収集活動に専念します。

そして、その後、取引先との翌日の野菜の仕入原価の商談に臨みます。

スタート当初は、慣れない業務で戸惑い緊張の連続でしたが、すぐに慣れて淡々と業務をこなしていきます。

何しろ、BYは400人近いMgrの中から選抜された、優秀な人材のはずですから。

グループ企業の中には、SMのM社のように、BYが夕方に店舗の在庫のみを毎日聞いて、その店舗の日々の発注数量を決定して商品を店舗に送り込む、仲買を通さずBYが直接セリに立ち、荷受会社と価格の相対取引で仕入原価交渉をしている企業もありました。

ただ30～40店舗までの規模なので、それこそBY個人の長時間労働でカバーできる部分があります。

さらに店舗拡大をするとなると、やはりチェーンストアとしての仕入れの仕組みを構築する必要があるとの印象でした。

ＢＹが日々値決めに集中できるように、以前、人事部が行ったＢＹ業務時間分析に基づいて、ＢＹ業務の環境整備、業務軽減も行いました。

重要性は低いが緊急性の高い販促の出稿業務では、出稿品目やチラシの版数を削減し、出稿作業のような単純作業の多い業務部分はパートタイマーに割り当てました。

チラシの品目やチラシの版の削減は、チラシ品目やチラシの版の多さが売上に直結すると信じている信奉者が偉い人に多く、調整に困難を極めるのが普通です。

ここでも、ＣＥＯ直轄プロジェクトの「威光」は抜群で、「野菜の価格と鮮度の改善」のためにと「葵の御紋」をかざすと、すんなり青果部門の要望は通りました。

ＴＱＣプロジェクトがＣＥＯ直轄プロジェクトだと伝えられたとき、「ＣＥＯ直轄」という「強制力」が有効に働き、青果部門の「体質」改善のための構造改革を進める原動力になると予感したことが実現すると確信しました。

私は、ＢＹの重要な業務の一つは、商品の安定供給と合わせて、取引先と商談して納入原価を下げることだと認識しています。

- 売出商品や産直商品、市場外商品だけでなく、ＢＹがようやく、ウェイトの大きい市場商品の仕入原価を決めるようになった。
- 店舗のＭｇｒは、売場を放りっぱなしで長電話で取引先の担当者と納入原価の商談をしなくてすむ、翌日の納入原価がわかるので事前に販売計画も立てやすくなった。

まだまだ道半ばですが、ＩＹに負けないような仕組みができつつあると思うと感慨深いものがありました。

資料7　九州市場エリア　主要野菜8品目値決め結果報告（大根）は、主要市場に駐在しているＢＹが、駐在市場と周りの地元市場の「大根」の価格について、値決めした結果を日々管理している帳票です。

各ＢＹは、日々駐在市場を中心に、週に何回かは市場や店舗の商品について取引先と品質・規格について「目合わせ」しながら商談をします。

「値決め結果報告」は、「主要野菜」について日々行われます。

資料8　苺　相場比較（女峰）関東地区は関東地区の「苺」の値決めの例です。

これは、野菜のＢＹに倣った、果実のＢＹの苺の値決めの例ですが、取引市場は野菜も果実

資料7　九州市場エリア　主要野菜8品目値決め結果報告（大根）

大　根

主力8品目値決め結果報告（A）

1. 福岡市場、北九州市場の10％安を目安に値決め
2. 3日間連続して上記市場より高いときは取引休止
3. 外郭市場は月に1回必ず巡回し、主力8品目の仕切書を閲覧し、SDB、センターDBに報告する義務がある⇨取引との契約

付	市場／規格	産直	福岡	北九州	大分	徳山	下関	長崎	伊万里	佐世保	佐賀	久留米	熊本	宮崎	都城	鹿児島
/24(月)	L10本		155	145	145	145	145	160	145	220	210	155	145	170	160	150
	比較		100	95	95	95	90	115	90	180	150	100	75	115	115	130
/27(木)	L10本		160	155	145	155	155	160	155	190	210	155	200	117	117	117
	比較		100	100	95	95	100	155	95	140	150	100	150	90	90	90
/28(金)	L10本		170	160	160	155	155	160	135	190	210	155	180	117	117	117
	比較		100	100	80	100	100	115	80	140	150	100	120	90	90	90
/29(土)	L10本		165	165	160	155	155	160	135	190	180		158	150	150	180
	比較		100	110	80	100	100	105	80	140	130		120	140	120	130
/31(日)	L10本		180	175	160	155	155			×	×		195	117	117	117
	比較		110	110	80	100	100						125	120	120	75
/（　）	L10本															
	比較															
/（　）																
/（　）																
/（　）																
/（　）																
/（　）																
/（　）																

比較…比較販売用
（下限価格用商品）

資料8　苺　相場比較（女峰）関東地区

苺　相場比較（女峰）

月日	等級	070858 321	075531 323	078964 322	072559 325	079952 327	079537 324	074276 385	073369 324	077364 382	077356 381	075965 391	079679 389	078255 383
1/31	上 L	420	360	450	500	380	450	420	440	420	430	380	400	450
	中 M	340	340	330	320	350	360	360	320	360	360	320	350	370
	並 S	—	320	300	—	—	320	300	280	350	—	—	—	—
～5	上 L	450	390	380	370	450	370	430	560?	420	360	380	380	380
	中 M	350	360	330	330	370	320	320	320	375	500?	300	300	300
	並 S	280	300	280	300	350	300	300	340	350	320	280	—	—
2/7	上 L	400	400	380	370	380	400	400	380	430	400	400	380	380
	中 M	350	350	330	300	350	380	350	340	380	350	330	330	330
	並 S	290	300	270	290	350A	330	300	280	370	270	360	280	
	上 L	420	480	450	400	380	450	420	380	370	400	400	380	380
	中 M	360	380	380	350	350	380	360	340	370	350	350	350	370
	並 S	290	320	300	280	350?	330	360	280	280	270	330	280	—

も同じです。

果実ではこのシーズンは苺の構成比が飛び抜けて高く、市場の取扱商品でもあり、価格変動も激しく果物の荒利を左右する商品なので、果実のＢＹがしっかり値決めをしていました。

5 あるローカルSMの青果BYの業務の実態は……

ところで、あるローカルＳＭの実情です。

感心なことに、取引先から翌日の各野菜・果物の仕入原価の一覧表が、夕方ファックスで送られてきます。

翌日の仕入原価がわかるということは、翌日や週末の販売計画を立てたり、月の中旬を過ぎると、仕入予測をして月末までの差益の見通しや仕入金額を予算内にコントロールするのに役立つので非常に助かります。

しかし、ＢＹが商談した結果ではありません。

取引先が注文をしっかりあげて欲しいと、Ｍｇｒへの配慮から、自分のリスクで独自に流しています。

大したものです。

でも、相場が乱高下して、リスクの高い商品の原価は空白です。

予測誤りにより損はしたくないですから当然です。

ではＢＹは何をしているかというと、売出商品の売価を決めるのみ、決めたら、後は、仕入原価は取引先に丸投げです。

「いちご」のように価格変動の激しい商品でさえ、天候不順で品不足のため相場価格は３５０〜４００円に高騰しても、チラシ売価は２９８円のままということがよくあります。

盆の時期には原価４００円のレタスを１９８円のチラシ売価で販売したことも。

どこのチェーンストアでもこういう非常事態に備えて、青果と鮮魚は直前でもチラシ商品を修正できるようにチラシ商品の品目・売価の緊急修正システムがあるのですが、一度も修正がかかった試しがありません！

「いちご」のチラシ価格が２９８円でも取引先の仕入原価は３５０〜４００円、いちごに50円、１００円玉を貼り付けて販売しているようなものです。

販売するだけ損も大きく、荒利責任を背負うＭｇｒはたまったものではありません。

ＢＹはＭｇｒ業務も兼務ですから自分も同じく損害を受け、荒利はいつも標準以下ですが、人材不足のせいか他に適任もおらず、責任を問われることもありません。

取引先は損をすることなく、相場価格で納入すればいいわけですから、こんな美味しい商売はありません。

このような例は、このローカルSMに限ったことではなく、仕入原価の商談の手抜きは、程度の差はあれ、他のローカルSMでも似たようなことが見られます。

会社方針では生鮮強化を掲げているのですが、BYが本来果たすべき業務を果たしていないのでは、青果が強くなるわけがありません。

みなさんの会社では青果部門に限らず、BYが仕入原価を引き下げるための基本の商談をきちんと行っていますでしょうか？

6 物流ネットワークを活用したオファー（入札）制度の導入

「オファー制度（入札）」とは一般に、最高または最低の価格を提示した人が競売に掛けられている商品を入手できる仕組みです。

ここでいう青果の「オファー制度（入札）」とは、建設業界の入札と同じで、一番安い納入原価を提示した取引先が対象となった商品を店舗に納入できる仕組みです。

普段は、市場と担当店舗が決まっています。

大田市場であれば、朝の開店に無理のない配送時間内のエリアにその担当店舗が決まっていて、毎日市場便で野菜・果物が配送されます。

しかし、まれに市場間で納入原価に大きな格差が生じたりする時は、格差の是正が必要になります。

また、大きな販促企画の時には特定のチラシ商品については、市場の枠を超えて、納入原価の安い市場の荷受会社から全量仕入れたりします。

BY個々には必要に応じて実施されていましたが、制度として実施しなさいという業務命令です。

ところで、野菜のBYの市場の担当商品の範囲はというと。

関東、近畿、九州地区などの売上の大きなエリアは、店舗数・市場の数も多いので、一人では全部の野菜の面倒を見ることはできません。

野菜を二つのグループに分けて担当します。

一つは、キャベツ、レタス、ほうれん草など葉っぱや茎を食べる葉茎菜と呼ばれる野菜群、もう一つは、胡瓜、トマト、なす、ピーマンなどの実を付ける果菜類と呼ばれる野菜群です。

野菜のBYは自分の担当品群について、駐在市場の取引先とその他三~五つの市場の取引先と電話で値決めの商談をします。

青果の「オファー制度（入札）」は次のように運用されます。

例えば、日々市場での値決めの結果、足立市場の翌日のキャベツの仕入原価が大田市場より極端に高いとします。

野菜のＢＹは足立市場の取引先と再度商談して、キャベツの納入原価を大田市場の仕入原価に近づけるよう話し合いをします。

当然、仲卸である取引先は荷受会社と価格の相談をします。

それでも、極端な差が縮まらない場合、ＢＹは、足立市場の取引先の担当店舗のキャベツの発注数量を、大田市場の取引先に渡し、大田市場からのキャベツが納入されることになります。

大田市場の取引先は、大田市場の市場便で配送困難な遠方の店舗であっても、キャベツを物流センターに持ち込み、全店配送のＤ社のコールドチェーンにのせれば、市場の内外や県内外を問わず、遠方の担当店舗以外の店舗にも供給できるのです。

また、ＢＹは、大型販促企画の対象商品について、ある市場の荷受会社や取引先と有利な仕入原価交渉ができれば、全店分の注文数量を物流センター経由で供給することもできます。

チェーンストアとしてのコールドチェーンの物流ネットワークが構築されているからこそなせる業です。

お客様の接点となっている店舗では、日々、競合相手との競争です。

取引先も割り当てられた担当店舗・商品を既得権益と思わず、切磋琢磨して欲しいものです。

⑵ ターゲット店に負けない（主要野菜の）売価設定

資料6「野菜」従業員アンケート結果報告（106頁）の下段の「価格の改善」の具体策の説明に移ります。

「価格の改善」の具体策の その⑴ は、「安く売れる仕組みを作る」でした。

すなわち、原価を引き下げることです。

その⑵ は、「ターゲット店に負けない（主要野菜の）売価設定」です。

「ターゲット店に負けない（主要野菜の）売価設定」には二つの具体策があります。

①「（主要野菜の）値入率を下げる」と

②「売価設定を強化する」です。

①「（主要野菜の）値入率を下げる」についてです。

これは、主要野菜の売価を下げるため「（主要野菜の）値入率を下げる」のですが、その「原資をどのように確保する」のか、そして「確保された原資をどのように有効に組み合わせて、主要野菜の売価を引き下げる」かの具体策です。

まず、主要野菜の売価を下げるため、値入引き下げのための「原資をどのように確保する」かです。

「(主要野菜の)値入率を下げる」をたどると……、

「(主要野菜とその他の野菜及び果物との)値入れMIXの向上」↓↓↓「果実荒利率の向上」↓↓↓「果実荒利率23%」

に行き着きます。

1 果実の安売りのつけを主要野菜に回すな!

主要野菜の価格を改善するのになぜ「果実荒利率の向上」とあるのか疑問に思うでしょう。

青果のMgrならピーンとくるはずです。

「(主要野菜とその他の野菜及び果物との)値入れMIXの向上」を抜かして……、
■「(主要野菜の)値入率を下げる」↓↓「(主要野菜の)値入率28%↓22%に下げる」

■「果実荒利率23％」↓↓「果実の荒利率を21％↓23％に上げる」

と表現したほうがわかりやすいでしょう。

ここに、青果の商売の構造的な歪みがあるのです。
売上不振の時、売上の即効性の高い果物を低値入で安く販売する傾向があります。結果、果実の低荒利の補塡のため、販売数量が多い主要野菜に高値入をして値上げし、高い売価で販売するＭｇｒが多かったのです。

野菜と果物では販売上、その商品特性は大きく異なります。
「嗜好品の特徴を持った果物」は、有名ブランドのコーヒーのように、価格を20～30％ディスカウントして安い売価で販売すると、通常価格の販売数量の2倍、3倍に増え、その売上増の効果は大きいです（需要の価格弾力性が大きい）。

一方、私たちの食生活に「必需品の野菜」は、胃袋の制約や傷みやすく貯蔵性に乏しいため、価格を安くしても、販売数量が極端に増えることはありません。
逆に、必需品であるが故に、価格が高くなっても、販売数量が大きく減少しないのが特徴です（需要の価格弾力性が小さい）。

特に、消費量が多く食卓に欠かせないキャベツ、レタス、胡瓜などの主要野菜は、他の野菜よりも販売数量がはるかに多く、価格が高くなっても販売数量が大きく減少することがありません。

売上不振になると、普通は、まず、売上不振の原因を探る商品分析を行い、原因商品を特定し、その原因商品に対して対策を立て、実施改善します。

ところが、一部Ｍｇｒは、売上不振になると数値責任を果たすために、この野菜と果物の特徴を悪用します。

野菜が不振の時に商品単価が１００～１５０円と低い必需品の野菜を創意工夫し地道な販売努力をするよりも、商品単価が３００～４００円と高く、売上の即効性のある嗜好品の果物を安易に大幅に安い価格で販売します。

その結果、単価の高い果物の販売数量は大きく増加し、売上も期待通りに大きく増加します。でも、Ｍｇｒの数値責任は、売上責任だけではありません、荒利責任もあります。

安く販売して低荒利となった果物の荒利のつけを、値上げして高い価格で販売しても販売数量が減少しない主要野菜のキャベツ、レタス、胡瓜などに回して帳尻を合わせます。

そのため主要野菜が必要以上の高値入の高い価格で販売されることとなり、最終的なつけはお客様に回ります。

2 果実は確保すべき荒利をしっかり稼いで、主要野菜の価格引き下げの原資を確保せよ！

「（主要野菜の）値入率を下げる」↓↓↓「（主要野菜とその他の野菜及び果物との）値入れMIXの向上」↓↓↓「果実荒利率の向上」↓↓↓「果実荒利率21％↓23％」の意味するところは、「果物を安易に安売りしないで、23％の適正荒利を確保しよう。その改善された荒利分を原資にして、主要野菜の価格を引き下げてお客様の要望に応えよう」ということです。

前にも書きました。

多少、方針や決め事から逸脱しても、創意工夫や営業努力の名のもとにMｇｒの自由裁量で商売をして目標の売上・荒利の実績を残せば結果オーライです。

このようにお客様につけが回っていても、皮肉なことに、その事実を認識していない上司の店長やエリアマネージャーは、「よく頑張った」と青果Mｇｒへの評価は高くなります。

問題の本質は、プロセスよりも数値結果に偏って評価される「企業風土」、「体質」です。

創意工夫にあふれ、自由闊達な商売ができる組織風土の土壌があるのはいいことです。

ただし、お客様の要望に沿って商売を行い、結果を残すのが商売の道筋、私たちの務めです。

それでなくては、公正な業績評価とは言えません。

経営理念「For The Customers」はそういうことです。

「高い価格の野菜」ではお客様の信頼を失うばかりか、競争力を削ぐことにもなります。

TQCプロジェクト「野菜の価格と鮮度の改善」は、私たちの商売を正しい道筋、軌道に乗せる絶好のチャンスなのです。

ともあれ、野菜の価格問題から取り組み始めた私たちでしたが、突き詰めていくと一番の問題は、その根本にある我が社の「組織風土」、「体質」だと認識しました。

資料6「野菜」従業員アンケート結果報告には表現されていませんが、この「組織風土」、「体質」を変えないと野菜の価格問題は解決しないと、暗に、主張しているのです。

次に、**資料6「野菜」従業員アンケート結果報告**の下段その⑵「ターゲット店に負けない（主要野菜の）売価設定」↓↓②「（主要野菜の）売価設定を強化する」の説明です。

この具体策の流れは、

②「（主要野菜の）売価設定を強化する」↓↓↓「（主要野菜の）売価指示の仕組みづくり」

↓↓↓「ＢＹの（主要野菜）指示売価運用（厳守）徹底」↓↓↓「対ターゲット店（と）価格比較（して）勝率80％（以上）」

とつながります。

具体策の内容は次の通りです。

①ＢＹは、主要野菜について納入原価をもとに適切に値入をして、ターゲットに負けない指示売価を決め、Ｍｇｒに連絡する

②ＭｇｒはＢＹ決定の主要野菜の指示売価を厳守する

③Ｍｇｒは、毎週、定期的にターゲット店の主要野菜の価格を調査、自店の価格と比較して勝率が80％以上あるか検証、ＳＶ経由でＢＹにフィードバックする

つまり、ＢＹは、日々取引先と値決めして、主要野菜の納入原価と売価（値入率）を決めないといけないのです。

それも、ターゲット店に負けない売価を決める必要があります。

そして、自由裁量の大きかったＭｇｒの商売にも、ＢＹ指示売価という「たが」がはまり、果物の安売りのつけを主要野菜に回すことがなくなるはずです。

主要野菜の売価を決めるということは大変なことです。

売上から仕入原価を引くと荒利（差益）が決まります。

ＢＹが主要野菜の仕入原価と売価を直接決めるということは、店舗の荒利にもＢＹが直接関与するということです。

売上責任だけでなく、荒利責任も発生することになり責任重大です。

ＳＶから店舗の荒利が確保できないと言われないため、主要野菜に高い売価を設定すると、ターゲット店との価格比較で勝率が80％以上ないと追及され、板挟みです。

ここまで来ると値決めする商品は主要野菜だけでなく市場取扱商品全般です。

売出商品、「価格戦略商品（主要野菜９品目）」、インプロ商品、その他の野菜、果実との間でバランスを取りながら、全体として荒利も確保しなければなりません。

どうしたらいいだろう⁇　……というのがＢＹの悩みです。

③ SM（スーパーマーケット）の創設者マイケル・カレンが考案した画期的な品群間のマージンMIX（値入MIX）

でも、悩む必要はありません。

チェーンストアの価格設定の基本的な手法に、品群間で値入と売価を調整しながらトータル値入を確保する値入MIXという手法があります。

「価格の改善」の その1 は、「安く売れる仕組みを作る」↓↓「（主要野菜の）値入率を下げる」。

そして、「（主要野菜の）値入率を下げる」↓↓ 「（主要野菜とその他の野菜及び果物との）値入れMIXの向上」 ↓↓↓「果実荒利率の向上」↓↓↓「果実荒利率23％」とありました。

この 「（主要野菜とその他の野菜及び果物との）値入れMIXの向上」 が その2 の「ターゲット店に負けない（主要野菜の）売価設定」の具体的な売価設定の場面で連動しているのです。

前提は、

①ＢＹは、日々取引先と商談して仕入原価を引き下げる基本業務を確実に実施する
②果実だけでなく主要野菜以外の野菜も無駄な安売りをせず、適切な価格で販売して、今より荒利を改善し本来の適切な荒利を確保する
③改善した荒利は主要野菜の販売価格を引き下げる原資として活用する

です。ここで、主要野菜の品群と果実の品群と主要野菜以外の品群との値入ＭＩＸを行います。

私たちのＳＭ（スーパーマーケット）ビジネスは、その原点は世界大恐慌の１９３０年にさかのぼり、実に、85年以上の歴史があります。

長年の先達の数多くの失敗や成功の軌跡の上に、ＳＭのビジネスの原理原則、基本手法が確立され、そのビジネスモデルは他の産業へも大きな影響を及ぼしてきました。

最初のＳＭは、１９３０年、「ＳＭクローガー」を退職した「マイケル・カレン」が創設しました。

大恐慌のもと、安い食料品を求める大勢の失業者に、生活に必要なベーシック商品を安価で

提供するために、彼が考案した画期的な「マージンＭＩＸ」という考え方（ジンマーマン著『スーパーマーケット流通革命の先駆者』）があります。

「……３００品目は原価で、
２００品目は原価＋５％で、
２００品目は原価＋15％で……」……有名な言葉です。

このように品群間でマージンＭＩＸを行い、合計で、経営に必要な荒利率９％を確保するというものでした。
名前こそ違えど、今の私たちは、「値入ＭＩＸ」という手法で、この「マージンＭＩＸ」を、日々、具体的に行っています。

４ 競合状況に応じた荒利率25％と21％の二つの値入マトリックス

値入ＭＩＸの考え方はわかったけど、主要野菜と主要野菜以外の野菜と果実はそれぞれどのような値入基準で、具体的に売価設定したらいいのか??……

資料9　荒利率25%・21%の値入マトリックスがその答えです。

D社の青果部門では、従来、商品分類とその売上構成比・値入率の数値は違いますが、方針にはこのような値入マトリックスが必ず添付されていました。

ただ、誰が何のために実行するのか明確でない、単なるアドバルーンでした。

それが今回、BYが、仕入原価の値決めや各品群の売価設定を行う時に必要な「羅針盤」として生まれ変わりました。

野菜のBYが、日々具体的に、売出商品、「価格戦略商品（主要野菜9品目）」、インプロ商品、その他の野菜、果実の品群間で値入MIXを実施する値入率の基準数値が、一覧表で表示されています。

縦軸に、対象商品群が、四つの品群に分類されています。

①「販促（チラシ）」
②「価格戦略商品（主要野菜9品目）」
③「インプロ（スポットのお買い得品）」
④「プロパー（その他の定番商品）」

資料9　荒利率25%・21%の値入マトリックス

220（九州）

荒利率２５％の値入マトリックス

	DIV				野菜				果物				花			
	構成比	値入	荒利率	ロス	構成比	値入	荒利率	ロス	構成比	値入	荒利率	ロス	構成比	値入	荒利率	ロス
TV	1.4 (1.3)	20.0 (20.0)			0.7	20.0			0.7 (1.3)	20.0 (20.0)			×	×		
日替	3.5 (4.2)	22.1 (22.4)			2.7 (3.3)	22.0 (22.8)			0.7 (0.8)	22.0 (19.6)			0.1 (0.1)	25.0 (36.1)		
通し	3.5 (4.0)	22.2 (21.3)			1.3 (1.3)	22.0 (21.5)			2.0 (3.1)	22.0 (21.2)			0.2 ×	25.0 ×		
計	8.4 (9.9)	21.8 (21.6)			4.7 (4.6)	21.7 (22.5)			3.4 (5.2)	21.6 (20.7)			0.3 (0.1)	25.0 (36.0)		
価格戦略商品	23.0 (19.0)	22.0 (21.6)			20.0 (19.0)	22.0 (21.6)			3.0 ×	22.0 ×			− ×	− ×		
インプロ	22.2 (11.6)	26.2 (23.5)			9.3 (9.9)	26.0 (23.2)			12.0 (1.7)	26.0 (24.9)			0.9 ×	30.0 ×		
プロパー	46.4 (59.5)	32.8 (29.0)			29.5 (34.1)	34.1 (30.9)			15.1 (22.8)	29.3 (25.6)			1.8 (2.6)	40.3 (28.6)		
計	100 (100)	28.1 (28.1)	25.1	4.2	63.5 (67.6)	28.2 (26.6)	26.0	3.0	33.5 (29.7)	26.7 (24.7)	22.5	6.0	3.0 (27.0)	35.7 (28.8)	28.0	12.0

【93. 3. 17】

220（九州）

荒利率２１％の値入マトリックス

	DIV				野菜				果物				花			
	構成比	値入	荒利率	ロス	構成比	値入	荒利率	ロス	構成比	値入	荒利率	ロス	構成比	値入	荒利率	ロス
TV	2.0 (1.3)	20.0 (20.0)			1.0	20.0			1.0 (1.3)	20.0 (20.0)			×	×		
日替	4.1 (4.2)	15.0 (22.4)			3.0 (3.3)	15.0 (22.8)			1.0 (0.8)	15.0 (19.6)			0.1 (0.1)	15.0 (36.1)		
通し	4.2 (4.0)	15.0 (21.3)			1.5 (1.3)	15.0 (21.5)			2.5 (3.1)	15.0 (21.2)			0.2 ×	15.0 ×		
計	10.3 (9.9)	16.0 (21.6)			5.5 (4.6)	15.9 (22.5)			4.5 (5.2)	16.1 (20.7)			0.3 (0.1)	15.0 (36.0)		
価格戦略商品	26.0 (19.0)	14.2 (21.6)			22.0 (19.0)	13.6 (21.6)			4.0 ×	17.3 ×			− ×	− ×		
インプロ	22.9 (11.6)	26.2 (23.5)			10.0 (9.9)	26.0 (23.2)			12.0 (1.7)	26.0 (24.9)			0.9 ×	30.0 ×		
プロパー	40.8 (59.5)	32.7 (29.0)			26.0 (34.1)	34.0 (30.9)			13.0 (22.8)	29.0 (25.6)			1.8 (2.6)	41.5 (28.6)		
計	100 (100)	24.2 (28.1)	21.0	4.2	63.5 (67.6)	24.1 (26.6)	21.8	3.0	33.5 (29.7)	24.8 (24.7)	20.3	6.0	3.0 (27.0)	35.4 (28.8)	27.6	12.0

⑤そして、「計」

です。

この値入マトリックスでは、それぞれ、横軸に、ＤＩＶ（青果部門計）、野菜、果物、花の四つの部門に分かれていて、各品群には「（売上）構成比」と売価設定の基準となる「値入（率）」が決められています。

野菜、果物、花別に、縦に、構成比と値入率を掛け合わせて「相乗積」という手法で合計していくと、最下段に野菜、果物、花の合計値入率が計算されます。

この合計値入率に、店舗での発注管理、売場管理、商品管理などオペレーションから生じる値下げ・廃棄のロス率を加味して計算すると、計算上、荒利率が計算できます。

資料9　荒利率25%・21%の値入マトリックスで荒利率25%の値入マトリックスを見ていきます。

①果実は、無駄な安売りをやめて従来の荒利率21%を改善し、23%には少し足りませんが、21%から22・5%まで改善されます。

この改善された荒利率1・5%が、「価格戦略商品（主要野菜9品目）」の販売価格をさらに引き下げる原資になります。

②野菜の中で、「価格戦略商品（主要野菜9品目）」は従来の値入率28％から22％へと6％も大きく引き下げられ、安い販売価格を実現します。

③野菜の中で、さらに、「インプロ（スポットのお買い得品）」の値入率26％、「プロパー（その他の定番商品）」の値入率34・1％と、無駄な安売りをやめて、しっかり値入を確保して「価格戦略商品（主要野菜9品目）」の値入率22％をサポートします。

④「販促（チラシ）」の売出商品は安い価格で集客するのが目的なので、もともと低い値入です。

しかし、安いチラシ売価を設定する「販促（チラシ）」商品といえども、BYは、この値入マトリックスに記入された値入率を下回る仕入原価は許されません。

「販促（チラシ）」商品についても、BYは、この値入マトリックスの値入率を守るため、厳しい商談が要求されます。

5 売出商品といえども、値入マトリックスに約束した値入率は守る

全体の集客のため「販促（チラシ）」の「TV」商品として、通常売価98円（@65円）の大玉オレンジを1個の販売価格を50円でTV放映したことがあります。

BYは、取引先との厳しい原価交渉の結果、1個50円で納入原価が決まりました。でも、店舗への納入原価は20％の値入率を保証していますから、店舗への納入原価は40円でなければなりません。

差額の▲10円は、BYが原資を確保しなければなりません。

BYは、産直取引勘定や直輸入勘定で貯めた貯金を取り崩してこれに充てます。貯金の少ないBYのためには、時には、私が裁量権を持っている青果部門の地域戦闘費勘定から、不足分を充当することもありました。

1個▲10円の差額ですが、TVスポットだと効果抜群で、1店舗当たり1500～2000個販売するので、補塡金額は200万円近くにもなります。

店舗の荒利確保のため、必要値入を必ず確保する。

店舗のMgrにBY指示売価を守らせ、その代わり、店舗に対して値入マトリックスの値入

責任を果たしながら荒利をサポートするためのSV、Mgrへの約束事、相互信頼には欠かせない決め事です。

資料9　荒利率25％・21％の値入マトリックスに基づいて、野菜・果実のBYは、必要値入を確保するために厳しい商談を行い、商品の売価を決定します。

21％荒利率の店舗向けには、荒利率21％の値入マトリックスで売価設定をします。

野菜の「価格戦略商品（主要野菜9品目）」の値入率は、25％荒利率店舗は値入率22％、21％荒利率店舗は値入率13・6％です。

荒利率21％店舗は競合対策店舗となっているので、25％荒利率店舗よりさらに安い売価が実現します。

原価が@100円だと、「価格戦略商品（主要野菜9品目）」は、荒利率25％店舗では値入率22％なので売価が128円、荒利率21％店舗は値入率13・6％なので売価は116円↓108円となります。

BYは、納入原価の商談後、納入原価、値入マトリックスの21％荒利率店舗の売価（値入率）と荒利率25％店舗の売価（値入率）を一覧表にした「ディリーレポート」を作成して、発注時間までに店舗のMgrにファックスします。

6 競合店売価調査報告書

必要な値入を確保しながら、ＢＹ指示売価をＭｇｒに守らせるための手立てはできました。

しかし、ＢＹはターゲットに負けない指示売価を設定しなければなりません。

Ｍｇｒは、「価格戦略商品（主要野菜9品目）」について、定期的に競合店の価格調査を行い、自分の店舗の価格と競合店の価格を比較して、勝率80％以上かどうかをＳＶ経由でＢＹにフィードバックしなければなりません。

その調査報告書が **資料10 競合店売価調査報告書** です。

この報告書は１９９７年に作成されたものですが、報告書のフォーマットは１９８９年とほぼ同じで参考になります。

「価格戦略商品（主要野菜9品目）」について、競合店と自分の店舗の価格を調査比較した結果です。

縦軸に調査日付、横軸に「価格戦略商品（主要野菜9品目）」を並べて、競合店と自分の店舗の価格を比較して、勝率を計算したものです。

競合店より価格が安ければ、「1」をカウントして、競合店と同一価格や高ければ「0」です。

この報告書では、1週間に3回調査し、各回ごとに点数をカウントし、勝点合計26点／27

資料10　競合店売価調査報告書

競合店 価格調査 報告書

第28週 9/8(月)～9/14(日)　店名 叶谷　競合店 オザム　時間 11:30～

※前週の結果を火曜日にSVへ提出。　勝率 ⇒ 勝"1"・負"0"

[illegible]	トマト			法蓮草			生椎茸			キャベツ			大根			きゅうり			長葱			レタス			白菜			計
曜日＼売価	自店	競合	勝率	自店	競合	勝率	自店	競合	勝率	自店	競合	勝率	自店	競合	勝率	自店	競合	勝率	自店	競合	勝率	自店	競合	勝率	自店	競合	勝率	勝率
9/8 (月)	98	150	1	158	198	1	148	198	1	198	248	1	128	148	1	30	48	1	148	198	1	148	198	1	78	88	1	9/100
/ (火)																												
/ (水)																												
/11 (木)	68	150	1	158	198	1	148	198	1	158	198	1	128	178	1	30	50	1	148	198	1	68	148	1	58	88	1	9/100
/ (金)																												
/13 (土)	58	150	1	98	198	1	178	198	1	128	188	1	128	198	1	38	50	1	128	198	1	128	98	101	78	168	1	8/88.9
/ (日)																												
勝率			3			3			3			3			3			3			3			2			3	26/96.3

ABY. SV. 店長への要望・問題点：
ホーレン草 13日 当店チラシ
生椎茸は 両店 国産
レタス 11日 当店チラシ　13日 競合チラシ
9/8〜 96.3

%・千円

27週	売上高	達成比	前年比	荒利高	達成比	率	末在庫
野菜	2130	106.3	116.4	162	89.0	7.6	829
果実	850	130.2	138.7	161	292.7	18.9	273
花	141	97.2	107.6	23	88.5	16.3	70
プロデュース&フラワー	3127	111.4	121.2	346	131.6	11.1	1197

先週実績 ⇒ 当週実績

28週	売上高	達成比	前年比	荒利高	達成比	率	末在庫
野菜	3861	100.8	116	353	83.8	9.1	628
果実	1476	123.2	136	263	224.8	17.8	243
花	258	93.8	107.5	40	64.5	15.5	68
プロデュース&フラワー	5595	105.1	117.1	656	109.3	11.7	964

累計

（3回×9品目）＝96・3点、勝率は96・3％となります。

勝率80％以上がBYに課せられた条件ですから、まずは、一安心と言ったところです。

各店の勝率表は、毎週、本社では全国TQCプロジェクト会議で全国の各地区SVから、関東地区ではBY・SV会議で報告され、勝率の悪い店舗については、BY・SVへ対策の指示が出ます。


こうやって、あらゆる手段を講じて、ターゲットに負けない「価格戦略商品（主要野菜9品目）」の価格の設定に取り組みました。

7 値入の検証

BYは、日々、商談して店舗の納入原価を、値入マトリックスに基づいて売価（値入率）を決めます。

①BYが値入マトリックス通りに運用しているか？
そして、全体として荒利確保に必要な値入率が確保されているか？
②値入マトリックス通りに運用したとして、全体として値入が確保されているか？

値入マトリックスの修正は必要ないか?

検証が必要です。

生鮮なので青果部門も週間、月末の実施棚卸をします。

BYが設定した指示売価で必要値入が確保されているかどうかは、棚卸後の週間と月末の野菜と果実の荒利率を確認すれば、おおよそわかります。

でも、それでは結果オーライのどんぶり勘定です。

この経営トップ直轄のTQCプロジェクト「野菜の価格と鮮度の改善」の目的は「価格戦略商品(主要野菜9品目)」の価格の改善で、その改善プロセスが重要です。

指示売価設定の「羅針盤」となっている値入マトリックスに沿ってBYが値入をしているかどうか、月に1~2回検証しました。

標準的な店舗のPOSデータの品目ごとの「売上」に、BYが値決め後作成したディリーレポート(納入原価、売価〈値入率〉)の品目別の値入率をぶつけて値入率を計算します。

ある一日の、販促(チラシ)商品、「価格戦略商品(主要野菜9品目)」、インプロ、プロパー商品のそれぞれの品群の値入率と合計値入率です。

店舗では、Ｍｇｒが適正発注、適正なオペレーションをして売場管理・商品管理を行い、値下げや廃棄を目標のロス率内に収めれば、必要荒利が確保できます。

ＳＶやＭｇｒにとって荒利の確保は、数値責任と業績評価に直結するので、必要値入が確保されているかどうかは重大な関心事です。

ＢＹ指示売価へのＭｇｒの信頼なしには、指示売価は守られません。

このように、行動と数値の裏付けがあって信頼が生まれ、ＢＹ・ＳＶ・Ｍｇｒが同じ方向に、方針のベクトルに沿って一緒に進めるのです。

6 野菜の商品構成グラフ

(1) 加古川地区でのD社及びＩＹの野菜の価格の実態調査

「野菜についての従業員アンケート」でお客様が要望する「主要野菜の手頃な購入価格」は150〜200円までとわかりました。

それではD社の各店の野菜の価格は実際どうなっているのか、ＩＹも調査・比較しながら実態調査をすることになりました。

ＩＹの売場の表面上からでは窺い知ることのできない、どんなことがわかるのか、非常に興味のあるところでした。

資料11　野菜商品構成比較が初めての調査結果です。

近畿の加古川地区でのD社とＩＹの店舗の青果を調査しました。

グラフは、売場の野菜価格を①〜100円、②101〜150円、③151〜200円、④201〜250円、⑤251〜300円、⑥301円〜の六つの価格帯に分け、各価格帯に含まれるSKU（Stock Keeping Unit）を数えてグラフ化したものです。

資料11　野菜商品構成比較

10/13（金）　野菜商品構成比較　（加古川 P.T）店

自店　ダイエー（加古川P.T）店

値頃（円）	SKU数	構成比（%）
〜100	29	20^{7}
101〜150	33	23^{6}
151〜200	51	36^{4}
201〜250	8	5^{7}
251〜300	13	9^{3}
301〜	6	4^{3}
計	140	100

SKU数

〜100　150　200　250　300〜

ターゲット店（IY加古川）店

値頃（円）	SKU数	構成比（%）
〜100	21	19^{6}
101〜150	34	31^{8}
151〜200	29	27^{1}
201〜250	11	10^{3}
251〜300	8	7^{5}
301〜	4	3^{7}
計	107	100

〜100　150　200　250　300〜

備考

①100円以内の商品は葉物（地場）が4SKU
　主力商品（I.Yと同じ品目）は148円と198円の2ライン
②300円以上の商品は松茸のみ
③200円までの構成比80.7%と高い
④P.T店は200円以上の品揃えは不可（松茸等の高値頃を除く）
　・小カブ　米ナス　[illegible]
　冬瓜

〜100円	101〜150円	151〜200円	201〜250	251〜300	300円超

〜100円	101〜150円	151〜200円	201〜250円	251〜300円	300円超

①主力商品（キャベツ玉　白菜½　白菜　胡瓜3P 5本）は値頃198円が多く、大小のバラツキがある場合はグレーディングしている。
②100円以下は（トマト1個　胡瓜1本）小分け商品が7SKU
③胡瓜　トマトは各3SKUずつ有り比較販売している。
④土物類の値頃は1袋178円まで
⑤葉物類は種類も少なく値頃も198円〜250円

眺めているだけではわからない売場の価格の実態を「見える化」しました。

野菜の品揃えＳＫＵは、Ｄ社が１４０、ＩＹが１０７と大きな差があります。ＩＹは当時、Ｓ社長の指揮の下、業務改革の真っ最中でした。品揃えの改革として、「売れ筋の拡大」、「死に筋のカット」を徹底して進めていた結果が、このような数値に表れていると思われます。

関東地区のＩＹ店舗の青果売場でも、状況は同じでした。野菜売場を見ても、品揃えの不足感はありませんでしたから、品揃えＳＫＵ数が１０７という少ない数字で豊富感を出せるのは驚きでした。

商品構成グラフを見ると、１５０円までの価格構成比はＤ社が44・3％に対してＩＹが51・4％、２００円までの価格構成比はＤ社が80・7％に対してＩＹは78・5％です。

一見、数値を見ただけでは大きな差はないように思えます。

しかし、「グラフ化」して「見える化」すると、その差は一目瞭然です。

Ｄ社の価格のグラフは１５０〜２００円の価格帯にピークがある右上がりのグラフです。

これに対して、ＩＹの価格のグラフは１００〜１５０円にピークがある山型です。

「野菜のほとんどを１５０円までで、全品を２００円までで買いたい」という従業員アンケート結果を思い出してください。

どちらのグラフがお客様の要望に、より応えられているか明白です。

IYが明確な売価政策のもと、意図してこういうグラフになったのか不明ですが、驚きでもあり、悔しい思いをしました。

この調査をきっかけに、全国の各店舗の青果Mgrは月に2回、自店と競合店の野菜の価格を定期的に調査して、商品構成グラフを作成し、SVに提出することになりました。

ちなみに、自店の競合店とは一般的にどのように定義されているかは知りません。

D社の青果では、「相手の店舗が休日の時に、売上が通常よりも15～20％以上増加する店舗」を競合店と定義していました。

そして、関東地区責任者の私のところにも、関東地区全店舗の自店と競合店の野菜の商品構成グラフが届き、分析してみました。

関東地区でD社と隣接するIY店舗の野菜の「商品構成グラフ」の80％が、加古川の「商品構成グラフ」と同じように100～150円にピークのある山型のグラフでした。

IYといえども、残り20％の店舗がそうでなかったことに、「ほっ」と胸をなでおろしたものです。

それでも、ＩＹの青果全体が、売価政策で同じベクトルを向いていて、何らかの意図をもって野菜の価格設定を行っていることは明らかでした。

ここでも、「決め事を守る」「組織風土」の威力が、遺憾無く発揮されていました。

⑵ 興味深いＩＹやその他の競合店、強い八百屋と様々な「商品構成グラフ」、今後の「商品構成グラフ」目標

関東地区全店からの「商品構成グラフ」のデータを蓄積・分析して、**資料12 '89 10月度 の各店の野菜の価格構成グラフの考察** を作成しました。

左半分に、ＩＹその他の競合店、強い八百屋の様々な「商品構成グラフ」を6店舗分①〜⑥まで表示し、右半分に第1ステップとして目標の「商品構成グラフ」を「一般コース」として表示しています。

まず、左半分の「商品構成グラフ」一覧を見てください。

⑤と⑥はＩＹの店舗の野菜の「商品構成グラフ」です。80％の店舗は⑤の店舗のように山型のグラフですが、「中には⑥の店舗のように方針のベクトルから外れている店舗もあるんだなあ」と妙に安心したものです。

②〜④はＤ社も含めて「Ｓ社、Ｎ社、Ｊ社などその他の競合店の野菜の『商品構成グラフ』」で、普段の競合店調査での売場観察結果と大きな違いはなく、売り手発想の予想通りの「商品

資料12　'89　10月度の各店の野菜の価格構成グラフの考察

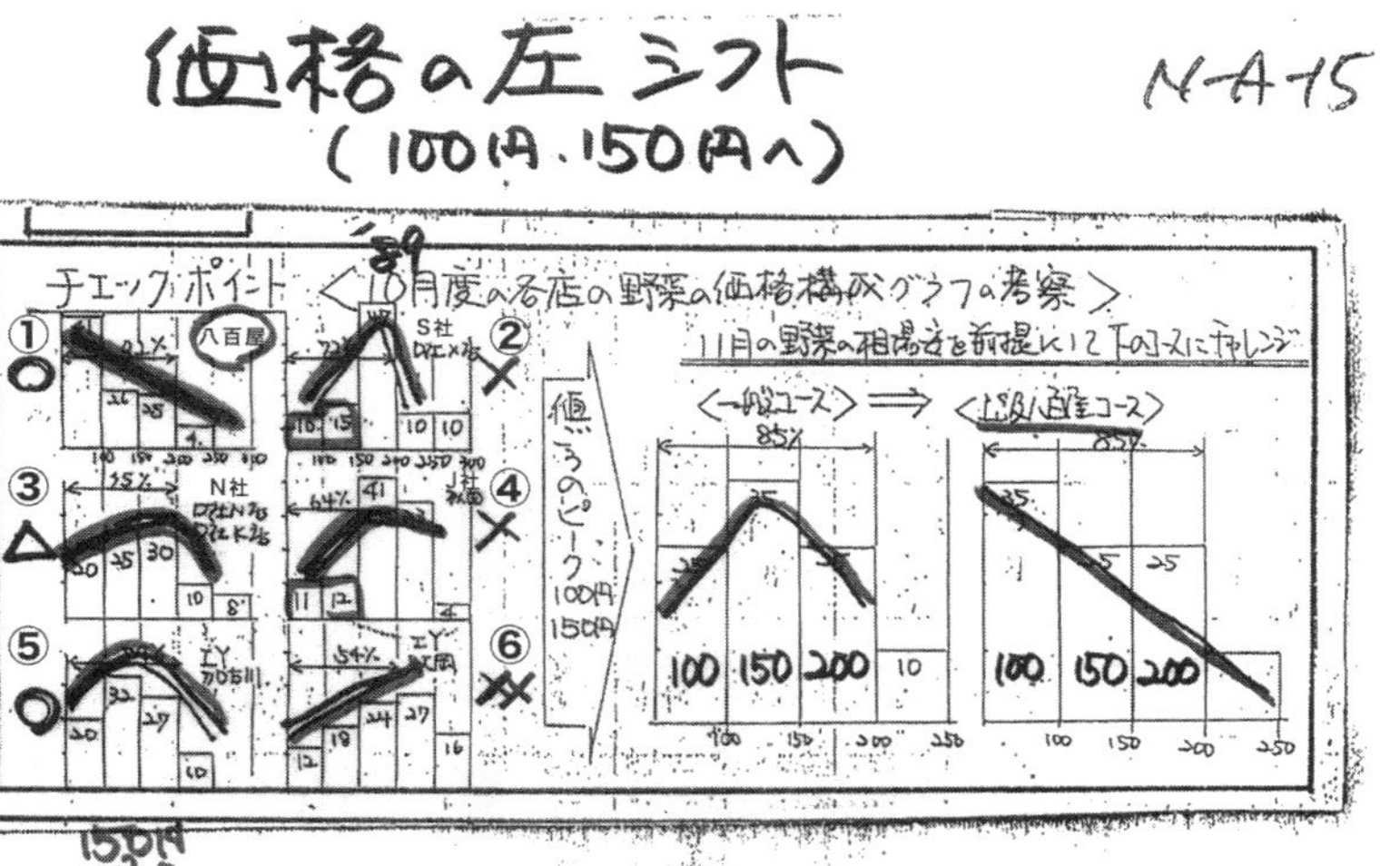

構成グラフ」の形です。

衝撃的だったのは、①の八百屋の価格調査を行い「商品構成グラフ」を作成し、そのグラフの形を見た時です。

この八百屋は同業者間で、「強い八百屋」、「評判の八百屋」と噂されている八百屋だったのです。

さすがに、「うーん」と唸りました。

ペガサスクラブの渥美先生のチェーンストアの教科書に出てくる、「ディスカウンター」の「商品構成グラフ」そのものだったからです。

価格がほぼ100円、150円に絞られ、安い価格帯に向かって、左上がりの一直線のグラフです。

「こんな八百屋があるんだ」、そして「チェーンストアの分析手法で『安さ』はこのように分かりやすく表現されるんだ」と驚きです。

「野菜のほとんどを150円までで買いたい」というお客様の要望に見事に応えていました。

(3) 価格の安さを表現（「見える化」）するのに有効な分析手法……「商品構成グラフ」

D社、IY、競合店各社、八百屋の様々な「商品構成グラフ」を見てきました。そしてチェーンストアの教科書通り、その企業の様々な具体策や実力を反映させながら個々の野菜の価格を全体として「見える化」した「商品構成グラフ」は、「価格の安さ」を表現できるツールとして非常に有効であることが分かりました。

さて、D社の青果としてどのような「価格の安さ」を目標にしていくのかを決めなくてはなりません。

「野菜についての従業員アンケート」では、家庭の主婦であるパートタイマーから「野菜のほとんどを150円までで、全品を200円までで買いたい」とありました。

でも、仕入れから販売に至る今の私たちの商売の実力では、お客様の要望に100％応えることは困難です。

無理にお客様の要望に応えると低値入になり、荒利が確保できません。

いろいろ議論した結果、青果の売価政策の方針が出ました。

第1ステップとして、「野菜の60％の品目を150円までの売価で、85％の品目を200円までの売価で販売しよう」です。

資料12 '89 10月度の各店の野菜の価格構成グラフの考察

の右半分に表示されている「一般コース」の「商品構成グラフ」が目標の「商品構成グラフ」です。

結果的に、D社青果の目標の「商品構成グラフ」は、IY加古川店の野菜の「商品構成グラフ」というか、IYの大部分の店舗の野菜の「商品構成グラフ」の形に似ています。

それは、チェーンストアという組織全般の特性であり、実力の限界なのかもしれません。

仕入れと販売の組織が分業して、多店舗で大量の野菜を仕入れ販売し、品切れが許されない供給責任を負うチェーンストア。

これに対して、一人の人間が野菜を目利きして、即断即決の仕入れと販売を行い、品切れ責任も問われない八百屋の商売とでは発注と荒利への制約度合いが大きく違います。

言いかえると顧客から求められている社会的責任を果たそうとする程度とそのコストによる売価の差なのでしょう。

⑷ 原価発想から売価発想へ180度コペルニクス的な発想の転換で原価交渉に挑む

ここに至って、ＢＹの責任はさらに重くなりました。

今までは、野菜が高いという「野菜についての従業員アンケート」を受けて、

①市場の取引先と日々納入原価を決める

②値入マトリックスに基づいて値入を確保しながら競合店に負けない「価格戦略商品（主要野菜９品目）」の売価設定を行う

の主要2業務でした。

今後は、ＢＹは、野菜の「商品構成グラフ」を左シフト（「野菜の60％の品目を１５０円までの売価で、85％の品目を２００円までの売価で販売しよう」）させる、更なる努力を求められることになりました。

ＢＹは、頭の中を１８０度切り替えなければなりません。

従来は、原価をベースに値入率を掛けて販売価格を決定していました。

しかし、「野菜の60％の品目を１５０円までの売価で、85％の品目を２００円までの売価で販売しよう」という「商品構成グラフ」目標が青果部門の方針として出されました。

そのため、時には、１００円、１５０円、２００円という値頃の売価に合わせて、取引先と納入原価の商談をすることが必要になりました。

ＢＹだけでなく、ＳＶ、Ｍｇｒに至るまで青果部門全員が、従来の原価発想から売価発想へと１８０度、コペルニクス的な発想の転換を求められることになりました。

(5) 成績優秀で、SVからも頼りにされる優秀な青果Mgr、「K君」の商売の実態とは……

この野菜の「商品構成グラフ」により、各店舗のMgrの野菜の価格設定の実態が「見える化」され、商売の全体像が白日のもとに晒されることになりました。

ややもすると、「野菜についての従業員アンケート」で価格が高いと言われていた主要野菜9品目の価格ばかりが注目されて、その他の準主力野菜と言われているミニトマト、なすやピーマンなどの野菜の売価へは目が行き届いていませんでした。

しかし「商品構成グラフ」は他の野菜にもスポットを当て、全体としてバランスよく価格の安さを実現しなさいと要求しているのです。

資料13　野菜の商品構成比較　▲▲店 は関東のある地区の「D社」と「C社」の「商品構成グラフ」です。

下段の「商品構成グラフ」がD社にM&Aされる直前の「C社」の青果の商売の実態です。

資料13　野菜の商品構成比較　▲▲店

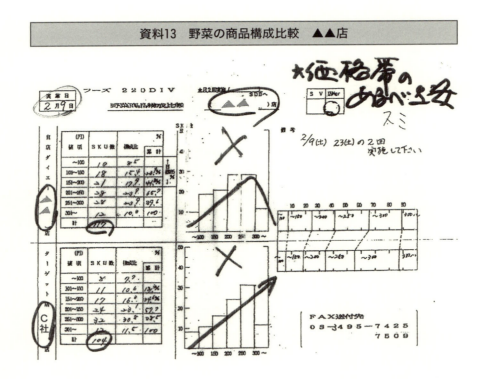

フーズ　２２０ＤＩＶ

野菜の価格帯別商品構成比較

実施日　2月9日

★月2回実施（　▲▲　SDD〜　）店

S V	担当者
○	

★価格帯のあるべき姿

スミ

自店ダイエー▲▲店

値頃（円）	SKU数	構成比	累計（%）
〜100	10	8.5	
101〜150	18	15.4	23.9%
151〜200	21	17.9	41.8%
201〜250	28	23.9	65.7
251〜300	28	23.9	89.6
301〜	12	10.3	100
計	117		

↑目標85%↓

ターゲット店　C社

値頃（円）	SKU数	構成比	累計（%）
〜100	8	7.7	
101〜150	11	10.6	18.3%
151〜200	17	16.3	34.6%
201〜250	24	23.1	57.7
251〜300	32	30.8	88.5
301〜	12	11.5	100
計	104		

SKU数

〜100　150　200　250　300〜

備考

2/9(土)　23(土)の２回
実施して下さい

10　20　30　40　50　60　70　80　90

〜100　〜150　〜200　〜250　〜300　300〜

〜100　〜150　〜200　〜250　〜300　300〜

ＦＡＸ送付先
０３−３４９５−７４２５
７５０９

時々、この店舗の競合店調査に行きました。

大幅な客数減・売上減のため、販売数量に対して売場面積が過大となり、過剰な陳列数量が原因で大量の見切りが発生していました。

当然、廃棄も多かったでしょう。

そのような状況下でも、当然、必要荒利率は要求されます。

大量の見切り・廃棄の発生の中、荒利確保のためさらに高値入となり、野菜の販売価格は200～250円、251円～の価格帯の構成比が高い、最悪の右上がり一直線の「商品構成グラフ」となっています。

一方、D社の「商品構成グラフ」も、「C社」ほどではないにしても、D社の他の店舗に比べ際立った右上がりの「商品構成グラフ」になっています。

TQCプロジェクト「野菜の価格と鮮度の改善」に取り組んでいるはずなのに最悪です。

この▲▲店の青果のMgrは、「K君」です。

「K君」にはストーリーがあります。

TQCプロジェクト「野菜の価格と鮮度の改善」がスタートし、各Mgrに対して競合店調査をして、この「商品構成グラフ」を作成することが義務付けられるまでは、「K君」は優秀なMgrとして、SVの信頼も厚く評価も高かったのです。

私が関東地区の青果責任者をしていた時は、直営店舗の青果の1店舗当たり月間売上高は4000万～4500万円、平均月末在庫高は100万～200万円、平均在庫消化日数は1・0～1・5日でした。

「K君」の店舗の青果の売上は月間平均3000万くらいでした。

他の店舗のMgrは、大きな商戦での発注のミスで商売が失敗したら、数値回復まで2～3カ月は低荒利・過剰在庫の営業数値で苦しみ、SVは後始末に頭を痛めます。

しかし、彼は、良い悪いは別にして、在庫金額は300万円から500万円に膨れるものの、商売に失敗した月でも荒利率はしっかり予算通り確保します。

しかも、翌月には在庫は半減し、翌々月には荒利と在庫は通常に戻るといった塩梅です。

担当地区で数店舗の売上・荒利・在庫の営業数値を預かるSVにとっては、「K君」は非常に頼り甲斐のあるMgrでした。

ところが、TQCプロジェクトがスタートし、「K」Mgrの野菜の「商品構成グラフ」が描かれるとびっくり仰天です。

「悪いなぁ」と評価される店舗のMgrの「商品構成グラフ」でも、151～200円の山をピークに、201～250円の山が少し低めで、二つ肩を並べる山の形です。

ところが野菜の平均単価が1品当たり約150円なのに、「K」Mgrの「商品構成グラフ」

のピークは、151〜200円の山を飛び越えて201〜250円と251〜300円の価格帯にあります。

お客様にとっては野菜の価格が百貨店並みに高い、最悪の右上がりの「商品構成グラフ」となっていました。

BYが必死になって仕入原価を引き下げ、「ターゲット店に負けない（主要野菜の）売価設定」をして指示売価をファックスで流しても、守られていなかったのです。

100円の野菜を200円で、150円の野菜を300円近い極端な高値入・高価格で販売し、荒利不足を補い、在庫を削減して、自分の商売の失敗をカバーしていたのです。

TQCプロジェクトのテーマ「野菜の価格と鮮度の改善」……「野菜のほとんどを150円までで、全品を200円までで買いたい」というお客様の要望からは程遠い内容でした。

実際、この▲▲店の個店カルテである「野菜についての従業員アンケート」結果を取り寄せてみると、「主要野菜」の価格評価は最悪でした。

(6)「お客様」の要望に沿えない者は去れ

▲▲店舗の「野菜についての従業員アンケート」の個店カルテと野菜の「商品構成グラフ」を見ながら、この店舗を利用されているお客様の「㊇」(不満、不信……)と「㊜」(負担……)はいかばかりかと申し訳ない気持ちでいっぱいでした。

早速、SVを通じて「K」Mgrの指導に入りました。

もう一度、会社ぐるみで、それもCEO直轄でTQCプロジェクト「野菜の価格と鮮度の改善」に取り組んでいる趣旨の理解、そして、お客様の要望「野菜のほとんどを150円までで、全品を200円までで買いたい」に沿って商売をするため指示売価を守ることです。

実は、「K」Mgrほど最悪の右上がりの「商品構成グラフ」ではないにしても、程度の差こそあれ、右上がりの「商品構成グラフ」のMgrは他にもいました。

方針や決め事を多少守らなくても、傍目には創意工夫や営業努力という名のもとに、Mgrの自由裁量で商売をして売上・荒利の数値実績を残せる一部の「ベテラン」Mgrたちです。

もちろん大部分の「ベテラン」Mgrは、「For The Customers」という「こころざし」を持ち、豊富な経験と勘をPOSデータで裏打ちして大きくぶれない商売ができる頼り甲斐のある

Ｍｇｒたちです。

「Ｋ」Ｍｇｒへの指導は、ＴＱＣプロジェクトに真剣に取り組んでいない他のＭｇｒへの一罰百戒の意味がありました。

次回の青果部門の「Ｍｇｒ会議」ではＭｇｒに対してかなり厳しい発言になりました。「再確認です。

'89年に実施された顧客評価調査結果によると、ＩＹに比べてＤ社の固定客の顧客評価は目を覆いたくなるほど悪いです。

中でも、「価格のダイエー」が、価格評価でＩＹよりも評価が悪いのです。

信じられませんが事実です。

日頃、『For The Customers』という『こころざし』のもとに営業活動をしてきましたが、会社規模も大きくなり創業の精神も薄れてきているようです。

気づかないところでお客様の望むところと違う方向を会社が向いていて、ＩＹみたいに大きな業務改革が必要なのかもしれません。

ＣＥＯがそう判断したかは知りませんが、ＣＥＯ指示で、その改革の『さきがけ』として青果部門が、ＴＱＣプロジェクト『野菜の価格と鮮度の改善』、特に『価格の改善』に取り組んでいます。

このＴＱＣプロジェクト『野菜の価格と鮮度の改善』は、ＴＱＣの名の通り、人事や店舗企画や物流など各部門がサポートしてくれている全社的な取り組みプロジェクトで、ＣＥＯの決意のこもった直轄プロジェクトです。

青果部門では、もう一度、我々の企業理念である『For The Customers』の原点に戻って、お客様の要望に合わないものは捨て、お客様の要望に沿った商売を組み立てています。

様々な従業員アンケートを踏まえ、この方向が私たち青果部門が生き残る道だと、青果全体で決めました。

お客様の要望は『野菜のほとんどを１５０円までで、全品を２００円までで買いたい』です。

このための第1ステップとして、『商品構成グラフ』の目標を『野菜の60％の品目を１５０円までの売価で、85％の品目を２００円までの売価で販売しよう』と決めました。

野菜のＢＹは『主要野菜』の売価の引き下げや値入確保に必死です。

果実のＢＹも無駄な安売りをせずに、荒利の改善・確保に努力しています。

もう一度言います。

ＢＹの指示売価、特に、『価格戦略商品（主要野菜9品目）』の指示売価を守り、これ以上の売価で販売しないように！

必要値入についても十分入っていて、定期的に検証済み、大きな発注ミスをしなければ荒利は大丈夫です。

お客様の期待を裏切らなければ、結果は必ずついてきます。

もし、どうしても今の青果部門の方針を納得できない、ついていけないと思うＭｇｒがいたら、いつでもいいですから申し出てください。

そのようなＭｇｒが青果部門にいては不幸ですし、青果部門では必要ないです。

人事と相談して、違う道を歩んでもらったほうが幸せです」

普通であれば、このような発言は問題発言として、すぐ人事やＭｇｒの上司、組合などからクレームが出ることが多いです。

経営トップの直轄プロジェクトというＣＥＯの決意と威光もあるのでしょう。

それでなくても問題発言の多い私ですが、なんのリアクションもありませんでした。

それ以上に青果部門全体の必死さとＩＹ青果部門の調査分析から出てくる驚きの実態報告の前に異論を唱えられなかったのだと思います。

今回の「商品構成グラフ」の調査でも、実態を科学的に調査分析することの重要性を痛感しました。

「商品構成グラフ」というチェーンストアの基本的な価格分析手法により、単なる数値の羅列による分析よりも、「グラフ化」して「見える化」することで、より商売の本質に迫れることが分かりました。

(7) 愛媛のN店、青果部門野菜の6月度「商品構成グラフ」

最後に、2015年6月、N店の、ある日の野菜の「商品構成グラフ」をお見せしましょう。

資料14　愛媛県　N店6月野菜の「商品構成グラフ」がそうです。

D社時代に目標にしていた、「野菜の60％の品目を150円までの売価で、85％の品目を200円までの売価で販売しよう」をなんとかクリアしています。

市場の膨大な取扱品目の中の50～60％しか取り扱っていない取引先の価格メニューに頼っていたのでは、この数値は絶対無理です。

市場に買い出しに行って、商品を自分の目・舌で確かめ、セリで手を挙げ、できるだけ98円までの安い価格で販売しようと買い付けているからこその「商品構成グラフ」です。

余所から通っている新参者ですが、3年も通っていると、セリ人も買参に参加している仲買・小売屋さんも、「大変だね」といろいろと融通をきかせてくれます。

帰りは、乗用車のトランク、後部座席の床から天井まで、助手席が、野菜・果物・花でいっぱいになって帰ります。

資料14　愛媛県　N店６月野菜の「商品構成グラフ」

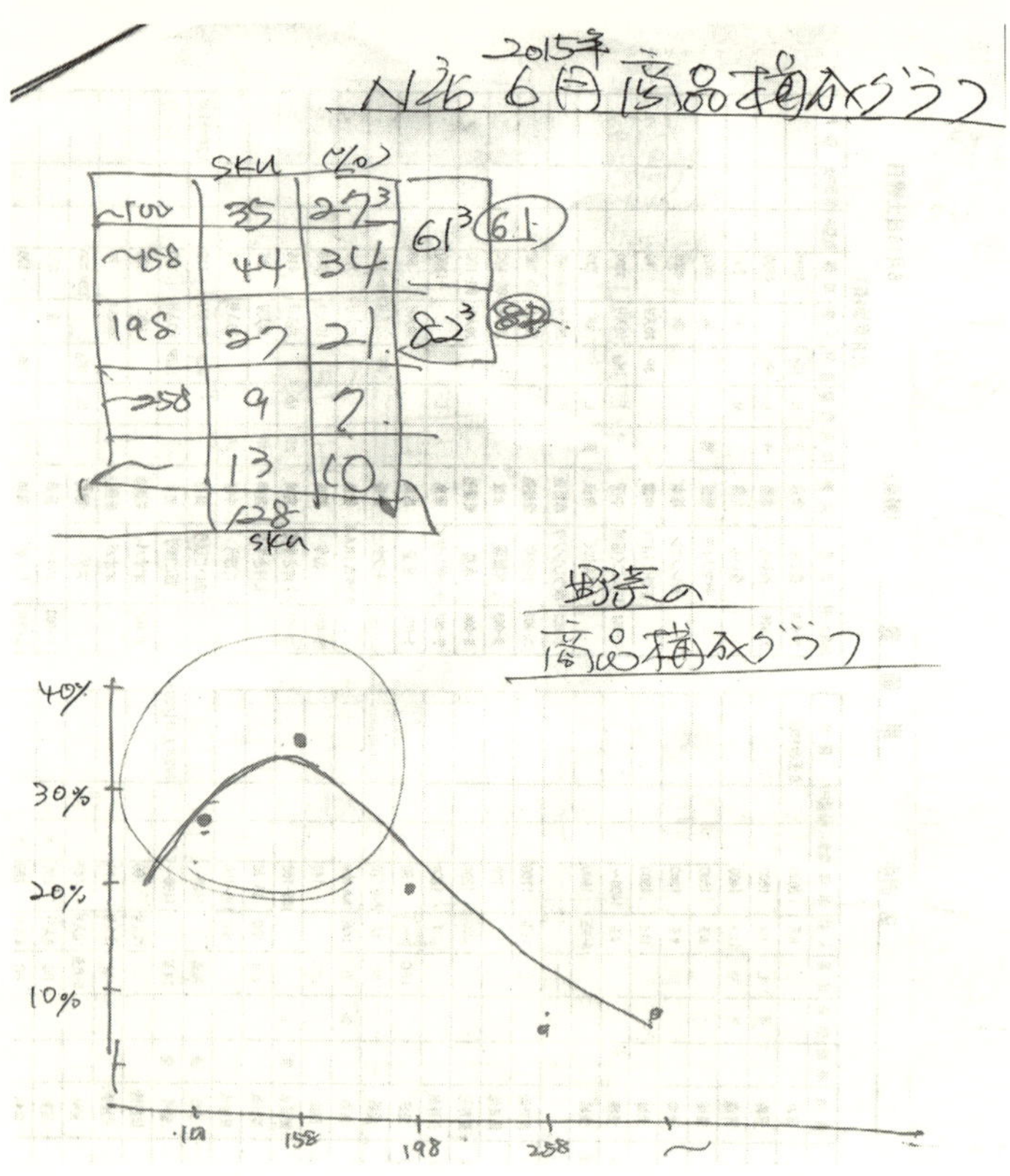

生鮮強化と方針では掲げているのですが、何しろ、売出商品は売価を決めたら取引先に丸なげ、原価は相場任せです。

売出商品がこれですから、通常の定番商品に至っては、翌日の納入原価未定の「主要野菜」は数知れず。

原価割れ商品のマイナスを「主要野菜」に負担させないように、せっせと市場通いをしなくてはなりません。

周りはそんな苦労をしなくてもと言いますが、市場通いをして売る喜びは知る人ぞ知る密かな楽しみでもあります。

7

野菜の値ごろ（プライスポイント）の棒グラフ……値ごろを絞る??

(1) 驚きのＩＹの値ごろ（プライスポイント）の絞り込み

ＩＹの青果を観察、調査分析していくうちに、「価格」についての自信、自負を打ち砕かれる衝撃的な事実が出てきました。

表面的なお客様の理解と、お客様を熟知して商売を行っているかの徹底的な差です。

これほどまでに商売のレベルに差があるのにはがっくりです。

でも、気を取り直して前に進まなければなりません。

ＴＱＣプロジェクト「野菜の価格と鮮度の改善」をＱＣ手法で進めながら、また、悔しいけれどＩＹの事例を見るにつけ、これまでなんと「独りよがりで自己満足」の商売をしてきたのだろうと、反省の気持ちが強くなってきていました。

お客様から見たら、青果だけでなく、Ｄ社全体がそういうふうに映るのだろう。

だから、**資料2　ヘビーユーザー評価値Ｄ／ＩＹ比較**（75頁）で見たように、買物のしやすさ（近隣、駐車場、ワンストップショッピング、サービス、売場づくり）、販売促進や商品の魅力（売場づくり、チラシの提案力、売出商品、インプロ商品）、ＱＳＣ（接客、クリーン、品切れ、レジ）の全ての項目にわたって、D社はＩＹより評価が低かったのです。

さらに、**資料３「ヘビーユーザー品群別商品評価値」の「価格」**（79頁）の項目で見たように、D社の看板の食品部門の全部門で、それもD社の生命線でもあり、「最後の砦」である「価格」の評価までもがＩＹより評価が低かった。

まさに、「事実は小説よりも奇なり」、「まさか」の事実を突きつけられて衝撃的でした。

「品揃え」「品質」などについては言うまでもありません。

企業として創業以来、「お客様の暮らしを豊かにするのだ」と高い「こころざし」を掲げ、「For The Customers」と日々唱和して気持ちを鼓舞し、お客様のために努力してきて、その自負もありました。

でも、実際の商売では、いつしか、お客様が望むことと私たちの営業活動とに距離が出ていたのです。

ただ、どうしても納得できない「わだかまり」が胸の中にありました。

どうしてお客様は、他の項目は別にしても、自信と自負を持っている「価格」の評価までもＩＹに軍配を上げるのだろう。

どうしてなのか、「どうしても知りたい」!!

また、D社の店舗が近隣のＩＹの店舗に価格競争を仕掛けても、ダメージを受けているはずなのに、決して競争に応じることのないＩＹの対応も不可解でした。

企業風土と言ってしまえばそれまでですが……。

ささいな事から疑問が解けるとともに、最後の自信と自負を粉々に打ち砕かれるような衝撃です。

主要野菜について、例えば、白ねぎ：2Lサイズ2本束は、ＩＹ青果部門では198円で販売されていますが、Ｄ社青果部門では188円で、常に意識して、ＩＹの価格よりも安く販売していました。

他の食品部門でも、価格対抗する商品は、似たような価格条件で販売していました。

よくよくＩＹの青果売場を観察調査していると、白ねぎについて、Ｄ社の青果部門と違う品揃えをしていて、ＳＫＵ数が一つ多いことに気づきました。

白ねぎの品揃えでは、ＩＹでは①2Lサイズ2本束198円、②2Lサイズ1本108円、③Mサイズ3～4本束158～178円の3ＳＫＵ。

Ｄ社では、①2Lサイズ2本束188円、②2Lサイズ1本108円の2ＳＫＵです。

Ｄ社の品揃えにないMサイズ3～4本束はどんな意味があるのだろう??

よくよく観察すると、レタス、キャベツ、大根、ほうれん草などの「主要野菜」にも同様の小サイズの品揃えが見られ、なぜ、なぜ、なぜ……疑問は尽きません。

中央市場の仲買や青果物の販売に携わる同業者の間では、小サイズ、細いサイズ、短いサイズ、曲がり・キズ有り変形などの規格外品は、鮮度的には問題ないのですが敬遠されて、規格品に比べて相場価格が安いのです。

「価格の安さ」に注目して、このような規格外品ばかりを仕入れて「安く」販売する八百屋さんは、「駄物屋さん」と呼ばれ、軽視される傾向がありました。

ＩＹの青果売場の調査・分析を進めていくうちに、ふと疑問が芽生えました。

これまで見てきた「商品構成グラフ」は、１００円、１５０円、２００円、２５０円と50円刻みで各価格帯に含まれる売価の数を「グラフ化」したものです。

ところで、ＩＹの青果では、個々の野菜の売価設定はどのようになっているのかに関心が湧いてきました。

そこで、各売価ごとに数を集計して「棒グラフ化」してみることになりました。

資料15　競合店との野菜の売価比較がそうです。

最上段は、ＩＹ草加店のみの単独の売価棒グラフ、以下三段の２本の売価棒グラフの右がＤ社で、左がＩＹです。

ＩＹの草加店、津田沼店、越谷店の棒グラフを見てびっくりです。

資料15　競合店との野菜の売価比較

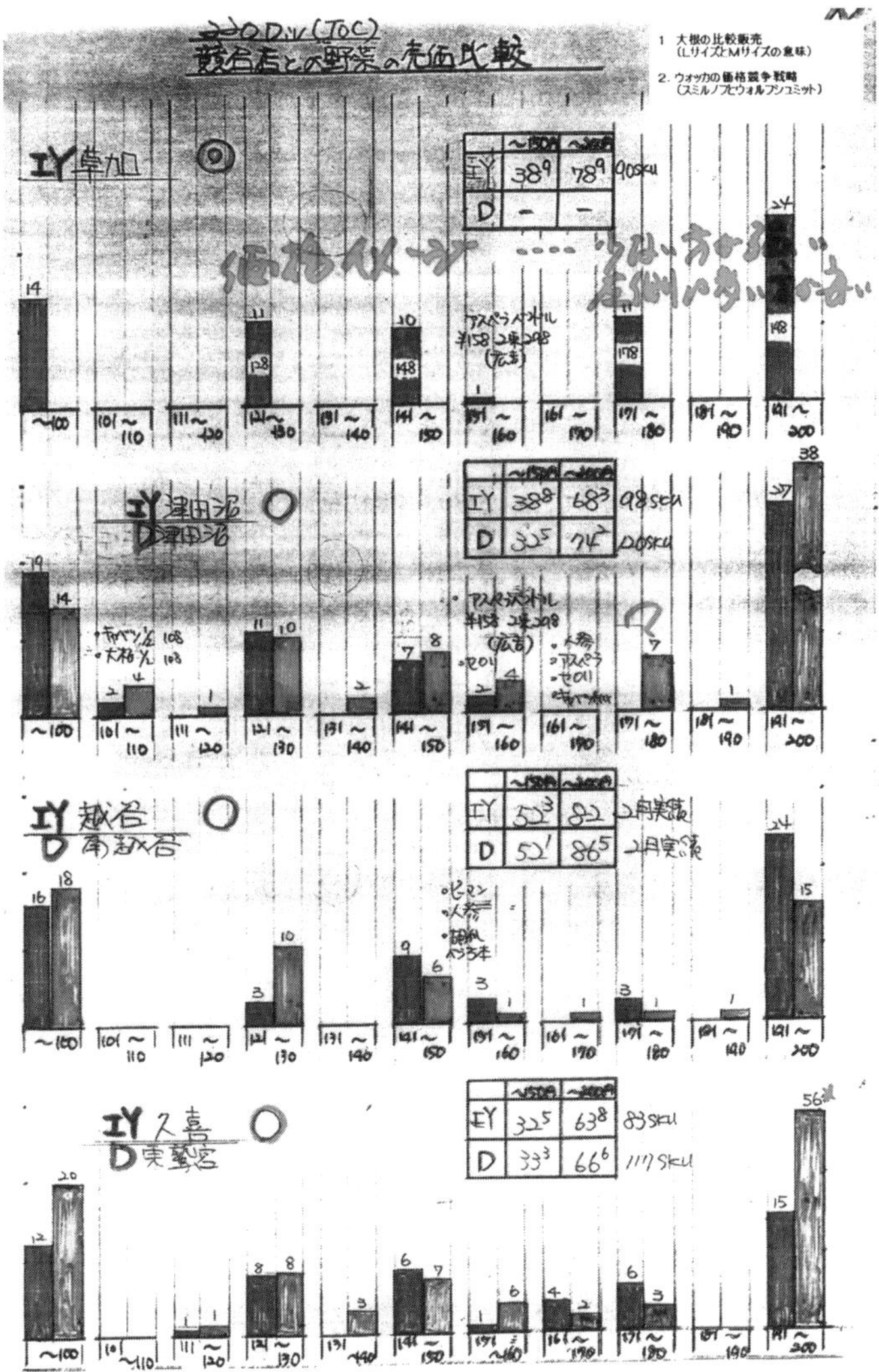

2本の棒グラフの右側のD社の店舗は、ほぼ10円刻みで売価が設定されています。

これに対して、IYの上段3店舗の左側のグラフは、100円・108円、128円、150円・158円、178円、198円と、見事に、売価が限られた値ごろ（プライスポイント）に絞り込まれています。

108円は198円の2分の1売価、158円は298円の2分の1売価で設定された売価で、1玉・1本を買うより少し割高に設定されていて、どこのSMでも一緒です。

これを除外すると、売価は①100円、②128円、③150円、④178円、⑤198円の25円刻みの五つの限られた値ごろ（プライスポイント）に絞り込まれていることになります。

IYの中でも例外はあるもので、最下段の久喜店では、D社と同じく、ほぼ10円刻みの売価です。

(2) 意味のある売価、意味のない売価

D社は、BYが仕入原価に応じて指示売価を設定して、各店舗とも、ほぼ10円刻みに数多くの売価が設定されています。

コインの区切りの100円(98円、100円、108円)、150円(148円、150円、158円)、200円(198円)の値ごろ(プライスポイント)は意味がわかりますが、中間の128円、178円はどんな意味があるのか不明です。

この調査結果は、毎週月曜日、本社で開催の全国TQCプロジェクト会議で報告・確認されました。

そして、128円と前後の118円・138円売価、178円と前後の168円・188円売価はどんな意味があるのか、各SVは持ち帰って、担当店舗でPOSデータを使って検証することになりました。

そして、SVから発表された検証結果は、実に驚くべき内容でした。

(1) 128円について118円と138円との関係
①148円の商品を138円に売価を下げて販売しても売れ数は変わらない
②148円の商品を128円に売価を下げると売れ数は増える
③128円の商品を118円に売価を下げて販売しても売れ数は変わらない

(2) 178円について168円と188円との関係
①198円の商品を188円に売価を下げて販売しても売れ数は変わらない
②198円の商品を178円に売価を下げると売れ数は増える
③178円の商品を168円に売価を下げて販売しても売れ数は変わらない

つまり、①100円値（98円、100円、108円）、②128円、③150円値（148円、150円、158円）、④178円、⑤198円は、お客様にとって「意味のある売価」ですが、中間の118円、138円、168円、188円は「意味のない売価」だということです。

あまりの衝撃に開いた口がふさがりませんでした。

ようやく、胸につかえていた疑問「D社の商品はIYよりも安いのに、どうしてお客様は価格の安さを評価してくれないのか??」の謎が解けました。

白ねぎの例がわかりやすいです。

IYの青果では白ねぎ：2Lサイズ2本束を198円で販売し、D社では2Lサイズ2本束を10円安の188円で販売していました。

「安く販売しているのにお客様は安いと感じてくれていない??」のが疑問であり、不満でした。

それはそうです。

198円から10円下げて188円売価で販売しても、お客様は198円と188円は同じ値ごろ（プライスポイント）と意識していますから、価格が安いと感じないのです。

実は、188円は「意味のない売価」だったのです。

D社の青果では、白ねぎに限らず、主要野菜について、競合対策のため、意味のない188円にわざわざ10円値下げして、損を垂れ流しながら商売をしていました。

「独りよがり」、「自己満足」もいいところです。

そんなことも知らずに、安いと自慢して商売していた……恥ずかしい、悔しい……痛恨の極みです。

ＩＹが「意味のある売価」、「意味のない売価」を明確に意識していたのかどうかは知りません。でも、絞り込まれた「値ごろ（プライスポイント）の棒グラフ」は、「そうだ」と言っています。

競合状態にあるＩＹの店舗を全店調査しました。

例によって、80〜90％店舗で、見事な統率力で値ごろ（プライスポイント）の絞り込みが行われていました。

ただ、ＩＹにも、少数の落ちこぼれ店舗がいるのがせめてもの慰めでした。

ＩＹの青果での絞り込まれた値ごろ（プライスポイント）に対して、Ｄ社の青果では１１８円、１３８円、１６８円、１８８円と「意味のない売価」のオンパレードです。

いかにお客様の考えていることに無知であったかを思い知らされました。

「意味のない売価」を設定してきたことで、これまで、全店舗で、どれほど膨大な荒利を垂れ流してきたことか……気が遠くなりました。

チェーンストアの権威、渥美先生の教科書に書かれてあった文章が蘇ります。

「価格の安さのイメージは、

①『商品構成グラフ』(の山のピークが左側の価格の安い方へ)が左シフトしているほど、

②値ごろ(プライスポイント)が絞り込まれているほど

……強くなる」と記述されていました。

まさか、IYがチェーンストア価格の原理原則を知っていて、基本に、こんなに忠実に商売をしているとは思いたくありませんが、「本当にもう……IYは……」2歩も、3歩も先を歩んでいることに、悔しい思いでいっぱいでした。

その後、中小企業診断士の資格をとってからIYを見ることも多かったですが、青果に限らず、店舗の入り口の照明、店舗内の開放感・透視度など店づくりも、教科書に書かれている基本に忠実に行われていたのが印象的でした。

(3) 競合店S社の値ごろ（プライスポイント）グラフ

資料16 「競合店との野菜の売価比較」D社とS社 はD社とS社の「値ごろ（プライスポイント）の棒グラフ」です。

右がD社、左がS社です。

両方とも、「意味のない売価」のオンパレードです。

商売の1ステップ、1ステップごとにお客様の要望に沿って、意思を持って進むのと、経験と勘というか、感性と自己満足で商売を進めるのとではこんなに差が出るものなのです。

D社とIYの「値ごろ（プライスポイント）の棒グラフ」から「意味のある売価」と「意味のない売価」があることが分かりました。

荒利を無駄に、垂れ流しにしないためにも、早速、「意味のない売価」の使用を禁止し、BY、Mgrは「意味のある売価」のみを使用することになりました。

資料17 青果の売価設定……「意味のある売価」「意味のない売価」 一覧表がそうです。

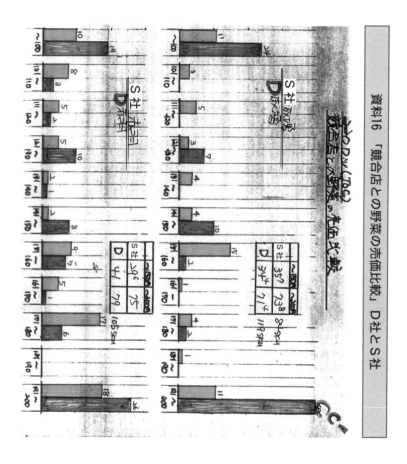

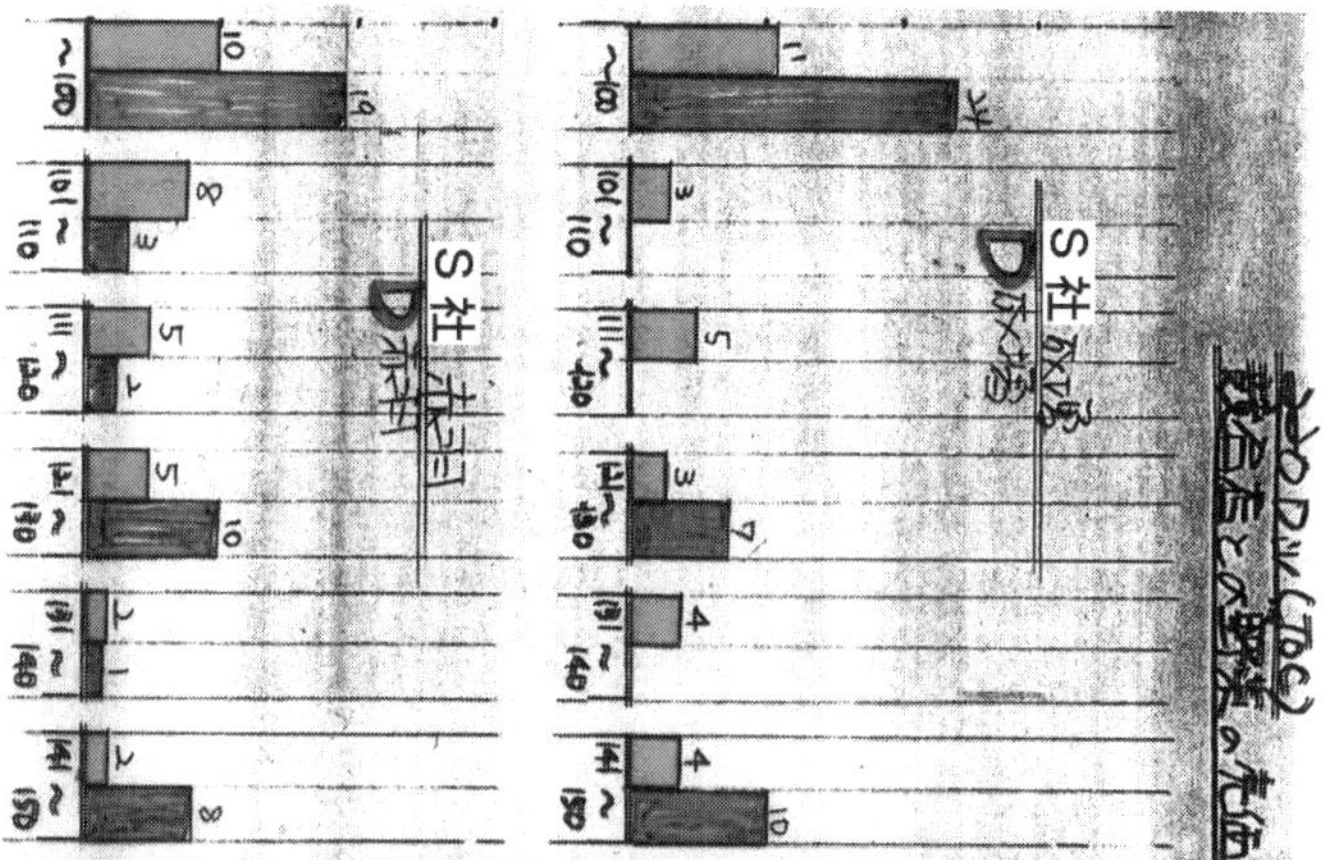

資料16 「競合店との野菜の売価比較」 D社とS社

資料17　青果の売価設定……「意味のある売価」「意味のない売価」

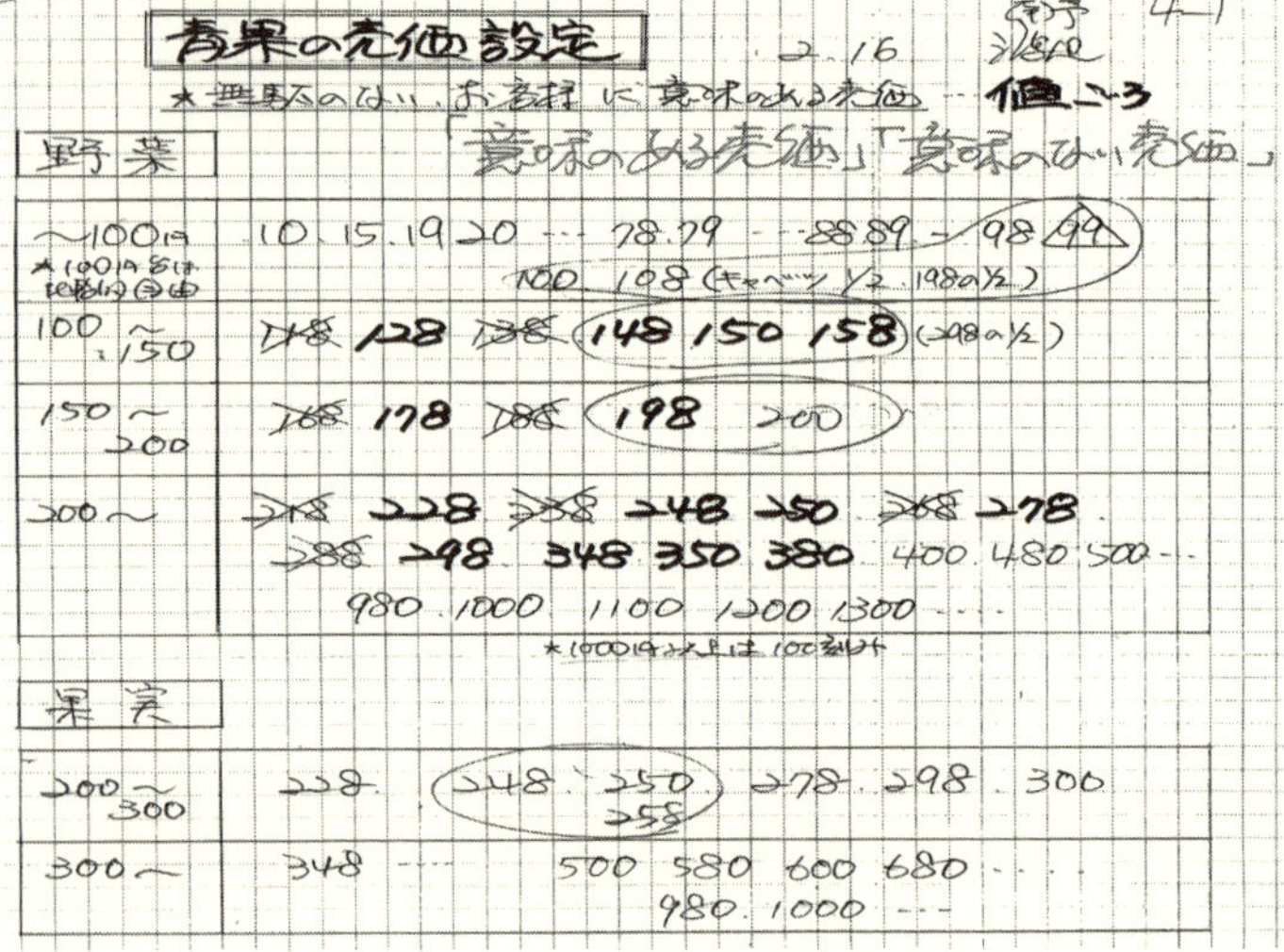

青果の売価設定　2.16　4-1

★無駄のない、お客様に意味のある売価……値ごろ

「意味のある売価」「意味のない売価」

野菜

～100円 ★100円台は比較的自由	10. 15. 19. 20 … 78. 79 … 88. 89 … 98. 99 100. 108（キャベツ1/2、198の1/2）
100～150	~~118~~ 128 ~~138~~ 148 150 158（298の1/2）
150～200	~~168~~ 178 ~~188~~ 198 200
200～	~~218~~ 228 ~~238~~ 248 250 ~~268~~ 278. ~~288~~ 298. 348 350 380 400. 480. 500… 980. 1000 1100 1200 1300…

★1000円以上は100刻み

果実

200～300	228. 248. 250 258 278. 298. 300
300～	348 … 500 580 600 680 … 980. 1000 …

経験的には、ベテランＭｇｒたちは、「意味のある売価」と「意味のない売価」をぼんやりとは理解していた節があります。

そして、ＰＯＳで科学的に検証された販売実験結果を説明すると納得です。きっと、経験的に思っていたことと一致したのでしょう。

野菜の「商品構成グラフ」といい、「値ごろ（プライスポイント）の棒グラフ」といい、科学的に調査・分析して、数値を「グラフ化」、「見える化」することで、数値の羅列では見えない、その奥に潜む本質が見えてきます。

好奇心の強い私にとっては、商売の本質に迫るということは宝探しのような感覚です。

見た目はなんの変哲もない数値の羅列ですが、いろいろ書かれた宝探しの地図を裏から火で炙るように「グラフ化」すると、驚くべき事実が出てきます。

8 新たな価格戦略体系の構築……

「価格の包み込み戦略」（非価格競争戦略）

(1) USAビジネススクールのマーケティングモデル……スミルノフの非価格競争戦略

驚きはまだ続きます。

IYの青果が、主要野菜について、白ねぎの細めのMサイズ3～4本束158～178円のように、D社の青果の品揃えより、1SKU多い品揃えをしている「謎」が解けたのです。

IYが意図していたかどうかは確かめる術はありませんが驚きです。

ただ、アメリカのビジネススクールのマーケティングの教科書に出てくる、古典的な価格戦略の手法によく似ていることは確かです。

マーケットのリーダーが、チャレンジャーから価格競争を仕掛けられた時に、リーダーが取るべき有名な「非価格競争」の例があります。

テキストから文章を抜粋します。

米国のウォッカ市場でのリーダーであるスミルノフが、チャレンジャーであるウォルフシュミットの安いウォッカに対して対抗した方法である。

品質その他が類似したウォルフシュミットのウォッカの価格切り下げに、もし、スミルノフが追随すると、スミルノフのイメージは下がり、価値品としてのイメージを悪くする。

そこでスミルノフは、低価格品の挑戦に対して逆に価格を1ドル上げ、広告料をより多くだし、価格競争の積極的回避を行った。

と同時に、新たにウォルフシュミットに対抗する同価格の「レスカ」を出し、それで競争し、さらに、もう1ドル安い別ブランドでウォルフシュミットに下からも対抗し……ウォルフシュミットの挑戦を跳ね除けたのである。

このような戦略を、私たちは「価格の包み込み戦略」と呼んでいます。

白ねぎの価格競争の例では、IYの白ねぎ2Lサイズ2本束198円に対して、D社は10円安い188円で対抗していました。

しかし、お客様の目からは198円も188円も同じ値ごろ（プライスポイント）、188円はお客様が安いと感じない「意味のない売価」だったのです。

ＩＹの青果にとっては痛くも、痒くもありません。

それどころか、鮮度は変わらないが、細めなので2Lサイズよりも納入原価が安い、細めのMサイズ3～4本束158～178円で下から対抗され、攻撃されていたことに気づいていませんでした。

Ｄ社の青果の方が価格が安いのに、どうしてお客様はＩＹの青果の方が価格が安いと評価するのだろうと、理由もわからず右往左往していたのです。

このように、サイズの大小・長短、形状不揃いなど、いわゆる正規品に対して規格外品の価格差を利用して安さを訴求する手法は、白ねぎの他主要野菜に多く見られました。

⑵ 新たな価格戦略……規格外品の積極的な取り込み

これを機に、市場に出回っていながら見過ごされてきた規格外品（サイズの大小・長短、形状不揃い）が宝の山に見えてきました。

早速、主要野菜9品目について、正規品の品揃えの他に「規格外の低価格品」を品揃えすることになりました。

この品揃えで、少しですが野菜の価格改善に繋がり、「商品構成グラフ」の価格の山も左シフトします。

また、スミルノフの「非価格競争戦略」で見たように、いたずらに正規品を値下げして荒利を浪費することなく、「規格外の低価格品」の品揃えそのものが競争対策になります。

新たな競争戦略のスタートです。

「規格外の低価格品」の品揃えは応用範囲が広くて、主要野菜9品目以外にも、お客様が価格に敏感な商品にも適用されました。

例えば、旬のいちごでは、正規品のL・Mサイズの他に、サイズの小さいS・SSサイズや形状が不揃いの変形果のA・B・C規格品を、低価格品として販売しました。

ここに至って、なぜ、お客様がD社の野菜よりＩＹの野菜が安いと評価するのか、ようやく理解できました。

ＩＹの青果は、お客様をよく理解した上で、お客様の要望に寄り添って、意味のある１ステップ、１ステップを踏みしめながら商売を組み立てているようでした。

ＩＹの青果というより、ＩＹの企業風土がそうさせているのでしょう。

⑶　ＩＹには買物に行きたくない……妻の真意は？

我が家での妻との会話が頭を過ります。


「ＩＹでは買物をしたくないのよ！」

これは、Ｄ社の社員である私への気遣いだと思っていました。

あるとき、どうしてＩＹでは買物したくないのかと聞くと、返事が驚きです。

「Ｄ社やグループ企業Ｍ社で買物すると、自分の予算内の２３００〜２５００円に収まるけど、ＩＹで買物すると知らないうちに余計な商品を買っていて、２７００〜３０００円になってしまう。

予算オーバーになるから行きたくないの！」でした。


ＩＹという企業は、そこまでよくお客様を理解しているのかと驚きでした。

(4) 八百屋の実験？……生鮮横丁「エブリディ」

ＩＹは大型の拠点店舗の食品フロアの一角に、「エブリディ」という名前で、自前の八百屋、肉屋、魚屋、惣菜屋を商店街の形で展開していました。

多分、今でも展開していると思います。

青果ＢＹの頃、ＩＹの青果について情報収集している中で、ＩＹは八百屋、肉屋、魚屋、惣菜屋の営業のノウハウを吸収するために「エブリディ」を展開しているとの情報がありました。

八百屋であれば、八百屋の経験のある人に「エブリディ」の中の八百屋を任せて、ＩＹの社員を配属して教育しているらしいとのことでした。

そのときは、単にＩＹはそこまでやるかと感じたにすぎませんでした。

しかし、「商品構成グラフ」や「値ごろ（プライスポイント）の棒グラフ」を見ると、「お客様は野菜のほとんどを１５０円までで、全品を２００円までで買いたい」「値ごろ（プライスポイント）の絞り込み」のノウハウの出処はどこか?? ……さも有りなんと実感が湧いてきます。

真偽のほどはわかりません。

私の過大評価かもしれません。

規模は違いますが、次のステップに向けて壮大な実験を重ねていくアメリカのウォルマートの姿とその姿勢がダブるのは、いろいろと驚かされてきた私の買いかぶりでしょうか⁇

ウォルマートがディスカウントストアの「ウォルマートストア」から食品の取り扱いへ舵を切ったものの、7店舗で実験を打ち切った「ハイパー」。

創業者の名前に因んだ大型パック中心の「サムズ」、クローガーなどのSMにキャッチアップされると、ディスカウントストア＋SMの「スーパーセンター」。

アメリカに駐在していた時の「スーパーセンター」の印象は強烈です。

D社USA店舗の月に一度の大型販促企画でコーヒーの大特価、この価格はどうだと「スーパーセンター」を見に行くと、そこでは平常売価、背筋が凍りつきました。

そして小商圏を狙った「ネイバーフッドマーケット」のSM実験……もう急展開中かも？

実験を重ね、お客様のニーズを探りながら次のステップに進もうとする姿勢がダブります！

D社もハイパーで躓くまでは、様々な実験を重ね、次々とお客様のニーズに合った様々な業態を生み出してきていました。

浦安や横須賀のショッピングセンターをオープンさせて、こんな店、こんなショッピングセンターが自分の家の近くにあったらいいなと自慢できる企業でしたが……。

(5) 無知の知……

謙虚に全てを受け入れたら進む方向が見えてきた！

愚直に、徹底して「顧客志向」を貫く……

この道しかない、この道を行く

手厳しい「野菜についての従業員アンケート」から始まって、ＩＹの青果売場の調査分析結果から次々と突きつけられる衝撃の事実の数々！

これでもか、これでもかとお客様への無知を知らされてきました。

ここに至って、ようやく自分たちの進むべき方向が見えてきました。

敵はＩＹではなく我々自身なんだということが！

お客様の要望に寄り添う「方針や決め事」を取り決めたものの、創意工夫や営業努力という名のもとに方針や決め事を守らなくても、結果オーライで許される「組織風土」、「体質」が問題。

「For The Customers」という経営理念を掲げ、お客様の暮らしを「より豊かに」するんだという「こころざし」を自負していたけど、会社が大きくなるにつれ創業の精神も薄れてきた。お客様のことを充分理解せずに、いつしか気づかないうちに、お客様不在の青果の商売をしてきたのでしょう。

①お客様が考えていること、②お客様が望むこと、③お客様が日々どんな買物行動をしているのか知らなすぎた。

IYより高いお客様の評価を得るためには、IYよりお客様のことを知らなくてはならない。IYに価格で勝つ、鮮度で勝つというような部分的なことより、青果の商売全体で、IYとお客様への「お役立ち」の競争だと理解できました。

徹底した「顧客志向」……お客様の望むこと、要望に徹底して寄り添っていこう……私たちの進む道はこれしかないと確信しました。

そのためには、お客様が何を望んでいるか、要望を知らなくてはなりません。

青果の商売の1ステップ、1ステップを科学的に調査・分析し、お客様の要望を「見える化」することから始めることになります。

9 ISM（In Store Merchandising）

……自分で歩む第2ステップ

(1) 自分たちで考え行動する……これからは教えてくれる先生(従業員)はいない、参考書もない

「野菜についての従業員アンケート」で教えられたお客様の要望「野菜のほとんどを150円までで、全品を200円までで買いたい」に応えるために、いろいろな具体策に取り組んできました。

大きくは、二つのグループに分けることができます。

(1)「野菜についての従業員アンケート」から教えられ、示唆されて実施してきたこと

①ＢＹは、日々、市場の取引先と商談し、納入原価を引き下げる努力をする
②ＢＹは、「指示売価」を決め、店舗のＭｇｒはこれを厳守する
③主要野菜以外の野菜と果実は無駄な安売りをやめ、適正な荒利を確保し、主要野菜の売価をさらに引き下げる原資とする

④ＢＹは、青果全体の荒利確保のため、値入マトリックス（荒利率25％&21％）に基づいて各品群間の値入ＭＩＸを行い、必要値入を確保する
⑤ＢＹは、主要野菜については、「ターゲットに負けない売価」を設定する。Ｍｇｒは定期的にターゲット店舗の売価調査を行い、比較・評価して勝率80％以上の目標を達成しているか、ＳＶ経由でＢＹにフィードバックする

⑵ ＩＹの青果売場を観察、調査・分析して学習し、進化させたこと

①お客様の要望に応えるため、「商品構成グラフ」の目標を「野菜の60％の品目を１５０円までの売価で、85％の品目を２００円までの売価で販売しよう」とした
②野菜の売価設定では、「価格の安さのイメージ」を訴求するため、値ごろ（プライスポイント）を「意味のある売価」に絞り、「意味のない売価」は使用しない
③主要野菜については、正規品と規格外品（大小・長短、形状不揃い）の価格差を利用した「低価格品」を品揃えし、「価格の包み込み戦略」を展開する

振り返ってみると、これらの具体策は、比較的解答や解決策が見つけやすい課題や問題点の上を歩いてきたような気がします。

従業員アンケートの従業員といっても、パートタイマーすなわち家庭の主婦、実質、お客様です。

従業員（お客様）から教えられ、示唆され、ＩＹの青果売場の調査・分析から吸収したことがほとんどです。

これまで、教えられたことやお手本を見せられてお客様の要望に応えるために実施してきた具体策の実行段階は、基本というか、初級とも言うべき第１ステップです。

第２ステップは応用編とも言うべき中級、お客様の要望をさらに的確に知る道を自分たちで考え、模索していく段階です。

(2) お客様の購買行動の視点で売上を見る指標……
①支持率（買上率）、②1人当たり買上個数

TQCプロジェクト「野菜の価格と鮮度の改善」に取り組んできて、「野菜についての従業員アンケート」やIYの青果売場の調査・分析から自覚させられた大切なことがあります。

それは、「無知の知」……「お客様のことを知らなすぎた」と自覚できたことです。

お客様のことを知っているつもりで、お客様軽視の売り手発想の商売をしてきたことへの反省です。

TQCプロジェクトを機に、私たち自身も大きく変わりました。

本当の意味で、売り手の立場から、買い手の立場に立てたからです。

さて、問題はこれからです、これからは、教えてくれる先生（従業員）はいないし、IYの売場に見られたヒントもありません。

お客様の要望に徹底して寄り添いたいけど、実施している具体策がお客様から支持されているかどうか、お客様の反応を知りたい、どうしたらわかるだろう。

具体策に対してお客様の反応が見える「指標」が欲しい。

客数や個々の商品の販売数量はPOSデータからわかるけど、お客様の購買行動の結果として、野菜がお客様に支持されているかどうかわかる「指標」です。

課題や問題点に真正面からぶつかり、必死に、模索に模索を重ねていくと、ベストでないにしても解決策の糸口が見えて、道が開けるものです。

本社青果の企画時代、数多くの課題に直面し、タイムリミットのプレッシャーのもとで、思索に思索を重ねて答えを出す緊張感の連続の中から得た教訓です。

答えが出ないのは、調査・分析、考え抜く努力が足りないせいでしょう。

TQCプロジェクトは経営トップのCEO直轄プロジェクトで、月に1回は青果部門責任者のDMMが経営トップのCEOに、具体策のPDCAサイクルの進捗報告をしなければなりません。

青果全員が、上から下まで、程度の差こそあれ、CEO直轄のプレッシャーと緊張感の下で、「野菜の価格と鮮度の改善」に真剣に取り組んでいました。

新たな試行錯誤を重ねていると、道が見えてきました。

私たちの重要な経営成績の指標の一つである売上とお客様の購買行動を、「顧客志向」というコンセプトで結びつける指標を見つけることができたのです。

普通、売上を分解すると、「客数」×「客単価」までです。

このレベルの売上の分解では、売上を改善するに足りる具体策が見えてきません。

売上とお客様の購買行動とを関連付けて、売上を改善するための手を打てないものか??

何か知恵はないか、方法はないかと真剣に考え模索していると、自然と、ＩＳＭ（In Store Merchandising）という考え方・手法の体系へとたどり着きました。

お客様の購買行動の視点から売上を組み立て直し、必要な手法を用いて、結果として売上や客数・客単価を改善するという体系です。

「顧客志向」というコンセプトを、より具体的に、具現化していく手法なので、私たちの考え方にぴったりです。

資料18　ISM（In Store Merchandising）がそうです。

ＩＳＭの考え方は、

資料18 ISM (In Store Merchandising)

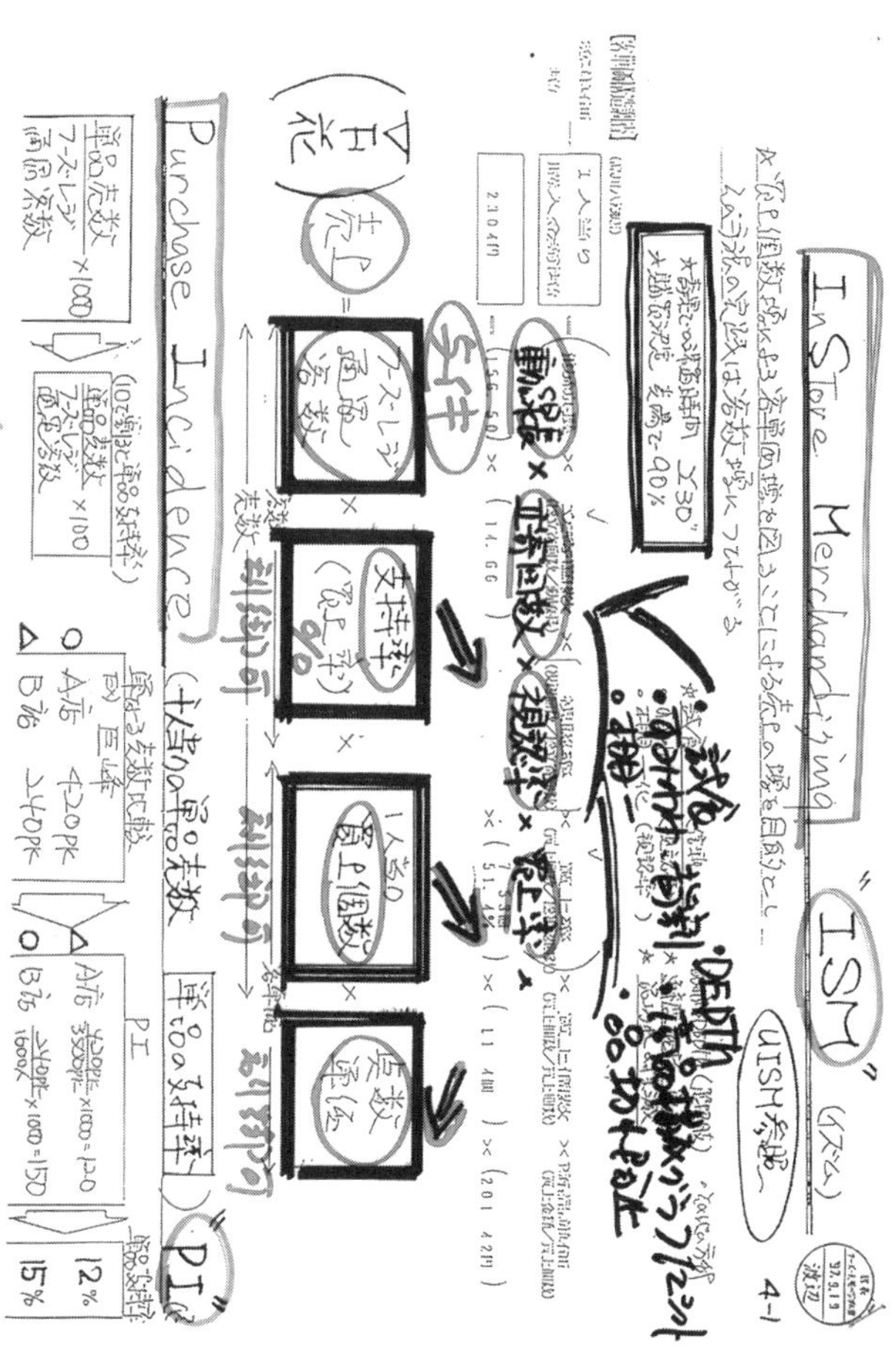

「買上個数増による客単価増を図ることによる売上増を目的とし、その手法は客数増につながる」……支持してくれるお客様を増やそうというものです。

ISMはその名のとおり「店内販売促進活動」です。

チラシをばらまくOSP（Out Store Promotion）と違って販促経費もかかりません。

お客様の要望に応えるための様々な店内販売促進活動を行い、そして検証し修正して、支持してくれるお客様を増やしていく……私たちの進む方向とピッタシです。

売上は、(1)「客数」×(2)「客単価」で構成されます。

ISMでは(1)「客数」を、さらに分解して、

A 「客数」=①「動線長」×「立寄回数」×「視認率」×②「買上率」

……と表現しています。

②「買上率」は数値化が容易です。

しかし、①「動線長」×「立寄回数」×「視認率」となると、具体的に使える指標としての数値化はなかなか困難です。

この、「動線長」×「立寄回数」×「視認率」の三つの指標で表現したいのは、売場で「商品に関心を持ったお客様の数」です。

これに②「買上率」を乗じて、意味のある「客数」が把握できるということです。

「買上率」がヒントになりました。

野菜の「買上率」=野菜を買った客数／「フーズレジ通過客数」……です。

そこで私たちは、この三つの指標で表現したい「商品に関心を持ったお客様の数」を、「具体的に補足できるお客様の数」ということで、「フーズレジ通過客数」に置き換えました。

次に、野菜の「客単価」は、

B 「客単価」=③野菜の1人当たり買上個数×④野菜の一品単価

……に分解できます。

資料18　ISM（In Store Merchandising）に見るように、ようやく野菜の売上を、お客様の購買行動と関連する②「買上率」と③「1人当たり買上個数」の二つの指標で「見える化」することができました。

野菜の「売上」

＝

(1)　野菜の「客数」（①フーズレジ通過客数×野菜の②支持率〈買上率〉）

×

(2)　野菜の「客単価」（野菜の③1人当たり買上個数×野菜の④一品単価）

ここで意味のある指標は、お客様の購買行動と密接な関係にある野菜の②「支持率（買上率）」と野菜の③「1人当たり買上個数」です。

(1) 野菜の「客数」………「客数」を増やすために、どうしたら野菜の「支持率（買上率）」を上げられるのだろう。

■フーズレジを通過するけど、野菜を買っていないお客様にも買ってもらうには??

(2) 野菜の「客単価」……「客単価」を増やすために、どうしたら野菜の1人当たり買上個数を増やせるのだろう??

■どのような売場づくりと商品づくりをしたらもう1品買ってもらえるのだろう??

お客様に野菜が支持されているかどうか、どの程度支持されているかを知る重要な指標が二つ見えてきました。

さらに「支持率（買上率）」と1人当たり買上個数のうち、どちらから重点的に取り組むべきかの優先順位があります。

資料19「支持率」「1人当たり買上個数」優先順位がそうです。

ISMのこの表では、Ⓐゾーンで野菜の「1人当たり買上個数」を増やす具体策を、Ⓑゾーンの野菜を買っていないお客様に買ってもらう「支持率（買上率）」を上げる具体策より優先しなさいと解いています。

表のⒶゾーンの「来店する」×野菜を「買物する」お客様は、いつも野菜を買っていただいている「固定客」です。

このⒶゾーンの、いつも野菜を買っていただいている「固定客」のお客様に、もう1品買っていただけるように努力することが最優先です。

もちろんⒷゾーンの「来店する」×野菜を「買物しない」お客様にも、野菜を買っていただく努力をしなければなりません。

そして、Ⓑゾーンの野菜を買わないお客様からⒶゾーンの「固定客」になって欲しいです。

しかし、Ⓑゾーンの「来店する」×野菜を「買物しない」お客様に、野菜を買っていただく努力は大変なもので、難易度も高いです。

「来店する」×野菜を「買物する」=「固定客」のお客様にもう1品買っていただくことのほう

資料19 「支持率」「１人当たり買上個数」優先順位

ISMの戦略(的)ステップ

	自店に来るお客様	自店に来ないお客様
自店で買うお客様	ヘビーユーザー Ⓐ ↑ ステップ① 1人当り買上個数 ライトユーザー	—
自店で買わないお客様	買ってもらう ↑ ステップ② 支持率 Ⓑ	← ステップ③ Ⓒ

が、はるかに容易で、重要性が高いです。

Ⓒゾーンのお客様はチラシでの集客となる店舗外のお客様なので、ＩＳＭの対象外です。

(3) 関東地区の各店舗の青果部門の「支持率」、「1人当たり買上個数」の実態

ISM（In Store Merchandising）に出会って、いよいよTQCプロジェクト「野菜の価格と鮮度の改善」の第2ステップが始まりました。

これまで、野菜の納入原価の引き下げ、主要野菜の指示売価、野菜の「商品構成グラフ」左シフトや「値ごろ（プライスポイント）の棒グラフ」から導かれた「意味のある売価・意味のない売価」など、様々な具体策を実行してきました。

ただ、実行してきた具体策に対する、肝心なお客様の反応というか評価はわかっていません。

ISMの二つの重要指標、「支持率」と「1人当たり買上個数」により、野菜の売上の中身がお客様の購買行動という尺度で明らかになります。

各店舗の青果部門の野菜がどの程度お客様に評価されているか数値化され、「見える化」されるのです。

実に画期的なことです。

早速、各店舗の野菜の「支持率」と「1人当たり買上個数」の実態調査です。

別に大した手間ではありません。

「フーズレジ客数」、野菜の「売れ数」、「客数」のPOSデータで簡単に算出されます。

私の担当の関東地区では、毎週、各店舗の野菜の「支持率」、「1人当たり買上個数」が一覧表にして、全店舗に通知されます。

資料20 '91年3月（22日現在）の売れ数／売れ数単価一覧がそうです。

表では、野菜の他に果実、花のデータも表示されています。

左端が店舗名、隣の野菜の欄にはその店舗の野菜の「支持率」と「1人当たり買上個数」の数値が表示されています。

果実、花も同じです。

1991年3月の直営店舗の野菜の平均「支持率」は47％、「1人当たり買上個数」は3・3個でした。

「売れ数／売れ数単価一覧」の「東関東」欄にあるD社売上№1の「津田沼」の野菜の売上（3月22日累計）を、先ほどの売上分解表に当てはめて計算してみましょう。

資料20　'91年３月（22日現在）の売れ数/売れ数単価一覧

支持率

１人当たり買上個数

3/22　'91

DIV（TOC）売数/売数単価一覧　3/22現在

	野菜					果実					花		DIV計		客数累計		
	売数	売単価	支持率	客単価	買上個数	売数									野菜	果物	フーズ客数累計
<中関東>																	
熊谷	96.1	129	52.0	422	3.3	20.5	303.6	23.0	525	1.6	4.1	466	120.7	165	29.3	13.1	57
△ 大宮	103	136	22.0	391	2.9	22	319	9.0	477	1.5	0	0	125	168	36.0	15.0	162
△ 高崎	26.2	131	36.0	334	△ 2.5	6.6	302	17.0	405	1.3	0.9	402	33.8	172	10.3	4.9	28.5
前橋	73.8	137	51.0	408	3	25.1	317	30.0	542	1.7	1.5	288	100.43	184	24.9	14.7	49.2
国領	55.1	135	49.0	381	2.8	16.3	323	26.0	513	1.6	1.6	334	73	182	19.5	10.2	40.2
新潟	151	136	42.0	400	3	42	298	21.0	510	1.7	3	326	196	174	51.0	25.0	122
長野		129	43.0	449	3.5	19	253	17.0	481	1.9	2	320	108	155	25.0	10.0	58
長岡		128	52.0	423	3.3	38.2	285	30.0	506	1.8	6	384	165.8	174	36.8	21.0	70.5
合計	713.63	133	40.0	401	3.1	189.7	299	19.0	496	1.7	19.1	375	922.73	171	232.8	113.9	587.5
<北関東>																	
水戸	64.6	147	42.0	402	2.7	14.8	352	18.0	529	1.5	1.1	318	80.5	187	23.6	9.8	53.9
南越谷	121	126	48.0	423	3.3	27	329	38.0	508	1.5	0	0	148	163	36.2	17.5	76.2
成田	63.1	137	36.0	450	3.3	17 1	358	19.0	606	1.7	5.1	453	80.4	185	19.2	10.1	53
○ 新松戸	186.5	141	59.0	456	3.2	59.2	315	34.0	552	1.8	7.9	418	253.6	191	57.8	33.8	98.4
東鷲宮	139	124	55.0	443	3.6	30	337	27.0	541	1.6	0	0	169	162	39.0	19.0	71
△ 筑波	91	140	36.0	496	3.5	25	334	21.0	553	1.7	2	323	118	184	26.0	15.0	72
千葉NT	71.5	145	54.0	469	3.2	20.9	346	30.0	579	1.7	6.4	389	98.9	203	22.1	12.5	41.3
合計	736.7	960	48.0	448.42	3.3	194	[illegible]	27.0	552.57	[illegible]	22.5	404	948.4	181	223.9	117 7	467.8
<東関東>																	
大島	122	[illegible]	[illegible]	[illegible]	3	23.4	[illegible]	[illegible]	[illegible]	[illegible]	5.5	401	[illegible]	[illegible]	40.8	15.4	80.7
千葉	89	155	44.0	494	3.2	29	232	26.0	534	[illegible]	5	321	123	203	27.9	16.3	63.5
木更津	59	146	49.0	399	△ 2.7	18	297	24.0	509	1.5	2.1	288	80	184	22.0	11.0	45
市川	153.3	138	41.0	406	2.9	32	[illegible]	16.0	509	[illegible]	5.5	313	190.2	[illegible]	[illegible]	[illegible]	128.4
ららぽーと	85.9	145	42.0	444	3.1	23.8	341	33.0	516	[illegible]	[illegible]	492	113.1	[illegible]	28.0	[illegible]	66.5
長浦	54.6	149	43.0	471	3.2	15.9	[illegible]	25.0	[illegible]	[illegible]	4.1	408	74.6	[illegible]	17.3	10.0	40
西葛西	105.8	148	49.0	426	2.9	23.2	338	21.0	501	1.5	3.5	448	132.5	189.6	36.9	15.7	74.9
津田沼	242	131	50.0	480	3.7	60.4	333	28.0	552	1.7	9.8	399	312.2	176.6	66.0	36.4	132.6
市川Pr	141	156	46.0	467	3.1	42	[illegible]	[illegible]	[illegible]	1.6	8	488	183	210	45.0	26.0	97
新浦安	220.1	139	51.0	453	3.3	51	351	[illegible]	558	1.5	10.5	380	281.6	[illegible]	[illegible]	[illegible]	132
合計	1272.7	142	47.0	446.7	3.2	318.7	[illegible]	[illegible]	[illegible]	[illegible]	[illegible]	[illegible]	1641.1	177	[illegible]	200.8	860.6
<西関東>																	
赤羽	108	125	42.0	347	2.8	23	287	16.0	452	1.5	4	309	135	159	39.0	15.0	94
志木	130	133	48.0	414	3.1	30.5	314	22.0	494	1.6	4.3	381	164.8	167	41.6	19.0	86
碑文谷	181.2	140	[illegible]	536	3.8	[illegible]	[illegible]	[illegible]	[illegible]	[illegible]	5.9	439	243.8	304	[illegible]	24.8	88.9
○ 西台	160	131	[illegible]	421	3.3	34.8	318	[illegible]	506	[illegible]	3.3	475	200.4	173	[illegible]	21.8	80.9
小平	118.4	135	52.0	[illegible]	3.5	27.1	338	27.0	535	1.6	2.7	320	148.2	177	33.6	17 1	64.3
所沢	161	126	48.0	415	3.3	36	302	23.0	480	1.6	5	387	202	159	49.0	23.0	102
品川八潮	123.6	127	46.0	433	3.3	27.5	[illegible]	[illegible]	479	[illegible]	3	177	153.6	[illegible]	[illegible]	16.0	83
成増	152.1	130	53.0	433	3.3	29.2	[illegible]	22.0	[illegible]	[illegible]	1.5	356	192.9	163	45.5	18.8	66.1
合計	1134.3	131	50.0	435	3.3	264.8	301	23.0	[illegible]	1.7	29.7	367	1430.7	189	342.9	155.5	685.2
<南関東>																	
八王子	104.6	120	51.0	427	3.6	21.5	322	24.0	509	1.6	3.1	302	129.3	158	29.2	13.6	57
上大岡	61.3	123	42.0	374	3	15.6	284	22.0	428	1.5	1.5	267	78.5	159	20.2	10.3	47.9
向ケ丘	150.7	137	56.0	[illegible]	3.3	23.9	340	20.0	508	1.5	3.2	373	177.83	168	45.7	16.0	81.2
○ 戸塚	170	133	58.0	521	4	37	350	31.0	579	1.6	6	297	214	176	43.0	23.0	74
△ 横浜西口	104	134	34.0	402	3	22	304	13.0	474	1.6	7	312	133	164	35.0	14.0	104
港南台	149.7	135	48.0	429	3.2	40.7	279	24.0	484	1.7	8.9	431	199.3	177	47.0	23.5	97.9
○ 相模原	124	127	57.0	461	3.6	23	366	25.0	564	1.5	3.2	331	150.8	169	34.1	15.2	59.6
海老名	159	127	50.0	492	3.9	35	325	27.0	522	1.6	7	292	201	167	41.0	22.0	82
横須賀	117.9	134	47.0	464	3.5	28.1	319	23.0	530	1.7	3	463	149	170	34.1	17.0	72.9
金沢八景	157	141	55.0	495	3.5	44	296	27.0	568	2	7	447	208	185	44.7	22.0	81.7
合計	1298.2	132.0	49.0	451.6	3.5	290.8	317.0	23.0	518.6	1.6	50.0	360.0	1540.7	171.0	374.0	176.6	758.2
DIV計	5155.53	135	47.0	436.54	3.3	1258	319	23.0	524.32	1.6	178.6	381	6583.66	178	1577.0	764.5	3369.3
	3567														1086		3339
<FC計>	1588		438		3.2										491		1120
岩井	69	151	49.0	502	3.3	22.2	372	28.0	689	1.9	0.9	247	92	205	20.7	11.9	42.3
関宿	62.7	128	50.0	457	3.6	15.6	380	28.0	607	1.6	0	0	78.3	178	17.6	9.8	35.2
香掛	0	0	######	0	########	0	0	######	0	########	0	0	0	0	0.0	0.0	0
湯村	106	124	62.0	491	4	24	335	34.0	551	1.6	0	0	130	164	26.8	14.8	43

野菜の支持率 50%
買上個数 3.3個
売数単価 135円

果実の支持率 23%
買上個数 1.6
売数単価

津田沼店の野菜の「売上」3213万6000円（3月22日累計）＝

(1) 野菜の「客数」6万6300人＝①フーズレジ通過客数13万2600人×野菜の②支持率〈買上率〉50%）

×

(2) 野菜の「客単価」484・7円＝（野菜の③1人当たり買上個数3・7個×野菜の④一品単価131円）

22日までの野菜の売上ですから、月間だと4500万円になるでしょう。

青果部門全体の月間売上は、野菜、果実、花合計で約7500万円です。

ちなみに、ＩＹの津田沼の青果部門の売上は月間９０００万〜1億円と推定されていました。

ここでも、お客様の評価に基づく、埋められない大きな差が出ていました。

参考までに、私が現在勤務する南予の田舎の店舗は、野菜の支持率は23％前後です。道路沿いには「菜々きて屋」「愛たい菜」とかの呼び名で地産地消の野菜の販売店が至るところにあります。

私の店舗内にも地産地消コーナーがあるので、地元の野菜の最盛期は、売場の同じ商品は回転が悪くて悲惨なものです。

都会のローカルＳＭでは青果の売上構成比が15％もあるのに、私の店舗では約10％なのもうなずけます。

さて、「支持率」は、高い店舗では西台61％、新松戸59％、戸塚58％など50％を超えている店舗が多くあります。

低い店舗では、極端に低いのが大宮22％、あと30％台は横浜西口34％、筑波・高崎・成田36％で、40％台が50％台と同じくらいの数です。

大宮店は、フーズのフロアといっても日用品と混在の売場の合計客数で、他の店舗に比べて店内に繁盛している八百屋さんがテナントで入店していて、結果的に低くなっています。

「1人当たり買上個数」は、高い店舗は戸塚4個、低い店舗は高崎2・5個となっています。「1人当たり買上個数」は「支持率」ほど大きくバラついてはいません。

(4) 売上へのインパクトの大きい「1人当たり買上個数」

資料19 「支持率」「1人当たり買上個数」優先順位 で、取り組みの優先順位は、買っていただいていないお客様へのアプローチの「支持率」アップより、既に買っていただいているお客様へのアプローチの「1人当たり買上個数」アップのほうが容易で効果的とありました。

実は、売上効果も「支持率」アップより「1人当たり買上個数」アップのほうがはるかにインパクトが大きいのです。

戸塚店の野菜のデータ（3月1日〜22日）を使ってシミュレーションしてみましょう。

1 野菜「支持率」1%増効果……

「フーズレジ通過客数」9万3000人×1%＝「客数」増 **930人**

野菜売上増加額 51万6150円 ＝1％野菜「客数増」930人×「野菜客単価」555円

2　野菜「1人当たり買上個数」0・1個増効果……

野菜売上増加額 81万2000円 ＝野菜「客数」5万6000人×「1人当たり買上個数」0・1個増×「1品単価」145円

ご覧のように、戸塚店で、野菜の「支持率」を1％上げると売上増は51万6000円、野菜の「1人当たり買上個数」を0・1個増やすと売上増は81万2000円です。「1人当たり買上個数」増の効果の方が1・5倍も大きいのです。

関東全店の数値を算出した当初は、まずは野菜を買っていただいていないお客様を減らすため、「支持率」を47％↓50％に目標設定しようと決めました。

「1人当たり買上個数」については、平均より低い店舗の底上げをするため、「1人当たり買上個数」は3・3個に現状維持で目標設定しました。

実は、この時点では、「支持率」と「1人当たり買上個数」の優先順位についての理解が十分でなかったのです。

優先順位についての理解があれば、「1人当たり買上個数」目標は、当然、3・3個↓3・5個に設定されたでしょう。

資料20 '91年3月（22日現在）の売れ数／売れ数単価一覧で見たように、各店舗のお客様の評価が明らかになりました。

次は、お客様の評価の改善です。

同じような立地店舗と比べて、「支持率」と「1人当たり買上個数」の指標が極端に低い店舗は、原因を調べて、またしても、BYを中心にSV・Mgrと協働で改善に取り組むことになりました。

何しろ、野菜のBYは激務です……。

①日々、取引先と商談して納入原価を引き下げ、②「意味のある売価」に値ごろを絞り、

③値入マトリックスに基づいて「主要野菜9品目」とその他の野菜・果実と値入MIXして、必要値入を確保しながら主要野菜9品目の売価を引き下げ、④ターゲット（競合店）に負けない売価を設定しないといけない。

さらに、毎週、SVから「競合店売価比較表」で主要野菜の価格の勝率結果を突きつけられます。

しかし、売価についての決定権を持っているので売上責任はもとより、荒利責任にも大きく関与している以上、BYが中心にならざるを得ません。

D社では膨大な権限委譲は日常茶飯事です。

野菜のBYは、ハードワークをこなしながら、よく頑張っていると、口には出しませんが、内心激励したものです。

(5) 買上点数アップ策……「当たり前」のこと、基本を愚直に徹底する

「1人当たり買上個数」と「支持率」を高めるための具体策は明確に分けられるものではありません。

ほとんどが重複しています。

資料21 買上げ点数アップ施策がその具体策の一覧表です。

書かれている項目は、買いやすい規格、関連販売、品切れなど、どれも「当たり前」の具体策ばかりです。

「当たり前」のことを、どれだけコツコツ徹底できるか、これがお客様に伝わり、結果として売上増につながるのです。

余談です。

当時の『ＩＹのＳ社長』が、「業績は体質の結果である」と述べたと書かれている記事があ

資料21　買上げ点数アップ施策

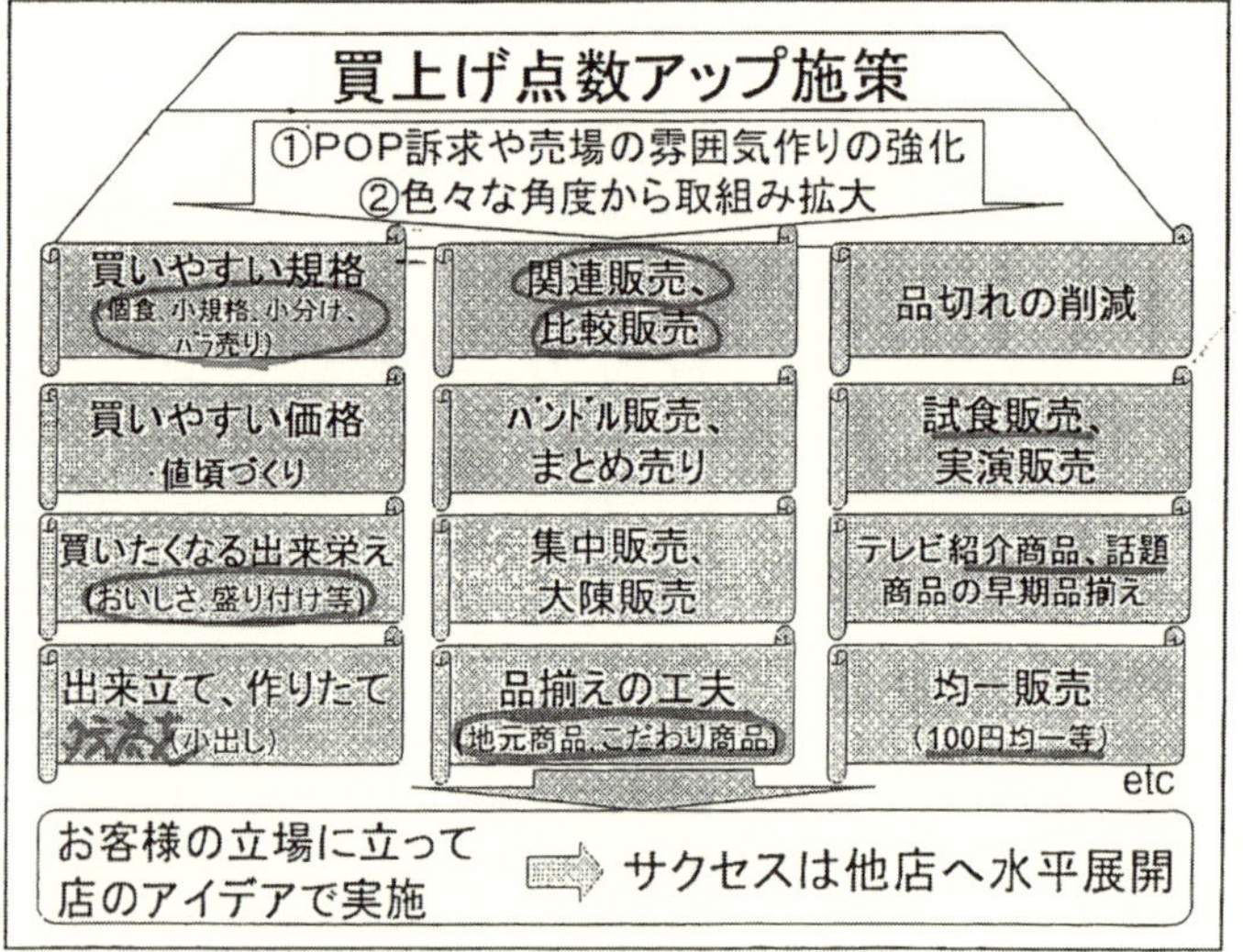

りました。

私たちはTQCプロジェクトに取り組んでいたせいで、D社に居ながらこの言葉の意味を噛み締め、実感できました。

「当たり前」のこと、「決め事」を100%は守れない、徹底できないのが普通です。

流通各社と取引がある取引先の、懇意にしている営業マンによく言われました。

100決め事があると、IYは80～90%守るけど、D社は良くて60～70%しか守れない。

私がD社退職後勤務したローカルSMでも、「決め事」が守られる割合はD社と似たりよったりで、中にはもっと寂しいSMもありました。

立派な方針を作っても、進捗管理もなく、言いっぱなし、させっぱなしで方針が定着せず、経営トップは「なぜ守れない」と嘆くのですが、問題点が自分自身の体質にあると気づいていないのです。

TQCプロジェクト「野菜の価格と鮮度の改善」での私たち青果部門の一番の収穫は、お客様の要望に応えるため、「方針や決め事」を徹底して守る「組織風土」、「体質」を身に付けたことでした。

お客様の要望に応えるために取り決めた「方針や決め事が守れない者は青果から去れ」と、言い放てるだけの情熱と真剣さで、全員が同じベクトルに合わせて取り組んでいました。

(6) ①S店舗で、八百屋相手にTQCプロジェクトの具体策を総動員して、効果の検証実験

印象に残る競合対策の店舗例を紹介します。

駅前立地のS店です。

店内に八百屋のテナントが入店していて、関東地区の数ある八百屋テナントの中でも繁盛している強力なテナントでした。

資料12 '89 10月度の各店の野菜の価格構成グラフの考察（159頁）の左上段①で見たように、やや左上がりの一直線の「商品構成グラフ」を持つテナントです。

それに、持ち前の好奇心が対抗心とともに頭をもたげてきました。

これまでTQCプロジェクト「野菜の価格と鮮度の改善」のために実施してきた様々な「価格戦略」の具体策が、強い八百屋にどれくらい有効なのか検証してみたかったのです。

これがS店を選んだ理由です。

一連の「価格戦略」の具体策に加えて、**資料21 買上げ点数アップ施策**（238頁）の

中の駅前立地に不可欠な「品切れ防止」などの「夕方商売（後述）」対策を加えて実行しました。

S店への私自身の巡回頻度を増やし、テナントの八百屋の店主ともいろいろ話をします。片方では、相手の野菜の規格や売価をチェックし、「競合店売価比較表」を作成し、勝率を80％に近づけるようにBYに指示します。

1カ月くらい経って、「随分、安くなったね」と店主の反応です。

2カ月経って、「こんなことをやっていたら共倒れしますよ、仲良くしましょうや、大将」です。

3カ月経った頃に、支配人に呼ばれました。

「相談があります。八百屋さんを潰してもらっては困ります。大事なテナントさんですから、直営店・テナント共々集客にあたって仲良くしてください。お願いします」ということで、競合対策の実験の幕引きとなりました。

⑺ 実験店舗での数値効果、考察

早速、データをまとめて、検証です。

3月に50％だった「支持率」が、3カ月後には56％まで上がりました、かなりの改善です。

S店舗の6月のフーズレジ通過客数は10万6０００人、野菜の「支持率」が50％↓56％へと6％増加したので、野菜の「客数」は6３６０人増えました。

「1人当たり買上個数」は、3月の3・9個から4・0個へと0・1個増加しました。

1　「支持率」増売上＝

野菜「客数」増6３６０人×野菜「客単価」４９５円＝314万8２００円

2　「1人当たり買上個数」増売上＝

①「客単価」増＝野菜「1人当たり買上個数」増0・1個×野菜の1品単価@123円＝12・3円

②野菜「客単価」増12・3円×野菜「客数」5万9000人＝72万5700円

3 売上増合計 1＋2＝314万8200＋72万5700＝387万3900円

TQCプロジェクト「野菜の価格と鮮度の改善」のための価格戦略の具体策の実施効果は対策前に比べて、9・3%の売上増です。

この月間「客数」6360人増、全部とは言いませんが、大部分を相手から吸収したわけですから、相手にとって、どれくらい売上減のインパクトがあったかわかります。

価格戦略で一番有効だったのは、主要野菜に規格外（大小・長短、形状不揃い）の低価格品を品揃えしたことでした。

ＩＹで実施されていた規格外の低価格品揃えの有効性の検証の意味もあり、ＢＹに指示して他の店舗よりもS店舗は、規格外の低価格品を品目・数量ともに充実させました。

規格外品は市場では正規品よりも評価が低く、相場価格も安いので、入荷量も少なく、数量の確保が困難なことも多いのです。

果実のシーズン主力商品のいちごでは、正規品のＭ・Ｌサイズに加え、規格外のＳ・ＳＳサイズを品揃えしました。

その結果、価格に敏感な昼間のお客様が、八百屋から直営の青果売場に大量に流れてきて野菜の「客数」が大幅に増加しました。

主要野菜の規格外品の低価格品を買うついでに、買いやすい値ごろとなった他の野菜も買います。

夕方の勤め帰りの忙しい有職主婦や単身者のお客様は、ワンストップショッピングに不便な八百屋は利用しませんから、夕方以降はいつもの「客数」です。

昼間のお客様と夕方のお客様とでは、購買動機がこんなに違うものかと考えさせられる出来事でした。

これは、青果の商売だけでなく、ビジネスというかマーケティングの基本、①誰に、②何を、③どのように提供するか……今更ながら、多くの原理原則や基本的なことを一つ一つ組み立てていくことの大切さを痛感しました。

今まで実施してきたＴＱＣプロジェクト「野菜の価格と鮮度の改善」の具体策と、特に価格戦略の有効性は十分に証明されました。

確信を持って、全店舗で徹底して実施することになりました。

その後、私は関東地区から九州へと異動になりました。

野菜の生産地に近い九州の店舗でも競合対策を実施するときは、お客様の評価である野菜の「支持率」、「１人当たり買上個数」でその店舗の現状確認を行い、改善目標を設定します。

そして、ＴＱＣプロジェクト「野菜の価格と鮮度の改善」で取り組んできた「価格戦略」を実施し、ＰＤＣＡのサイクルを回しながら進捗管理しました。

数多くの店舗でその有効性が発揮されたことは、言うまでもありません。

この第２ステップに入って、一連の「価格戦略」の具体策の最終的な実施結果は「野菜の価格と鮮度の改善」の「商品構成グラフ」に凝縮して現れ、お客様の評価は、「支持率」・「１人当たり買上個数」で測定でき、不断の改善努力を重ねることが必要と納得できました。

資料12　'89　10月度の各店の野菜の価格構成グラフの考察（１５９頁）で見るように、値ごろの山が１５０円にあるグラフから１００円値ごろにシフトするグラフになるにつれ、「価格戦略」の強度が増し、客数増、結果として売上増につながる様子を目の当たりにしてきました。

まさに、渥美先生のチェーンストアの教科書に書かれてあった通りの抜群の効果です。

①「価格ラインを絞り」、「プライスポイント（値ごろ）を左にシフトするほど」価格の「安さのイメージ」は強くなる。

②「値ごろ」とは一時的に実現できる価格でなく、陳列量が多く、追加補充で陳列量を維持できる価格……だと定義しています。

③そして、「これらは欧米や日本でも、すでに実験済みとして、公に認められた経験法則が原理原則になったものである。」

「チェーンストアの経営の業績に直結する行動原則」と結んでいます。

今さらながら、先人たちの試行錯誤の足跡の上に築かれた、原理原則を実践することの大切さを痛感します。

それにしても、原理原則、基本というべき「道すじ」があるのに、これらに無関心で、思い付きや行きあたりばったりの営業活動が行われていることに驚きます。

片方では、膨大な時間と労力、そして売上と荒利が浪費されていて、もう一方では、「売上が上がらない」「荒利が取れない」「問題点は何だ」とドタバタしているのを見るにつけ、ため息が出てきます。

⑻ ②SM2店舗での100円均一セールの効果を「支持率」、「1人当たり買上個数」で検証

これまでは、青果部門のISMを中心に見てきましたが、範囲を食品全体に拡大して100円均一の品揃え効果を2店舗で比較分析した結果を見てみましょう。

100円均一などのような販促企画の効果を、単に売上・売れ数という数値だけでなく、「支持率」と「1人当たり買上個数」というお客様の購買行動に基づいた指標で、全部門にわたって検証できるのです。

資料22 100円均一での品揃え効果の2店舗比較 がそうです。

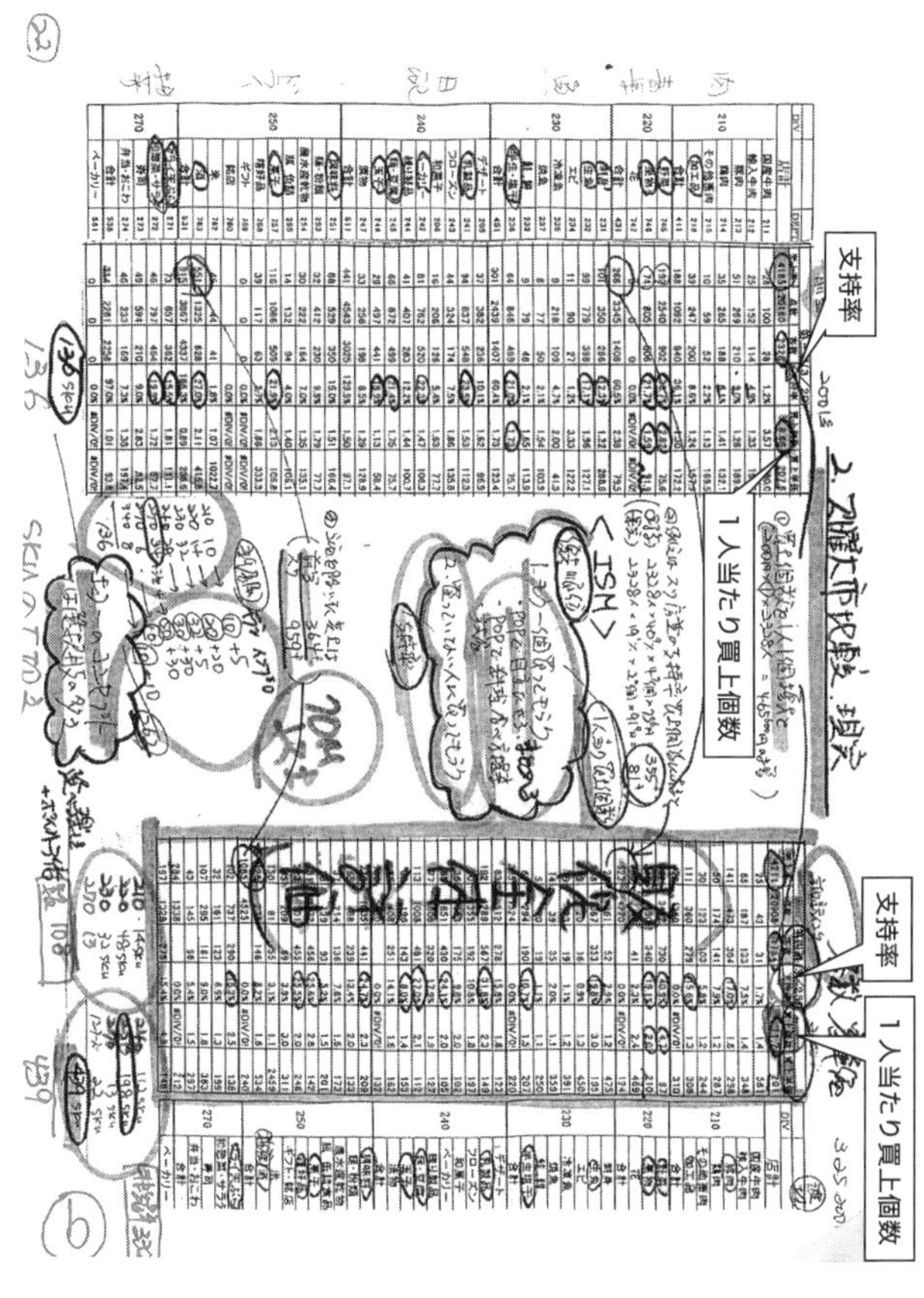
資料22　100円均一での品揃え効果の２店舗比較
支持率
1人当たり買上個数
支持率
1人当たり買上個数
<ISM>

資料22の上部を拡大したもの

支持率

1人当たり買上個数

DIV	店計	DEPT	売上高	点数	客数	支持率	買上個数	買上単価
	店計		4185	20180	2328		8.66	207.6
210	国産牛肉	211	28	100	28	1.2%	3.57	280.0
	輸入牛肉	212	25	152	114	4.9%	1.33	164.5
	豚肉	213	51	269	210	9.0%	1.28	189.6
	鶏肉	214	35	265	188	8.1%	1.41	132.1
	その他畜肉	215	10	59	52	2.2%	1.13	169.5
	加工品	218	39	247	200	8.6%	1.24	157.9
	合計	411	188	1092	840	36.1%	1.30	172.2
220	野菜	745	192	2540	902	38.7%	2.82	75.6
	果物	746	74	805	606	21.7%	1.59	91.9
	花	747	0	0	0	0.0%	#DIV/0!	#DIV/0!
	合計	431	266	3345	1408	60.5%	2.38	79.5
230	刺身	231	101	350	286	12.3%	1.22	288.6
	生魚	232	99	779	398	17.1%	1.96	127.1
	エビ	234	11	90	27	1.2%	3.33	122.2
	冷凍魚	235	9	218	109	4.7%	2.00	41.3
	焼魚	237	8	77	50	2.1%	1.54	103.9
	鮭鱒	233	9	79	48	2.1%	1.65	113.9
	半生・塩干	236	64	846	489	21.0%	1.73	75.7
	合計	451	301	2439	1407	60.4%	1.73	123.4
240	デザート	205	37	382	236	10.1%	1.62	96.9
	乳製品	241	94	837	548	23.5%	1.53	112.3
	フローズン	243	44	324	174	7.5%	1.86	135.8
	和菓子	206	16	206	126	5.4%	1.63	77.7
	ベーカリー	242	81	762	520	22.3%	1.47	106.3

売上高	点数	客数	支持率	買上個数	買上単価	DIV	店計
4211	20908	1784		11.7	201		店計
25	43	31	1.7%	1.4	581	210	国産牛肉
65	187	133	7.5%	1.4	348		輸入牛肉
141	473	304	17.0%	1.6	298		豚肉
50	174	141	7.9%	1.2	287		鶏肉
30	123	103	5.8%	1.2	244		その他畜肉
111	360	279	15.6%	1.3	308		加工品
[illegible]	1260		0.0%	#DIV/0!	310		合計
[illegible]	[illegible]	730	40.9%	4.7	97	220	野菜
[illegible]	[illegible]	340	19.1%	2.0	210		果物
[illegible]	[illegible]	41	2.3%	2.4	469		花
523	4220		0.0%	#DIV/0!	124		合計
[illegible]	[illegible]	52	2.9%	1.2	475	230	刺身
[illegible]	[illegible]	353	19.8%	3.0	195		生魚
[illegible]	[illegible]	16	0.9%	1.3	450		エビ
[illegible]	[illegible]	19	1.1%	1.2	391		冷凍魚
14	39	35	2.0%	1.1	359		焼魚
5	[illegible]	19	1.1%	1.1	250		鮭鱒
[illegible]	294	190	10.7%	1.5	207		半生塩干
[illegible]	[illegible]		0.0%	#DIV/0!	220		合計
63	[illegible]	278	15.6%	1.8	123	240	デザート
192	[illegible]	567	31.8%	2.3	149		乳製品
[illegible]	[illegible]	192	10.8%	1.8	197		フローズン
[illegible]	[illegible]	175	9.8%	2.0	102		和菓子
[illegible]	[illegible]	430	24.1%	2.0	105		ベーカリー
[illegible]	[illegible]	320	17.9%	1.9	127		練り製品
113	1008	481	27.0%	2.1	112		豆・豆腐

100円均一の基本コンセプトは、

①豊富な品揃え…………100円という買いやすい値ごろ（プライスポイント）の商品をいろいろと選べる楽しさ……SKUの多さ

②選びやすい売場づくり……1カ所で選べる楽しさ、わかりやすさ……集合陳列

です。この基本コンセプトを守って「販売計画」を展開しているかどうかが、「支持率」と「1人当たり買上個数」に大きく反映され、結果として「売上の差」として現れます。

その格差をこの2店舗で見ていきましょう。

「均一セール」の基本を守ることの重要性を理解する、しないの結果、「支

持率」・「1人当たり買上個数」に大きな「差」↓売上の大きな「差」が出ます

249頁の店舗は、長野県の諏訪市に立地していた「諏訪インター」店です。近くには、S社SSV、アップルランド、オギノ、生鮮が強力な地元の「西源」がひしめき、一番の競合店は近くのS社SSVです。

この「諏訪インター」店は2年前のオープンの時こそ1億5000万円の売上でしたが、改装休業していたアップルランドが改装オープン、オギノが新店をオープンすると8000万円まで落ち込みました。

全部門、全従業員一丸となって様々な不振店対策を実施して、ようやく1億3000万円弱まで回復し、店損益も黒字化した時期です。

2年前、不振店対策の一環として、火曜日に恒例の「100円均一セール」をスタートしました。

きっかけは、S社SSVが毎週木曜日に実施していた盛大な集客力を誇る「100円均一セール」に刺激されてです。

普段は2～3台しか開放しないレジが、この「100円均一セール」の時は6台開放されるのを目の当たりにしたからです。

S社SSVの「100円均一セール」を全Mgrが観察に行って、早速「諏訪インター」店でも「100円均一セール」をスタートしました。

時期は定かではありませんが、不振店対策が功を奏してきたのか、「諏訪インター」店の売上が回復してきたのと比例して、S社SSVのレジは1～2台で間に合うようなレジ通過客数になりました。

それでも、S社SSVの「100円均一セール」は、この日だけは盛況だという話を従業員から聞いていましたが、売上も回復してきていたので頭の中に留めておいただけでした。

ある時、店長も私も出席している東京での恒例の会議が中止になって、気になっていたS社SSVの「100円均一セール」を二人で見に行くことになりました。

見に行ってびっくりです。

駐車場はいっぱい、普段1～2台で間に合うレジが6台全部開放され、お客様で長蛇の列です。

「どうしてこんなことが！」と思いながら、念のため部門ごとに「100円均一セール」の品揃えＳＫＵを数えました。

すると、驚いたことに全部門でなんと６００ＳＫＵ以上ありました。普段は客数が少なくても、「１００円均一セール」の木曜日だけはレジを６台も開けるほどの集客力を発揮していたのです。

集客力の秘密は、１００円均一の基本コンセプト通り①豊富な品揃え、②選びやすい売場づくり（集合陳列）でした。


それまでの「諏訪インター」店の品揃えＳＫＵは２００ＳＫＵまでの展開でしたが、これを教訓になんとか４５０ＳＫＵまで展開できるオペレーションを身に付けました。

ただ、これ以上の品揃えＳＫＵの展開は、私たちにとっては準備と残品の後始末で厳しいものがありました。

６００ＳＫＵ以上を展開するＳ社ＳＳＶの「１００円均一セール」のオペレーション力には舌を巻いたものです。

品揃えＳＫＵを２００未満から４５０ＳＫＵに増やすと、売上が目に見えて増加してきました。

「均一セール」の基本コンセプト、「①豊富な品揃え、②選べる（集合陳列）楽しさ」を追求することの重要性を身にしみて感じた体験でした。

249頁の店舗は、高知市にあった「前里」店です。

道路を隔ててサニーマートがあります。

荒利10％運用の酒のディスカウント部門を運用していましたが、集客力に陰りが見えて、売上不振に陥る前に対策として、火曜日に「100円均一セール」をスタートしました。

でも、なかなかメニューが増えず、売上も上がらないので「100円均一セール」の改善に取り組んでいく最中でした。

「100円均一セール」の品揃えSKUの違いによる効果を見ていくと……、

①売上……

「諏訪インター」　店計421万1000

「前里」　店計418万5000

「諏訪インター」　青果52万3000、日配73万、ドライ（酒除く）95万9000

「前里」　青果26万6000、日配44万1000、ドライ（酒除く）36万4000

●一見、店舗売上が同じように見えても酒を除くと店計で大きな差（▲45万1000）です。

「均一セール」の柱の青果、日配、ドライの品揃えによる売上の「差」は明確です。特にドライは酒を除くと「前里」は「諏訪インター」の38％の売上です。

②**品揃えSKU**……

「諏訪インター」　合計439SKU（青果48、日配112、ドライ198）

「前里」　合計136SKU（青果14、日配28、ドライ34）

●店舗全体で「前里」は「諏訪インター」の30％の品揃え。
そして、青果、日配ドライの3部門は大きな差があります。

③**「支持率」**

「諏訪インター」　439SKU（野菜40・9、乳製品31・8、調味料24・7）

「前里」　136SKU（野菜38・7、乳製品23・5、調味料15・0）

●青果は「支持率」では大きな「差」はないように思えますが……。

④ 1人当たり買上個数

「諏訪インター」店舗 11・7個（野菜 4・7個、乳製品 2・3個、調味料 2・3個）
「前里」店舗8・66個（野菜2・82個、乳製品1・53個、調味料1・51個）

●青果は「1人当たり買上個数」では2倍以上の「差」になっています。固定客が2〜3個買うか4〜5個買うかの大きな「差」です。
「支持率」1％の効果よりも「1人当たり買上個数」0・1個の売上増効果の方が大きいと説明しました。

「1人当たり買上個数」1個、2個の「差」はとてつもなく大きいと認識すべきです。

現に、「諏訪インター」の野菜の「支持率」、「1人当たり買上個数」を「前里」のフーズレジ通過客数を掛け合わせると、「前里」の野菜の売上は35万5000円となり、「諏訪インター」の野菜の売上36万2000円とほぼ同じになります。


比較分析からわかるように、「前里」店は品揃えSKUを増やすことで、レジ通過客数の「支持率」効果よりも、「1人当たり買上個数」増により大きく売上を伸ばすことができるのです。

「前里」店の次の第2ステップの目標は、今の約2倍の250ＳＫＵでしょう。準備と後始末のオペレーションを確立しながら品揃えＳＫＵを増やしていけば、お酒の集客力とのシナジーで、売上はまだまだ伸ばせる「のりしろ」があります。

せっかく「均一セール」を実施するのに、品揃えＳＫＵが各部門バラバラで統一感がない企画になっている例が多いです。

店長がしっかり横串を刺して、「均一セール」の基本コンセプトを守り、統一感ある「販売計画」を実施する必要があります。

単に売上が悪いとなげくより、このようにお客様視点で科学的な分析を行い、原理原則に沿って手を打てば、お客様の満足と納得がいく数値結果が得られるのです。

10 TQCプロジェクトのレベルアップのための究極手段は「人材育成」……Mgr教育……そのツールが「販売計画」

(1)「商品・売場づくり」の「出来映え」が悪い……お客様へ㊄と㊇を与え、売上・荒利へも悪影響が！

TQCプロジェクト「野菜の価格と鮮度の改善」を進めながら、一番頭を痛めていたのは、各Mgr間の能力の差で「商品・売場づくり」の「出来映え」に「バラツキ」が生まれ、一定レベルに達することができないMgrがいることです。

お客様がどの店舗の売場で買物をしても、満足していただける一定レベル以上の鮮度・価格・品揃えなどの「商品・売場づくり」サービスを提供するのが私たちの義務だと認識していました。

現実は、望ましいレベル以下の「出来映え」のMgrが多く見られました。

具体的には、普段の生活に欠かせないベーシック（周年主力）な「主要野菜」や「シーズン主力商品」などが……、

①品揃えが欠落している
②探しにくい目立たない場所で販売されている
③品切れや鮮度不良品の陳列
④規格容量が商圏の世帯構成に不適切で値ごろから外れた高い売価設定

などです。

代わりに、今のシーズンに売る必要のない商品や魅力のない「死に筋」商品が一番いい場所で長期滞留するわけですから、売上も上がらず、余計な値下げや見切り・廃棄が発生し、荒利も悪化します。

売上・荒利・在庫などの数値結果の善し悪しは、売り手の問題で、一見、買い手の立場のお客様には無関係のようにみえます。

でも、そうではありません。

売上・荒利が悪い、在庫が多いということは、「商品・売場づくり」がお客様が「望む姿」から程遠くて、お客様から支持されていない結果なのです。

そして、一番迷惑しているのは、せっかく買物に来られて、失望されるお客様です。

●売場の「出来映え」が悪いということは、お客様に迷惑をかけているだけでなく、お客様から支持されない結果、売上・荒利にも大きな影響を及ぼすのです。

大きくは次の三つの分野の管理能力の差が、Mgr間で個人の能力の差が生まれる大きな原因のようです。

(1)「売場管理」能力……棚割、品揃え、プレゼンテーション、スペースアロケーション（低回転商品の売場替え・棚替え）、鮮度チェック、作業割付・作業指示など

(2)「商品管理」能力……商品づくり（規格・値ごろ・「出来映え」）、単品管理（売れ筋・死に筋）、発注精度、在庫管理（先入・先出・整理整頓）

(3)「数値管理」能力……売上分析、差益管理（荒利と仕入れ）、相場・値入管理、値下売変・廃棄管理など

お客様にとって、その季節の「商品・売場づくり」の「望ましい姿」が次のような状況だとしましょう。

(1) 普段の生活に欠かせないベーシック（周年主力）な「主要野菜」が、必要なＳＫＵが適正な規格・内容で品揃えされ、買いやすい売価で、品切れなく、鮮度が良く、買いやすく陳列されている。

(2) シーズン主力商品が、品揃え・規格・売価・鮮度など主要野菜と同じように陳列され、季節感を感じさせるプレゼンテーションや料理提案などの役立つ情報と共に販売されている。

●売上が悪いということは、このような「望ましい姿」からかけ離れて、次のような、お客様から支持されない「商品・売場づくり」になっているからです……。

①品切れ…………売上構成比の高い主要野菜やシーズン商品の品切れが多い

②鮮度が悪い……………鮮度チェックが不十分、恒常的な在庫過剰で鮮度低下品が売場に多く陳列されている

③価格が高い……………その商品の適正な価値と比べて、「値ごろ」から外れた高い売価。値入のしすぎ

④売場が回転していない……魅力のない「死に筋」商品などが冷蔵ケース下段や平台エンドなどの好条件売場に並んで商品回転が悪い

●荒利が悪い、在庫が過剰ということは……商品・売場管理が悪いため……。

①過剰発注・過剰在庫……取り過ぎ・持ち過ぎのため、恒常的な低値入、鮮度低下品が売場にあふれ、見切り・廃棄ロスが発生

②死に筋商品や過剰陳列……魅力のない死に筋商品や低回転商品が売場に陳列されていたり、一日売れ数の数倍も超える積み過ぎで鮮度低下とともに見切りロスや廃棄ロスが発生

このように、「商品・売場づくり」のための「商品管理」・「売場管理」能力と目標の売上・荒利・在庫数値達成のための「数値管理」能力とは、別々のものではありません。

それぞれ密接な関係があり、三位一体となって、お客様の満足を実現し、結果として売上・荒利・在庫の数値が残るのです。

●一番問題なのは、品切れやお客様が欲しい商品が売場で欠落し、鮮度低下品などにより、お客様に大きな㊍（不便、不満、不信など）と㊎（負担、負荷など）を与えていることです。

(2) 売上・荒利が悪いと厳しく辛い数値責任の追及が待っている！……他に手がない、やむを得ない！

●主要野菜を値上げして荒利を稼ごう……「お客様軽視」の販売行動へ

問題は、それだけに留まりません、悪循環の始まりです。

売上・荒利が予算に大幅未達成だと、能力不足Mｇｒにも厳しい数値責任の追及が待っています。

能力不足のため、能力不足Mｇｒには正攻法での数値改善は望めません。

前に**資料13　野菜の商品構成比較　▲▲店**（166頁）で見た野菜の売価が極端に高い右上がりの「商品構成グラフ」を運用していた「K」Mｇｒがいました。

特に、荒利が悪いとその改善のため、能力不足Mｇｒは彼と同じように、販売量が安定して多い「主要野菜」や「シーズン主力商品」を安易に「値上げ」し、売価を設定して荒利を稼ごうと、「お客様軽視」の販売行動へと悪循環を繰り返すのです。

●例えば、売上が悪い と……意図した値上げ

果実の荒利率改善の課題で見たように、売上不振の原因の商品の地道な改善を図るより、売上の即効性の高い果実を、意図して安く売り、結果、果実は低値入となります。

その低値入となった果実の荒利確保のため、販売量が安定して多い「主要野菜」や「シーズン主力商品」の価格を値上げしてカバーしようとします。

●「商品・売場・数値管理」能力不足で 荒利が悪い と……意図せざる値上げ

「発注精度」が低いため過剰発注・過剰在庫、過剰陳列を招き、今売るべき商品の見極めが甘いため死に筋商品の対応遅れなどによる値下げや廃棄ロスで荒利が低下します。

正しい手順での荒利改善を望めないため、売上対策の結果の低荒利対策と同じように、販売量が安定して多い「主要野菜」や「シーズン主力商品」の値上げをせざるを得ません。

いずれにしても、ＴＱＣプロジェクト「野菜の価格と鮮度の改善」の目的に反する「お客様軽視」の営業活動ですから、無視できません。

(3)「お客様軽視」の安易な値上げの販売行動に走る原因……
①厳しい数値責任の追及と
②プロになるための学習努力を怠った結果の能力不足

ＴＱＣプロジェクト「野菜の価格と鮮度の改善」がスタートして、青果部門全体が主要野菜の売価を引き下げようと必死です。

店舗の青果部門でもＭｇｒから社員、パートタイマー、アルバイトに至るまで、「野菜の60％の品目を１５０円までの売価で、85％の品目を２００円までの売価で販売しよう」とベクトルを合わせて、頑張っています。

ＴＱＣプロジェクトがスタートして半年後、隣の鮮魚の責任者から、嬉しい言葉を聞きました。

「辺さん、青果のＴＱＣはたいしたもんだな。新入社員教育で青果の女子新入社員に、『青果のＴＱＣを知ってるか、どんなことをしてる？』と聞いたら、『ＴＱＣという言葉は聞いていますが内容までは知りません。ただ、今、青果はお客様の要望で野菜を２００円までで売ろうと、全員が必死です』と答えたよ。びっくりした」とのことでした。

彼が感心したのは、新入社員まで方針が徹底していることでした。

D社ではあまり例のないことでしたから。

その店舗でTQCプロジェクトに真摯に取り組んでいる青果のMgrに感謝の気持ちでいっぱいでした。

資料13　野菜の商品構成比較　▲▲店（166頁）で、「K」Mgrの説明のところで簡単に触れました。

TQCプロジェクトスタート以前は、結果数値の売上・荒利・在庫数値のみで、「お客様軽視」の営業活動の実態が見えていなかったこともあります。

自店とターゲット店の野菜の「商品構成グラフ」の定期観測により、野菜の売価設定の状況が「見える化」され、「商品構成グラフ」のグラフの形から、野菜の「異常な値上げ」や「意味のない売価」の使用実態をチェックできるようになりました。

「異常な値上げ」で売上や荒利の数値結果を築いてきたMgrは、それまでの優秀なMgrの評価が、180度一転して、要指導、再教育が必要なMgrへと評価がかわりました。

それはそうです、会社の経営理念は、「For The Customers」です。

これに反して、お客様に多大な㊌（不便、不満、不信など）と㊎（負担、負荷など）を与えてきたのです。

今やＭｇｒの営業活動の中身はＴＱＣプロジェクトの様々なツールでガラス張りです……。なのに、一部のＭｇｒは、荒利改善のため、経営理念やＴＱＣプロジェクトの主旨に反してまで、なぜ「主要野菜」や「シーズン主力商品」を値上げする「お客様軽視」の販売行動を取るのか？

能力不足Ｍｇｒが「安易な値上げ」という「お客様軽視」の販売行動を取る原因は二つあります。

(4) ①厳しい数値責任の追及

一つの原因は、売上、特に荒利の「数値結果」に対して厳しく責任追及される「組織風土」が背景にあります。

D社では、数値責任の重さに比例して、給与報酬もこの業界では上位の水準でしたから当然です。

Mgrに登用されるということは、Mgrの職位にふさわしい報酬・数値責任を背負えるレベルに達する「見込み」があるというスタートラインです。

Mgr経験を積んで、一定の能力レベルに達して数値責任を果たしていくのが普通です。

しかし、中には、なかなか一定レベルに達せず、面接の後、青果から他の部署へ異動していくMgrも数人いました。

数値責任の重さにストレスで病む前に、早期に、本人の適正に合った違う道を見つけて歩ませてあげるのも、上の者の務めです。

BYは、400名近いMgrの中から選抜されて、年間1~2名採用されます。

そのＢＹも、ＴＱＣプロジェクト「野菜の価格と鮮度の改善」の様々な未体験の具体策に直面し、能力をさらにレベルアップさせなければならないストレスに曝されながら、体力・知力ともにめいっぱい努力しています。

「売場管理」能力や「商品管理」能力が不足するＭｇｒは、彼なりに、不振の売上・荒利の数値改善のために試行錯誤を重ねますが、能力不足ゆえに改善が進まず数値責任を追及される場は辛いものがあります。

ＴＱＣプロジェクト「野菜の価格と鮮度の改善」に反するとは理解しつつも、背に腹はかえられず、売上・荒利の数値改善のため「お客様軽視」の安易な「値上げ」に走らざるを得ない心境も理解できなくはありません。

⑸　②プロになるための学習努力を怠った結果の能力不足、それを黙認する結果オーライの「組織風土」

もう一つの原因は……Mｇｒが売上・荒利の目標数値を達成するために身に付けているべき必要な知識・経験が足りない……基本業務の習熟のための地道な学習努力を怠った結果の能力不足です。

①新人Mｇｒの知識・経験不足による能力不足は、ＳＶのこれからの教育・訓練で何とでもなります。

②問題は、Mｇｒ経験の長いMｇｒが地道な基本業務の習熟の積み重ねを怠った結果の能力不足です。

売上が悪い時には、大多数のMｇｒは、ＰＯＳの単品データに基づいて同週・同日比の売上消化率や売上前年比の悪い単品について、①原因を分析、②問題点を把握、③具体策を立案・実行するなど、地道な学習努力を重ねます。

QC手法で基本手順を踏み、PDCAサイクルを回し、時にはSVの指導を受け、数多くのケーススタディの中から自分自身で知識や経験を蓄積し、能力を高めていくのです。

荒利が悪い時についても同じです。

大多数のMgrは、日々の差益管理の中で、先月や先々月に比べて現在の差益率が低い、計画通りの差益率が確保されていないと基本の手順を踏んで、早めに手を打ちます。

もちろん、差益管理表を記帳していないMgrはMgr失格、問題は、毎日記帳・確認して、日々進捗管理しているかどうかです。

日々、野菜・果実別の差益管理表を記帳していれば、問題は野菜・果実のどちらにあるかすぐわかります。

D社の青果では、さらに、低荒利どころか、▲差益になりやすいシーズン主力のいちごやメロン、ぶどうなどについては、単品差益管理も実施して、SVが発注・仕入れ・売価・値入などをチェック・指導していました。

Mgrはさらに一歩踏み込んで、野菜・果実対策から、個別対策として、

①毎日、鮮度チェックで売場から引いてきた鮮度不良品に目を通し、廃棄ノートで廃

棄の多い品目チェック、見切り品チェック……積みすぎ、売れ数と陳列量、発注単位を見直して発注精度を上げる

②必要値入チェック……納入原価表と売場売価で値入チェック

③ＰＯＳデータで主力商品の日別売れ数チェック……スペースアロケーション（売れ筋拡大・死に筋カット、適正陳列量）、発注精度アップ（発注単位、発注頻度）

などで問題解決を図ります。

これらのスキルを磨いていけば、難易度が高い不振店対策のような構造改善でない限り、ほとんど問題は改善します。

ところが、経験の長いＭｇｒの中に、このような基本的な一連の地道な学習努力をせず、果物を安く売るなどの安易な安売りで売上を伸ばし、結果、安売りの低荒利のつけを販売量が安定して多い「主要野菜」や「シーズン主力商品」にまわし、安易な値上げでカバーしようとす

るMｇｒがいます。

多くの学習努力の機会があったのに、いたずらにMｇｒとしての歳月を重ねただけで知識や経験の蓄積が浅いまま現在に至っています。

⑹ 結果オーライの「組織風土」、結果さえ残せたらプロセスは問わない？

●でも、TQCプロジェクトは問う……「青果のプロとしてそれでいいの？」「安易な値上げは許さない」

さらに根深いのは数値責任の追及の厳しさと背中合わせで、結果さえ残せれば、学習努力の怠慢を黙認するような、プロセスよりも「数値結果偏重」に近い「組織風土」です。

方針や決め事を多少軽視しても、創意工夫や営業努力という大義名分のもとに、売上と荒利の結果数値を残せば、Mgrの好き勝手というか、大きい自由裁量を黙認する結果オーライに近い「組織風土」、「体質」です。

経営トップは高らかに「For The Customers」という崇高な経営理念を掲げ、消費者のために、過去、電機メーカーとも戦ってきました。

上場企業ですから当然ですが、企業を取り巻く株主・金融関係など利害関係者のD社の経営数値を見る目は厳しく、折に触れてIYと経営成績が比較され、揶揄されます。

私たちミドルマネジメントは、会社が大きくなるにつれ、数値責任を果たそうとするあまり、

「For The Customers」という創業の精神が希薄になり、企業の結果数値を優先する「体質」というか「組織風土」へと知らず知らずに、経営トップの気づかないところで変貌していったのかもしれません。

資料2 ヘビーユーザー評価値D／IY比較、**資料3 「ヘビーユーザー品群別商品評価値」の「価格」**（79頁）のIYと比べて惨敗の顧客評価結果は、「For The Customers」という経営理念から外れていったD社の「組織風土」へのお客様の痛烈な批判だったのかもしれません。

●「IYのように経常利益率が高くなくても、D社は3％で存続成長できる、余剰は全てお客様に還元している。我々の真の評価は、毎年実施しているIYよりも高い顧客評価で下してくれ……お客様の信頼がD社の財産だ」と言い切れる経営スタイルもありではないのかな！

ある一定時期、短期的には経営数値は「ブレ」るにしても、「For The Customers」という軸から営業活動が外れることなく、お客様重視のプロセスを踏んでいたら、長期的にはIYを凌駕する企業になれたのでは……と仮定です。

現に、お客様から支持されない業態を作り続けた結果、今のD社があるわけですから。

●ＴＱＣプロジェクト「野菜の価格と鮮度の改善」の旗印を掲げる青果では、お客様の要望に寄り添う、正しい道筋に沿った創意工夫や営業努力は大いに歓迎です。

しかし、正しいプロセスを踏まずに結果オーライの「組織風土」に浸かって安易な値上げによる販売行動は許されません。

青果のプロになるための学習努力を怠った能力不足のままではＭｇｒから次のステップに進めず、Ｍｇｒ本人にとっても、長期的には不幸なことです。

ＴＱＣプロジェクトは、能力不足Ｍｇｒの営業活動をガラス張りにすることによって、「この道で飯を食べていくプロとしての覚悟」を問うているのです。

いずれにしても、能力不足のＭｇｒをＯＪＴで教育・訓練サポートして、お客様から支持されるレベルの「商品・売場づくり」ができるよう、能力を一定レベル以上に引き上げ、精神的な苦労から解放してやる必要がありました。

そのために、関東地区の商品部があり、青果部門の責任者の私と教育担当のＳＶがいるのです。

それに、長年望んでいた結果偏重の悪しき「組織風土」を変えていくいい機会です。

ＣＥＯ直轄プロジェクトという名の錦の御旗の前には、誰も抵抗することはできません。

(7) D社の数値責任の厳しさ……高報酬と背中合わせ

D社での数値責任の追及は厳しいものがありました。

でも、報酬と責任は見合うものがあったと社外に出て痛切に感じます。

退職金と年金……今、自然豊かな南予で、青果のMgrとしてお客様と楽しく触れ合い、自由に商売しながら過ごせるのも……企業戦士として家庭的には厳しい面もあったけど、D社で膨大な権限委譲と数値責任に向き合い、自主・自立・自己責任を意識し、常にプロを目指して義務を果たす努力を重ねてきたからかな……。

中内CEOが常々言っていました。

「スーパーを日本でも、アメリカのSMと同じように、社会的に高い地位の産業に引き上げる。まず、ダイエーを日本のリーディングカンパニーにして、従業員の給料もリーディングカンパニーにふさわしい処遇にする」

多分、当時給与水準は業界トップだったでしょう、今更ながら従業員思いの中内CEOに感謝です。

尊敬する中内ＣＥＯに共感して入社し、常に将来のロマンを共有しながら拡大・成長していく企業の中で、予算必達のための知力・体力を駆使してのハードワークは、報酬でバックアップされて全然気にも、苦にもなりませんでした。

予算にはCommitment（遂行責任）、数値結果には、必ず、Accountability（説明責任）を求められる。Ｄ社では当たり前でした。

「『売上』は全てをいやす」と社内では言われていました。

かといって、「荒利」が軽視されていたわけではなく、私のような中間管理職から見ても、売上以上に重要視されていました。

でも、売上なくしては荒利も生まれない。

それに、荒利は部門損益、経常利益の源泉ですから当然でしょう。

数値責任のラインは、

(1) 店舗ラインでは、①Ｍｇｒ→②店長→③エリアマネージャー→④関東営業本部長

(2) 商品部ラインでは、①Ｍｇｒ→②ＳＶ→③地域青果責任者（私）→④関東地区フーズライン商品部長・ＤＭＭ（全国青果部門責任者）→⑤フーズライン商品本部長

と責任が重くなります。

そして、各階層ごとに厳しく数値責任が問われます。

過去、不振店舗の店長が、なかなか改善されない業績に悩んだ末、自殺した例があるくらいです。

⑻「青果の掟」……売上予算達成率と荒利予算達成率の乖離は▲3％以内に収める

特に、D社ではフーズライン（食品部門）は会社の利益の稼ぎ頭だけに、期待も大きく、責任も重たかったです。

うろ覚えですが、D社の取締役が10人いれば、ハードライン（日用雑貨・電気製品）、ソフトライン（衣料品）は一人ずつ、フーズラインは4～5人と多かったです。

会社の利益への貢献度が大きいので当然でしょう。

食品の売上構成比が50％を超えている現在のＩＹとは異なり、当時、食品の構成比も小さく、利益貢献度が大きい衣料品の発言力が強かったＩＹと対照的です。

会社の利益の稼ぎ頭なだけに、フーズラインでは、荒利責任が一層厳しく問われます。

青果でも荒利は、Ｍｇｒレベルで、売上予算達成率と荒利予算達成率との乖離は、▲3％以内に死守しないといけません。

荒利率予算が25％だと、荒利予算達成率の4％が荒利率の1％に相当します。

売上・荒利の予算達成率の乖離を▲3％以内に死守せよということは、荒利率の低下を▲0・75以内に収めよということで、荒利率は、24・3％が最低ラインになります。

荒利は会社の経営成績、P／L（損益計算書）のボトムラインの経常利益に大きな影響を与えるから当然でしょう。

例えば、売上予算達成率が100％、荒利予算達成率が96％だと、乖離が▲4％で▲3％を超えるので、原因を厳しく追及されます。

これが恒常的に続くと、SVをMgrの指導・教育に集中させます。

SVは荒利が改善されるまで毎月、前月度の結果・進捗と次月度対策を私に報告します。

その上、毎週のBY・SV会議で、週間棚卸結果の荒利を進捗確認します。

私も時間を見て、SVの報告書を持って店舗巡回し、Mgrと進捗確認します。

数カ月しても改善が見られなければ、次回の異動でより小さな店舗へ移って修行のし直しです。

フーズラインでは、店舗での売上予算達成率と荒利予算達成率のギャップは、最終、商品部で埋めるのが会社の慣例です。

関東地区の店舗の青果Mgrの荒利ギャップは私が大部分を埋めなくてはなりませんから、私もMgrのレベルアップに必死です。

責任と権限、その分、Ｍｇｒの異動に対しても、青果部門の責任者の要望は大きく取り入れられます。

●荒利はマネジメント（管理）です。

適正発注、適正在庫、適正陳列量、初期値入をしっかり入れ、値下げや見切り・廃棄を適正に抑えてオペレーションしていれば荒利が確保できます。

マネジメント能力が不足していれば、教育・学習して高めるしかありません。

それでも長期間、改善が見られなければ、Ｍｇｒとしての適性に欠けます。

本人も店長から、ＳＶから、私から数値結果を問われ苦しいはずですから、面接して、まれですが社内で別の道を歩んでもらいます。

早いうちに適性を見極め、若いうちに別の道を用意してあげるのも、青果の先輩として、青果部門の責任者としての大切な仕事ですし、明日は我が身です。

(9) 他社に見る数値責任のあり方は……

勤務したローカルＳＭでも数値責任のあり方をいろいろ見てきました。

予算のCommitment（遂行責任）、結果に対するAccountability（説明責任）は経営トップの個性と管理能力のレベルが観察・判断できて、各社の経営会議の進行は実に興味深く、ワクワクしたものがありました。

ほとんどのローカルＳＭで、経営会議の営業報告で、売上・荒利予算達成率の乖離が▲３％どころか、さらに大きく乖離しても、荒利率で目標より2～３％以上低くても問題視されず、黙々と会議が進行していく「企業風土」の違いに驚きました。

あるローカルＳＭでは、「競合店が近くにできる。できたら売上前年比80％になる。今のうちに前年比１２０％に上げておいたら競合店が出店して前年比１００％に落ち着くだろう。エリアマネージャーと店長は対策を検討するように！」との指示です。

初めは「冗談だろう」と思って、気にもしませんでした。

店長会議で、担当店舗の店長が「売上前年比１２０％対策」を発表し始めて、開いた口がふさがりません。

この低成長時代に、それも近隣の競合店が閉店しても売上前年比110％伸びるかどうかなのに……と、エリアマネージャーと店長に同情です。

かと思えば、売上が長年、恒常的に前年比90％推移と不振なのに、荒利率アップと人件費を中心とした経費削減のみに議論が終始し、根本の売上・荒利対策には思いが及ばず、縮小均衡していくこの先「若い店長たちの将来は大丈夫かな」と一抹の不安がよぎったものです。

また、数値責任を担う人材不足も深刻でした。

Mｇｒならまだしも、荒利を稼ぐ能力の乏しい不適格な人間がＢＹにいるのも驚きでした。

案の定、シーズン終了間際の商品や過大な数量の送り込みで、部門全体の荒利が満足に確保できません。

その上、そのＢＹに対して的確な指示や指導を与えてやれない商品部長、やれやれ、この先どんなことになるやらと、気の重いことしきりでした。

荒利について経営幹部との面白いやり取りがありました。

①私が店長を指導しながらプロジェクトリーダーとなっている不振店立て直しの進捗報告を、経営会議で報告したときの出来事です。

私が、「売上対策のため荒利は率から額でコントロールしています。

率は1～1・5％くらい下がりますが、売上が8～10％前後増加するので、率が下がっても荒利額の予算を確保します。

稼働率80％の人件費も今の人員で120％稼働となり経費率が下がり、経常利益予算をクリアし、前年経常利益は前年以上に確保できますから大丈夫です」と説明しました。

すると、ある経営幹部が、「釈迦に説法ですが、率から額でうまくいった試しはありません。方針を修正したほうがいいのでは」との発言です。

でも、不振店対策の常套手段、これまで何十回も繰り返してきて結果を出してきたことです。

黙認して実行し、売上・荒利は目標を達成、経常利益予算もクリアし、結果を残しました。

さあ、月次の会議でどんな反応があるかと楽しみにしていると、私が指導した店長が表彰されただけで、荒利についての「率から額」についての言及はありません。

多分、過去に、「率から額」という耳触りのいい方針を実行しても、数値が改善されず、幾度も結果に裏切られてきたのでしょう。

結局、荒利をコントロールする技術を持っていない不安から出た発言だったのです。

②また、「D社は『安売り』するから、売上優先で荒利に関心が薄い」と発言する経営幹部もいて、こんな緩いマネジメントをしているのにと、苦笑いです。

「荒利に関心が薄いなんて、とんでもない誤解です。ディスカウントするので、その原資の確保と会社存続のための経常利益も出さないといけない。荒利責任の追及は厳しくて、緊張感の連続、胃潰瘍になる人も多くいましたよ。経費削減は単に人を減らすだけでなく仕組みでカバーしないとダメです。D社では、トータル経費削減のためのローコストオペレーションにかける執念は凄まじかったです。メーカーでもないのに、フーズラインの各部門にはメーカー顔負けのIE（Industrial Engineering）専門のオペレーションSVがいて、作業改善に取り組んでいました」とやんわり諭したものです。明日の見えない「単なる安売り」と仕組みとしての「ディスカウンティング」を十分理解していない発言ですので、理解できたかどうかは定かではなかったです。

在庫消化日数についても、各社いろんな考えがあるものです。荒利の歯止めのために、D社の青果部門では在庫消化日数は上限が1・5日、これを超えるとSVが指導に入りました。

現在、青果のMgrである私の在庫消化日数は平均0・8〜1・0日。あるローカルSMの標準在庫消化日数は2・0日ですから大きすぎて驚きです。

鮮度を重要視する青果部門で在庫消化日数2・0日が適正なわけはありません。売場を縮小、棚を抜く、上底など在庫削減の定番メニューを総動員して、スペースアロケーションで売場を適正化する必要があります。

掛け声だけでそのまま放置すると、値下げや廃棄の山ですよと、教育の機会にアドバイスするのですが、なかなか……企業風土が違うと宝の山にも容易に手がつけられない、戸惑いの連続です。

11 「週間販売計画」……三つの役割

A 「商品・売場づくり」標準化のツール

B 人材育成（Mgr教育）のツール

C TQCプロジェクトの最終仕上げ「体質改善」

何はともあれ、能力不足Ｍｇｒの能力をレベルアップしないと、回り回ってＴＱＣプロジェクト全体がレベルアップしません。

あわせて、プロセス軽視・結果偏重の悪しき「組織風土」を変えるチャンスです。

お客様の要望に寄り添い、正しいプロセスを踏んで数値目標を達成する望ましい「体質」の青果に変わる絶好のチャンスだと思うと、「ようやくここまで来た」と、込み上げるものがあります。

さて、関東地区のＭｇｒたちですが、10名Ｍｇｒがいると、優秀なＭｇｒが2名、平均レベルのＭｇｒが5〜6名、能力不足のＭｇｒが2〜3名くらいいるのが人員構成のイメージです。

①優秀Ｍｇｒ（2名）……「商品・売場づくり」、「数値管理」ともに、方針のはるか先を行きます。

②平均Ｍｇｒ（5〜6名）……方針に沿った「商品・売場づくり」ができ、一定レベル以上で、「数値管理」にも安定感があります。

③能力不足Ｍｇｒ（2～3名）……学習不足のため「商品・売場づくり」の出来映えが低く、「数値管理」も不安定で、方針よりも一歩遅れます。

点数で表現すると、今の全体の「商品・売場づくり」の「平均点が50～60点」だとします。能力不足Ｍｇｒの「商品・売場づくり」の点数を現在の「40～50点」から「50～60点」に底上げすると、全体の点数が「65～75点」にレベルアップするイメージです。

能力不足Ｍｇｒの課題は、二つあります。

①「商品・売場づくり」能力
②「数値管理」能力

のレベルアップです。

(1) 能力不足Mｇｒ対策……

①「商品・売場づくり」能力のレベルアップ策

一つ目の、①「商品・売場づくり」能力のレベルアップです。

「商品・売場づくり」のポイントは……、

①今売るべき商品が
②売るべき場所で
③必要なスペースを確保されて販売されている

ことです。

これが実現されていないため、お客様から見ると、欲しい商品が欠落・「品切れ」している・見つからない、魅力のない商品や不良品が並んでいるなどの売場の状況が生まれます。

一方、数値結果では、売れ筋の欠落や死に筋・品切れで売上の不振、死に筋や低回転の商品の氾濫で鮮度低下、値下げ・見切り・廃棄の多発で荒利不振です。

能力不足Ｍｇｒが、今のシーズンのあるべき「商品・売場づくり」に近い、一定レベル以上の「商品・売場づくり」ができて初めて、お客様に一定レベル以上のサービスを提供でき、数値結果でも目標をクリアできるのです。

⑵ＩＹの青果Ｍｇｒ教育……毎週、ＳＶがＭｇｒへ「週間販売計画」の作成指導

「商品・売場づくり」のレベルアップ方法については、「手がかり」がありました。

これも、ＢＹ時代、ＩＹの青果についてヒアリングで得た情報でした。

ＩＹの決まった数店舗を定期巡回して青果の売場を観察すると、不思議な統一感がありました。

各店、平台の棚割、陳列されている商品と陳列の場所、売場スペース、商品の規格・売価など「商品・売場づくり」が統一されているのです。

取引先からの情報によると、ＩＹの青果ではＳＶが毎週、担当地区のＭｇｒを集め、ＢＹが作成した「週間販売計画」をもとに、自店の「週間販売計画」を作成する会議を開いているらしいということでした。

会議の中でＭｇｒたちは、自店の売場で主要商品やシーズン主力の商品をどこで、何フェースとるのか、商品の規格・売価・商品づくり、販促資材、発注数量に至るまで詳細に打ち合わせをするとのことです。

この時、ＩＹは、近畿圏では、大阪府の堺東と兵庫県の加古川に新店を出していました。

ここでも、兵庫県の西の端の加古川市から大阪府の東の端の堺東まで2時間以上かけてＭｇｒを呼んで会議をしているという話でした。

でも、なぜ毎週、貴重な時間・費用を費やしてまでそんなことをするのか？

その時は……全店同じ「商品・売場づくり」をしようとしているな……くらいの印象でした。

ところが、自分がＴＱＣプロジェクト「野菜の価格と鮮度の改善」に取り組んできて、「お客様がどの店舗の青果で買物しても、一定レベル以上の『商品・売場づくり』のサービスを提供しなくてはいけない」と自覚したとたんに、疑問が解けたように思えました。

ＩＹは、どの店舗でもお客様に一定レベル以上のサービスを提供できるよう、毎週、膨大な時間をかけて「週間販売計画」の作成の教育・訓練を通じて、Ｍｇｒの人材育成を図っているのかも！

(3) 能力不足Mgrを再教育して戦力化し、結果偏重の悪しき「組織風土」から望ましい「体質」の青果に変える絶好のチャンス

D社の青果では、一部のMgrは「商品・売場づくり」能力や「数値管理」能力が足りなくても、売上・荒利が不振の時の数値責任の追及を避けるため「主要野菜」や「シーズン主力商品」の安易な値上げという「お客様軽視」の販売行動で数値改善を図り生き延びてきました。でも、今は、TQCプロジェクトが安易な値上げという「お客様軽視」の販売行動を許しません。

基本業務の習熟のための地道な学習努力を怠ってきたMgrですが、再教育によって重要な戦力になり得る可能性はあります。

プロセスよりも結果偏重の「組織風土」で、Mgrの学習努力の怠慢を許してきた会社にも責任があります。

能力不足に気づきながら、長期間そのまま放置されてきたという意味では、能力不足Mgr

はそのような「組織風土」の犠牲者であるかもしれません。

会社はいざ知らず、青果部門のＴＱＣプロジェクトの下では、お客様の要望に寄り添った正しいプロセスを踏んで、売上・荒利の数値結果を出すことが求められます。

青果部門だけでも、お客様の要望に沿って正しいプロセスを踏んで結果を出す、望ましい「組織風土」に根本的に「体質」を変える絶好のチャンスです。

「組織風土」・「体質」が変われば意識・行動も変わる……実に、画期的なことです。

ともあれ、能力不足Ｍｇｒの「商品・売場づくり」能力のレベルアップには、実際にＩＹが実践しているＭｇｒの教育・訓練のための「週間販売計画」の作成が一番効果的なようですし、全体のレベルアップにもなります。

また、「週間販売計画」の作成には、チェーンストアが目指すべき「商品・売場づくり」の標準化（底上げ）という側面もあります。

「標準化」というと、すぐ「画一的」と発想しがちですが、そうではありません。

私たちが取り組んでいるＴＱＣプロジェクト「野菜の価格と鮮度の改善」そのものが、立派な標準化（底上げ）の手順です。

「顧客志向」に沿って①「考え」、②「判断」し、③「行動」するというベクトルから、青果の

「体質」を大きく「ブレ」なくするための一連の手順を、標準化（底上げ）と表現してもいいでしょう。

早速、ＴＱＣプロジェクト会議でもＩＹのＭｇｒ教育方法を見習って、教材となる「販売計画」の必要な内容を検討して、私たちのやり方でスタートしようということになりました。

⑷　ＩＹを参考に自前のＭｇｒ教育の仕組みと内容を探る

ＢＹが作成する「週間販売計画」については、内容に程度の差はあれ、Ｄ社の青果でも全国各地域でＢＹが「ウィークリー」と称して「週間販売計画」に近い「販売計画書」を作成、Ｍｇｒに毎週配布していました。

内容は、各週の、

①売出商品、インプロ商品、シーズン主力商品の平台での「売場展開」例
②各売出・インプロ・シーズン主力商品のメニュー（規格、原価、売価など）

です。しかし、その「販売計画書」はＭｇｒへの売場づくりの参考（アドバイス・ガイダンス）といった性格のもので強制力はないものでした。

「ウィークリー」を見る・見ない、活用する・しないはＭｇｒの自由裁量に任されていました。

ＢＹが懸命に作成した売場展開計画、取引先と商談して作成した売出・インプロ・シーズン主力商品（原価・売価）リストなどは有益で、貴重な情報です。

活用するＭｇｒとそうでないＭｇｒでは、数値や長い期間で能力に大きな差が出ます。

以前から、ＢＹの努力の結晶の「週間販売計画」を、なんとかＭｇｒ全員に活用させる方法はないものかと考えていました。

今ようやく、願いが叶います。

ＢＹは今までは「週間販売計画」を作成しても、ある意味、情報提供者としての役割だけで気が楽でした。

ＳＶのように、売場づくりや発注指導、差益管理などの「数値管理」指導など、Ｍｇｒの営業活動まで踏み込んでいませんでした。

「週間販売計画」は、

①発注する商品を売場でどのように展開するかを示した「売場展開計画」

②発注した商品で目標の売上・荒利を達成させるための発注数量・発注金額・値入率

などをまとめた「数値計画」

で構成されるのが一般的です。

SVがMgrを指導するガイダンスとなる「週間販売計画」です。BYが作成するリニューアル版の「週間販売計画」は、能力不足Mgrがその通りに実行しても60～70点の結果が残せるように、内容の改善・充実、精度アップ、さらにBYの真剣さ・本気度が要求されます。

当然、BYは①の「売場展開計画」に加え、②「数値計画」の作成も要求されます。BYは標準店舗のMgrになったつもりで、本気で「売場展開計画」を作成し、売出し商品と主要なインプロ商品の発注数量のガイダンスとなる「数値計画」まで示さなくてはなりません。

SVが担当地区のMgrを毎週集めて、BY作成の「週間販売計画」に基づいて指導を行い、Mgrは自店の「週間販売計画」を作成、売場で実行することになります。

毎週末の「週間販売計画」だけでも、前週の結果反省と改善、次週の計画のPDCAサイクルを回せば、年間52回のケーススタディを学ぶことになり、能力不足Mgrの能力の底上げに繋がることが確信できます。

また、優秀Ｍｇｒや標準Ｍｇｒは、自力で情報収集・組み立ててきた「販売計画」の基本作業から解放されるので、余裕時間をさらに「販売計画」の内容充実・精度アップに費やすことができ、さらに自己の能力をレベルアップできます。

「週間販売計画」は「商品・売場づくり」の「標準化（底上げ）」のツールであると同時に、人材育成の「標準化（底上げ）」のツールでもあるのです。

(5) 能力不足Mｇｒ対策

②「数値管理」能力対策……「発注精度」を高める

二つ目の「数値管理」能力のレベルアップ対策です。

これは、お客様に関係ないようですが、Mｇｒの未熟な「数値管理」の結果、主要野菜などの値上げとなって回り回って「つけ」がお客様に行かないようにするための内部対策です。

●「数値管理」能力は、結果として売上・荒利・在庫を発生させる「商品管理」能力の中の「発注精度」と密接な関係があります。

「販売計画」の中の「売場展開計画」が「器」であれば、そこに入れる商品の「数値計画」が「中身」です。

売上・荒利目標を達成するため、高い精度で発注した売出・インプロ商品を組み合わせた「数値計画」をもとに、さらに「売場展開計画」で具体的に商品展開できれば、目標の売上・荒利・在庫が実現でき、「数値管理」上、なんら問題はありません。

高い精度の「数値計画」を作成するキーになるのが「発注精度」です。

現役のＭｇｒとして、「数値管理」能力を高めることは、Ｍｇｒの発注能力、「発注精度」を高めることだと言い切っても過言ではありません。

⑹ 在庫の多いＭｇｒ……ＳＶの頭痛の種

関東地区で野菜のＢＹをしていた頃、各店舗のＭｇｒの週間棚卸の野菜の売上・荒利・在庫の数値を眺めながら、Ｍｇｒのマネジメント力の差で数値が大きくバラついているのが印象深かったです。

荒利が取れていない、在庫が多いＭｇｒについて担当ＳＶに「このＭｇｒは競合もきつくないあの店で、なんで荒利が取れんのですか？」と質問すると、ＳＶは記帳している担当店舗の全店の差益管理表を広げながら説明してくれたものです。

「辺ちゃん、このＭｇｒはなぁ、どこで売るかも考えずに安いからといって、どっと取るのよ。過剰在庫で低値入、不良品の山から出る見切りと廃棄で挙句の果てがこの荒利と在庫」

「このＭｇｒはＢＹのインプロメニューリストを見ても、この売価でこの商品が何個売れるか摑めてないのよ。売上を作る商品、荒利を稼ぐ商品が見極められず、まんべんなく仕入れてこの有様……原因はわかっているのに、なかなか治らん。なんかいい方法はないか……」と聞かれるたびに、ＩＹのＭｇｒ教育の方法を説明したものです。

●ＳＶの嘆きの中に原因が示されているように、要は、「売場展開計画」と「数値計画」の要である発注精度の問題です。

このＭｇｒが荒利をしっかり稼げるＭｇｒかどうかは、在庫と売場の品揃えとレイアウトを見ればすぐわかります。

まず、「発注精度」。

バックルームや冷蔵庫の中の商品の種類と在庫の量、整理整頓・在庫への日付記入（先入・先出）など在庫の管理状態です。

冷蔵ケース上段・中段に陳列する回転の遅い小物野菜や果物が数多く在庫されているようでは……。

後は、「売場展開計画」。

売場に出て、商品が一番回転する平台のエンドや冷蔵ケース下段で、何を、どのように、いくらで販売しているか見れば、Ｍｇｒの力はおおよそわかります。

上段・中段で売られるべき商品が、上段の４倍も販売力のある下段や平台エンドで売られているようでは売上・荒利の確保はおぼつかないでしょう。

ＳＶに質問して感想を述べていたＢＹ時代と違って、今は関東地区の責任者。

この悪しき習慣を持っているＭｇｒを私自ら再教育してレベルアップさせないと、彼らの荒利のギャップは私が埋めなければなりません。

「数値管理」能力のレベルアップについても、「いとぐち」がありました。

本社勤務時代に、関東地区のある店舗で運営されていた植物工場の管理責任者だったため、3代にわたる3人のＭｇｒの商売を開店から閉店まで身近に観察でき、関東地区の責任者として店舗巡回の中で多くのＭｇｒの商売を観察しました。

売上・荒利がしっかり稼げるＭｇｒとそうでないＭｇｒはなるほどと、いろいろ印象深い出来事を見てきたからです。

(7) 3代にわたる3人のMgrの商売を身近に観察！……興味深い冷蔵庫とバックルーム（作業場）の在庫の変遷

観察したのは、青果の月間売上高3000万、荒利率23％、売場面積100坪以上のF店舗でした。

郊外型店舗のため週末と平日の売上落差が大きく、売上規模に対して売場面積がやや過大な店舗で、売場のロス対策が重要な課題です。

Mgrにとっては、売上に加えて荒利確保の面でやや難易度の高い店舗でした。

興味深いのは、3代にわたってMgrが代わるたびに冷蔵庫の中とバックルーム（作業場）の在庫が激変していく様です。

お分かりでしょうが、商品劣化の激しい生鮮の商売では在庫の額と荒利は反比例します。

1 ⒶMgr（1代目）……

冷蔵庫の中は各種の在庫でいっぱいです。

大型商品は言うに及ばず、冷蔵ケースの上段や中段に陳列する回転の遅い小物商品も野菜・果物とも陳列しきれず、まんべんなくあります。

大型要冷商品までもが冷蔵庫に入りきらず、バックルーム（作業場）の壁面に他の非冷商品と一緒に背の高さまで積み上がり、荒利が心配です。

売場は目いっぱい埋め尽くされ、在庫は200万以上、在庫消化日数はゆうに2日を超える在庫の山を見ながら、どうやって減らすのか気が重くなります。

広い売場にまんべんなく積むせいか、鮮度チェック後は鮮度劣化品がコンテナの山です。

後ろ向きの作業も見ていて嫌になります。

2 Ⓑ Mgr（2代目）……

ⒶＭｇｒからⒷＭｇｒに代わりました。

要冷商品は冷蔵庫に収まり、小物商品もほぼ冷蔵ケースに陳列されて収まり在庫は少しです。

バックルーム（作業場）の在庫を見ても回転率の早い商品のみで、1代目に比べて安心感があります。

在庫の額も150万円前後、在庫消化日数は1・5日と適正です。

3 ⒸMgr（3代目）……

ベテランのⒸＭｇｒに代わりました。

冷蔵庫の中はさらに在庫が減りました。

夕方冷蔵庫を覗くと、品切れ防止のためキャベツ、レタス、大根などの主要野菜の在庫が1〜2ケース冷蔵庫の片隅に台車に載せられ、こぢんまりと固まっています。バックルーム（作業場）はほとんどもぬけの殻です。

15時くらいになると、パートタイマーは冷蔵庫の中とバックルーム（作業場）のモップがけを始めます。床はいつもピカピカです。

在庫の額は100万円前後、在庫消化日数は1日未満。

「在庫が少ないな」と聞くと、「青果の発注体制はOTDT（Order Today Deliver Tomorrow）ですから、今日夕方発注すれば、明日7時には商品が入荷します。在庫を持つ必要はあまりありません」との答え、納得です。

●清掃が落ち着くと、ⒸMgrはおもむろにB4サイズのファイルを取り出し、売場レイアウトが描かれている「売場展開計画書」を広げます。

BYからの「ウィークリー」や発注書を広げて、明日の売出商品やインプロ商品を売場レイアウトに落とし込み、翌日の「売場展開計画」を作成します。

商品を並べる場所・スペース・売価、販促物、試食まで決めてあります。

朝になり、出勤した社員やパートタイマーを観察していると、掲示してある本日の「売場展開計画」を眺めながら黙々と作業を進めます。皆、自分の作業分担がわかっているようです。商品と人を上手に、効率よく回しています。

3代にわたる3人のMgrの商売について、売場と舞台裏の冷蔵庫・バックルーム（作業場）の在庫を時系列に観察し、商売の組み立て方のレベルにこんなに個人差があるものかと感慨深いものがありました。

売場と在庫量という現象面だけでなく、売上・荒利の数値に結果がはっきり出ています。関東地区から本社に送られてくる50店舗の野菜・果物別の週間棚卸結果の売上・荒利・在庫一覧表で、ⒸMgrの数値と他のMgrの数値を比べてみて、「うーん」と思わず唸ります。

⑻ 有能なベテランＭｇｒに見る二つの能力……
①発注精度（販売数量を正確に見抜く力）
②販売計画力（棚割、発注、作業計画）

関東地区の責任者になって店舗巡回する時は、

①開店前に入店し、前日の商売の後始末の状況と鮮度低下品の処理状況や開店準備作業の進捗観察、または、

②夕方入店し、夕方商売の確認と翌日の発注やＭｇｒの「売場展開計画」が確認できる時間帯に重点的に回るように心がけました。

ベテランというか、優秀Ｍｇｒを観察していると、なぜ売上目標を達成しながら荒利も確保し、在庫を絞れているのかよくわかります。

優秀Ｍｇｒの「数値管理」能力の特徴は、二つの［力］、①［発注精度］と②［計画力］です。

①一つは、個々の商品について、この商品ならいくらの売価で何個売れると見極められる力、高い発注精度です。

②もう一つは、BYの売出・インプロ商品メニューの中から、売上対応商品と荒利対応商品とを見極められること。

その上でまず、目標の売上・荒利を達成するために発注した商品を組み合わせて「数値計画（販売数量・売上金額・値入率）」を作成。

同時にこれらの商品を売場で具体的に展開するための「売場展開計画」に落とし込み、商売全体として「販売計画」に仕上げられる力、計画力です。

ベテランⒸMgrの仕事ぶりで見たように、各単品を売場レイアウトに落とし込んだ「売場展開計画」はそのまま「作業指示書」に早変わりしました。

従業員が10名以上もいると各人への作業指示も大変ですが、「売場展開計画書」のおかげで、朝礼で役割分担を指示するだけで仕事がスムースに回ります。

商品や数値の計画だけでなく、商品や売場を動かす作業計画も重要な計画です。

⑼ ベテランMｇｒの販売計画の内容……

①「売場展開計画」（器）
②「数値計画」（中身・商品）
③「作業計画」（M／H）

各ベテランMｇｒが独自に、様々に工夫して計画実施していた「販売計画」のエッセンスを凝縮すると「販売計画」の中身は「売場展開計画」と「数値計画」、そして「作業計画」です。ようやく、Mｇｒを教育するための「販売計画」の中身が決まりました。多分、ＩＹの「週間販売計画」の内容も似たようなものでしょう。

⑴　「売場展開計画」兼「作業計画」……内容は、当たり前ですが……
①何を、②売場のどこで、③どのような商品づくり（規格・売価）で、④どれくらいのスペースを取って、⑤どのような販売方法（販促物・試食）で……販売するか。

(2)「数値計画」……内容は……
①数量計画（ユニットセールスプラン・何個販売する）
②金額計画（ダラーセールスプラン・売上目標）
③値入計画（売出商品とインプロ商品の値入ＭＩＸ・荒利目標）

(3)「検証項目」
①実績……売上、販売数量、値入率
②発注精度……売上構成比、消化率、ＰＩ値（後述）

優秀なＭｇｒはどうして実績を残せるのか？

自分のＭｇｒ経験と重ね合わせて自問自答し続けると、答えは一つ、基本の「販売計画」を地道に、忠実に繰り返し行ってきたから！

発注精度もいきなり高まったわけではなく、数え切れない数の販売計画を作成して、売場に落とし込み、ＰＤＣＡサイクルを回しながら数多くの失敗を重ね、様々なケーススタディで知識と経験とノウハウを積み重ね、蓄積してきた結果です。

⑽「数値管理」能力のレベルアップ策……「発注精度」を磨く！

過剰在庫や死に筋は夜中にこっそり、黙って一人で忍び込んでは来ません。

Ｍｇｒの発注の意思決定の結果であり、適正な販売数量からかけ離れた発注が原因です。

Ｍｇｒの発注精度が低い……相場で変動する売価ごとの売れ数をあまり摑んでいないから。

「数値管理」能力が低いのは、「販売計画」を作成するという基本業務を怠り、主要商品の各値ごろに応じた売れ数データの蓄積不足なのです。

発注精度が低いということは、過剰発注の逆の過小発注では、「品切れ」でお客様に迷惑をかけているでしょう。

青果の野菜や果物は日配商品やドライ商品と違って、天候による不作・豊作で、納入原価となる相場価格が日々目まぐるしく変動するので、店舗での売価も日々変動し、安定している期間は短いです。

同じ生鮮の精肉や鮮魚とも大きく異なります。

また、同じ商品・同じ売価でも季節が変わるとお客様の需要が変わるので、当然、売れ数が変わります。

ここに青果の商売の難しさが有り、各商品のシーズンごとの売価に応じた売れ数を把握していることが青果Ｍｇｒの必須条件です。

Ｄ社では、月初めの一の市のように月間２回の大型販促企画を実施していました。

荒利不振の原因となる過剰在庫は、一の市などの大型販促企画での過剰発注が大きな原因となっていました。

通常の商売では、商品の売価や販売場所が変わらないので、売れ数があまり変化せず、発注数量を決めるのは比較的容易です。

ところが、一の市などの大型販促企画では、集客のため売価が強化され、大幅に安くなります。

例えば、通常売価１５８円のきゅうりが、その日は98円と大幅に安くなります。

大量に売れるので、補充頻度を減らす作業面からも、販売数量に応じて別の場所で通常よりも広いスペースを確保して販売する必要があります。

優秀なＭｇｒはこれまで作成してきた数多くの「販売計画」での発注経験の蓄積から、この売価で、この場所、このスペースでは何個売れるという方程式ができていて、簡単に、高い発注精度で販売数量を予測できます。

ところが、経験不足の新人Ｍｇｒや「販売計画」作成など地道な学習努力を怠ってきた能力不足Ｍｇｒは、必要な知識・経験の蓄積がないため、発注数量が適正な販売予測数量から大きくぶれます。

一般的なＭｇｒの心理からすると、「品切れ」を恐れ、過剰発注になる傾向があります。通常販売量を超える過剰在庫は、売価を値下げして処分するか、そのままだと販売に日数がかかるので鮮度劣化での見切りや廃棄につながり、いずれにしても荒利を悪化させます。

●高い発注精度とは、変化する売価と販売場所とスペースに応じて、適正な販売予測数量を導き出せる能力と言ってもいいでしょう。

⑾ 優秀Ｍｇｒの「数値計画（数量・金額・値入）」の作成手順

優秀Ｍｇｒの、一の市などの大型販促企画での「数値計画（数量・金額・値入）」の作成手順は、概ね、次の通りです。

⑴ 数量コントロール（ユニットコントロール）

■過去の販売計画の単品実績例から、商品・売価・販売場所・スペースを考慮して発注 数量 を予測

⑵ 金額コントロール（ダラーコントロール）

■単品の過去の売上構成比を参考に、売上予算構成比で発注 金額 の妥当性を見る

■平台に積まれる主力野菜だと野菜の売上構成比で2～3％、果実は主力のりんご、バナナ、いちごなどは売価に応じて

10～20％

■また、過去の数値を参考に売出商品・インプロ商品のバーゲンハンター率を見て、品目の加減調整。合計値入率を見てインプロ売価の調整など

優秀なＭｇｒが今あるのは、「販売計画」（「売場展開計画」と「数値計画」）の習熟を重ねてきたからです。

このように、「販売計画（『売場展開計画』と『数値計画』）」の作成・検証のＰＤＣＡサイクルを回し、このプロセスを月2回、年間24回、「週間販売計画」を加え、さらに年数をかけて習熟を重ね、主要品目の豊富な発注データを重ねていけば、発注精度は間違いなく上がります。

私もそうでしたが、大多数のＭｇｒは、明日の引き継ぎのため、いちいち文章で指示するのは面倒なのでビジュアルな「売場展開計画」書を作成して指示します。

明日の売出商品やインプロ商品をどこに陳列して、いくらで販売してくださいと、ＰＯＰなどの販促物も含め「売場展開計画」が掲示されているのは、よく見かける風景です。

あと、ＢＹ作成の「数値計画」ガイダンスを参考に「数値計画」の精度を上げながら、「販

売計画」作成の地道な努力の積み重ねです。

何はともあれ、能力不足Ｍｇｒを底上げするための教育の仕組みと「販売計画」の内容が整い、スタートです。

⑿ 販売計画作成の基本手順

よくよく見ると、優秀なＭｇｒの販売計画の作成の手順は、チェーンストアの商売の基本に忠実な手順を踏んでいるのがわかります。

■販売計画の基本手順……

①棚割→②発注→③作業計画……この三つです。

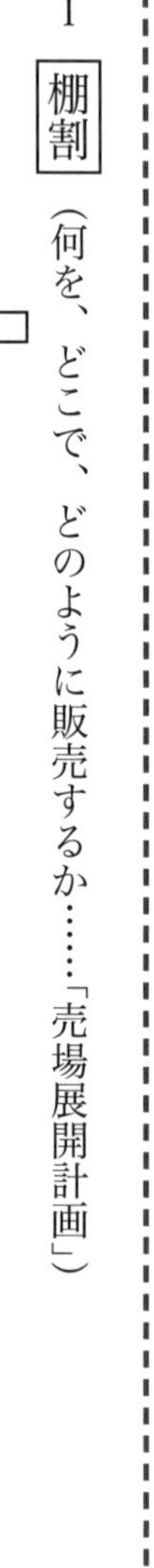

1 棚割（何を、どこで、どのように販売するか……「売場展開計画」）

2 発注（何を、いくらで、いくつ販売するか……「数値計画」〈数量・金額・値入〉）

3 作業計画（総労働時間、勤務シフト、役割分担、作業割付）

■ＳＶが嘆いていたＭｇｒ２人……

①どこで売るか商品の売場展開も考えず、安いとなんでも発注する棚割なしのＭｇｒ

②売れ数がきちんと把握できていないため、品切れ不安からまんべんなく取る発注精度の低いＭｇｒ

……教育のツールができてＳＶの悩みもようやく解決に向かいます。

私たちにとっては、「販売計画」は、ＴＱＣプロジェクトの「野菜の価格と鮮度の改善」で行ってきた様々な具体策を組み合わせ、積み重ねた集大成、営業活動の「総合力」とも言うべきものです。

特に、「週間販売計画」は、52週の各週の販促計画やＭＤプランを売場に落とし込んで実行していくための、商売の基本のツールです。

適切な「売場・商品管理」や「数値管理」、「労働時間管理」を行い、お客様に一定水準以上の商品・サービスを効果的に、効率よく提供するために不可欠なツールです。

⒀ ＰＩ（Purchase Incidence）

「発注精度」を高めるためのツールが、ＰＩ（Purchase Incidence）という指標の活用です。

ＩＳＭ（In Store Merchandising）を進めていくと、「発注精度」を高めるのに有効なＰＩ（Purchase Incidence）というツールがあることを知りました。

資料18　ISM（In Store Merchandising）（２１９頁）の下段にＰＩ（Purchase Incidence）（千人当たりの単品売れ数）単品支持率とあるのがそうです。

A店、B店のＰＩが例示されています。

A店は「客数」３５００人で巨峰の販売数量が４２０パック、B店は「客数」１６００人で巨峰の販売数量が２４０パックです。

一見すると、B店の販売数量２４０パックに対してA店の販売数量４２０パックは、数量が多いため高く評価されがちです。

ところが、千人当たりの単品売れ数（単品支持率）ＰＩで見ると、A店のＰＩは１２０ですがＢ店のＰＩは１５０で、Ａ店よりも高く、実際はＢ店のほうが評価は高くなります。

ＰＩは、販売数量の大小を千人当たりに換算し直し、[単品支持率]という基準で公平に評価するための方法でもあるのです。

分母に「フーズレジ通過客数」、分子に単品の売れ数を当てはめ、ＰＩ[単品支持率]を計算して活用すれば、「発注精度」の向上に役立つことが分かりました。

特に、客数が２倍以上に増える一の市などの大型販促企画の販売計画を立てる時の発注指標としては最適です。

過去に実施された一の市などの大型販促企画の販売計画の実績を集計して、主要単品のＰＩ値[単品支持率]を蓄積しておきます。

次回の大型販促企画実施時には、「フーズレジ通過客数」を予測してＰＩ値をかければ、精度の高い発注数量が予測できます。

実際、天候で「客数」がぶれても、「フーズレジ通過客数」を予測して、精度の高い主要単品の発注数量が予測でき、発注予測の精度向上に大いに役立ちました。

天候で「フーズレジ通過客数」はぶれても、ＰＩ[単品支持率]値はあまりブレないのです。

何はともあれ、能力不足Ｍｇｒの能力不足を解消するための方法とそのためのツールも見つかりました。

全国TQCプロジェクト会議で、青果部門、一丸となって、全店で52週、「週間販売計画」のPDCAサイクルのスタートが決まりました。

全国TQCプロジェクト会議では、本社から次週の「週間販売計画」の概略が、出席メンバーの地域責任者・SVに提示され、これを受けて地域のBYは、毎週、関東地区であれば関東地区に合った「週間販売計画」（「売場展開計画」と「数値計画」）ガイダンスを作成して、SVに提示します。

SVは、毎週、担当地域のMgrを集めて、BY作成の「週間販売計画」をもとに、Mgrが作成する自店の「週間販売計画」の作成指導をします。

Mgrは作成した「週間販売計画」を自店で実施し、SVはその週の各店の結果・反省と改善提案を持って、翌週の全国TQCプロジェクト会議に出席します。

全国TQCプロジェクト会議では、SVの前週の報告を受け、前々回に受けた改善提案を盛り込んだ「週間販売計画」が提示されます。

同様の内容が、地域でもBYとSVとの間で行われてPDCAサイクルが回され、Mgrに提示される「週間販売計画」の精度が上がり、能力不足Mgrの強力なサポートになります。

⑫ Mgr作成の「週間販売計画」の

①計画と実績の検証、

②継続実施の効果の実例

(1) 長崎店Mgrの精度の高い「週間販売計画」書……「売場展開計画」と「数値計画」の計画と実績の検証

資料23 販売計画書―長崎店―日曜一の市 は実際に長崎店のMgrが作成した「販売計画」書です。

Mgrは、過去の販売計画を振り返りながら、この「日曜一の市」販売計画を作成しました。この販売計画書の中に、私たちが実施してきたTQCプロジェクトの具体策のほぼ全てが凝縮されていると言っても過言ではありません。

右半分が「数値計画」で、品目別の枠の中の上段がこの販売計画の計画、下段が実績です。常に計画と実績を比較して検証を行い、計画の精度を上げます。

①数量計画……発注数量、PI（単品支持率）

資料23　販売計画書 ― 長崎店 ― 日曜一の市

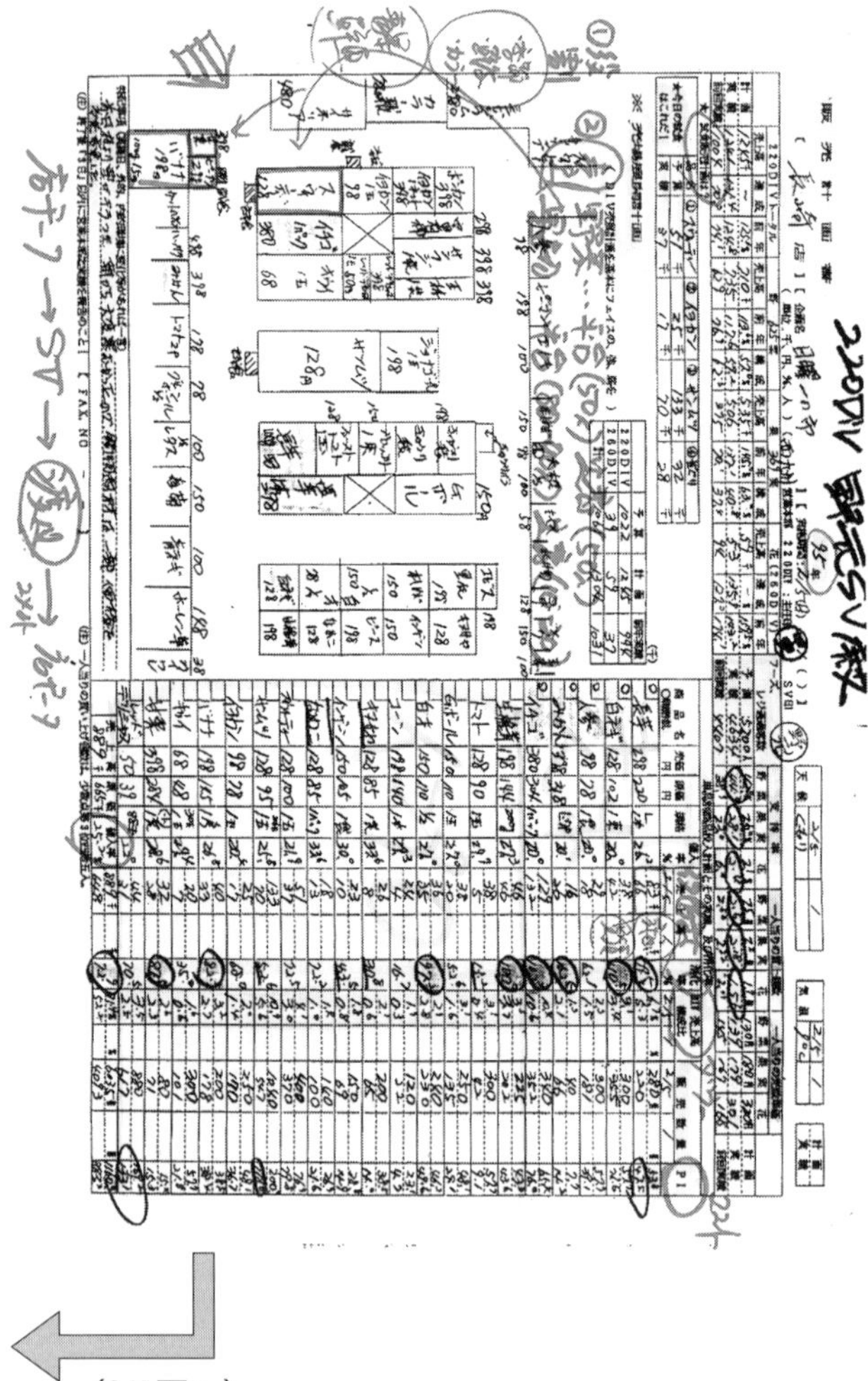

（341頁へ）

資料23の左半分「売場展開計画」を拡大したもの

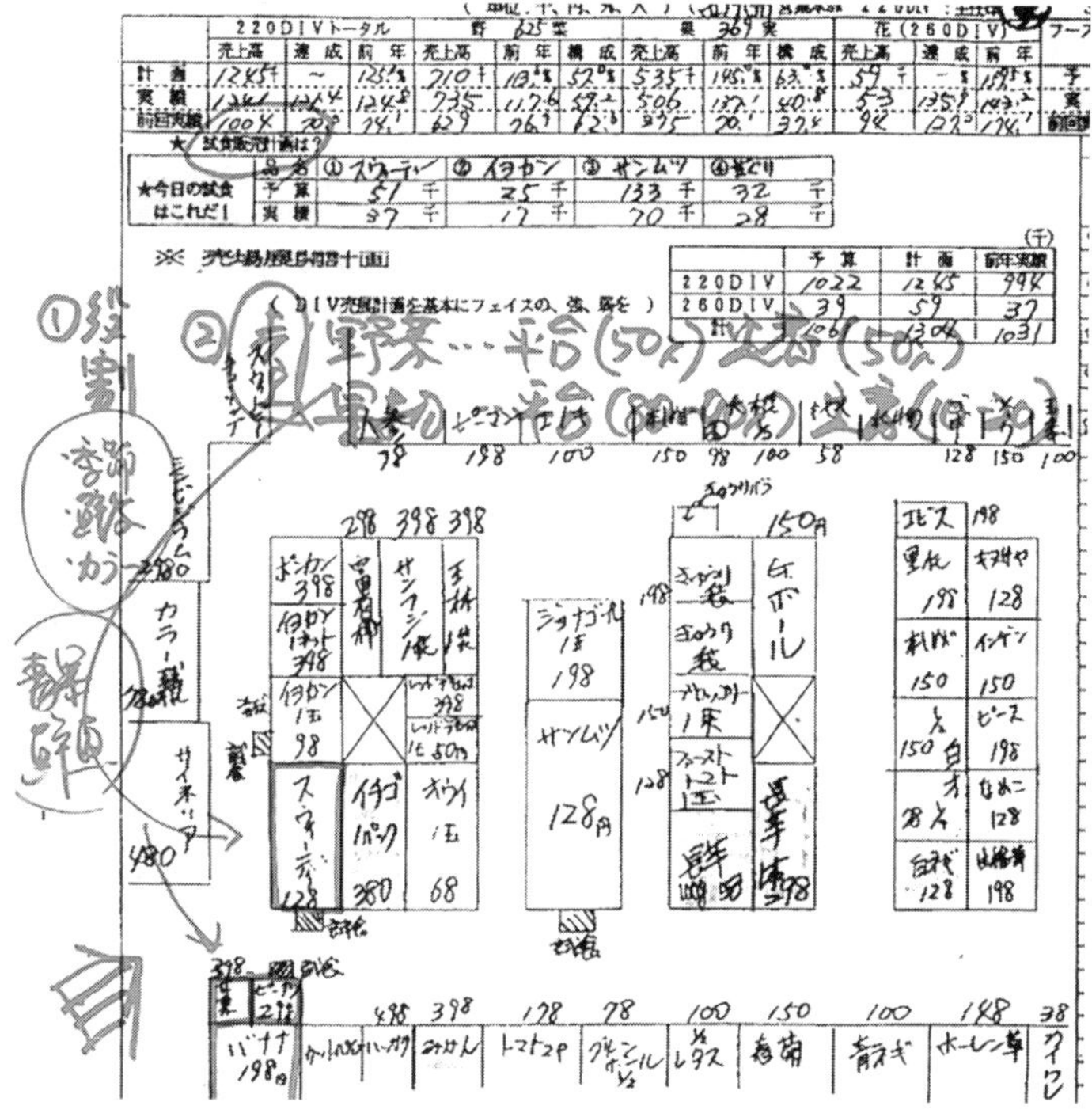

	220DIVトータル			野 625 菜			果 369 実			花(260DIV)			フーズ
	売上高	達成	前年	売上高	前年	構成	売上高	前年	構成	売上高	達成	前年	
計画	1245千	~	125.1%	710千	103.5%	57.0%	535千	145.0%	63.0%	59千	-%	159.5%	予
実績	1261	126.4	124.8	735	117.6	57.2	506	137.1	40.8	53	135.9	143.2	実
前回実績	1004	70.0	74.1	629	76.3	72.6	375	70.1	32.4	94	122.0	174.1	前回

★試食販売計画は？

★今日の試食はこれだ！	品名	①スウィーティー	②イヨカン	③サンムツ	④甘ぐり
	予算	51千	25千	133千	32千
	実績	37千	17千	70千	28千

※ 売場展開計画

（DIV売展計画を基本にフェイスの、強、弱を）

（千）

	予算	計画	前年実績
220DIV	1022	1245	994
260DIV	39	59	37
計	1061	1304	1031

②売上計画……発注金額、単品売上構成比
③値入計画……単品値入率
④検証項目……各計画数値・実績、消化率

左半分が「売場展開計画」……。

何を、いくらの売価で、どこで、どれくらいのスペースで他、試食の商品は何で、実質、「作業計画」にもなっています。

1 TQCの重要指標……「フーズレジ通過客数」・「支持率」・「1人当たり買上個数」

数値計画の上の「右上段」には野菜・果実・花別に、TQCの重要指標である「フーズレジ通過客数」、「支持率」、「1人当たり買上個数」「売れ数単価（一品単価）」について今回の計画と実績、前回の実績の数値があります。

「フーズレジ通過客数」、「支持率」、「1人当たり買上個数」、「売れ数単価（一品単価）」の四つの指標を予測して掛ければ、野菜・果実のおおよその売上見通しが立ちます。

売上が悪かった、良かった時に、単品の売上実績だけでなく、「支持率」、「1人当たり買上個数」の計画・実績からも、お客様の支持はどうだったとお客様の視点からも評価できます。

笑い話ではないですが、青果Mgrの客数予測は精度が高く、店長がMgrに「今日は何人くらいの客数かな？」と聞くくらいです。

高い精度の販売計画を立てることのできるMgrは、それほど基本データの蓄積が深いのです。

2 売上を稼ぐ商品、荒利を稼ぐ商品の見極め

「数値計画」の中の上の方の○がついた「長芋」から「いちご」までの品目は売出商品で、その下の品目がインプロ商品です。

「日曜一の市」という価格強化型の販促企画なので、売出商品の低値入を、BYの「週間販売計画」のインプロメニューの中から荒利の稼げる商品を見極めて一緒に販売してカバーしています。

値入率の欄の最下段に、値入率25・2%とあります。

荒利率予算が25%くらいだったと思いますから、この価格強化型の販促企画で初期値入25・2%は十分すぎるでしょう。

3「数値計画」の検証……「いちご」……高い発注精度

数値計画の上から5段目の「いちご」の計画と実績を見ていきます。

まず、「いちご」の発注精度を見ます。

数量計画の発注数量３４０パックに対して、販売実績は在庫も含めて販売したため３５２パックとなっています。

売上計画では、売上構成比の計画が10・４％となっていますが、実績は10・６％です。

「数値計画」の中の「数量計画」、「売上計画」ともに極めて高い発注精度です。

他の商品も同じです。

次に荒利・在庫への影響が大きい消化率です。

売場陳列在庫も消化したので消化率は１０２・３と非常に良好です。

この消化率では、在庫まで吐き出して販売していますから、閉店時には売場はかなりの品薄状態です。

でも、「いちご」のように鮮度劣化が激しく、果実の荒利に悪影響を及ぼすものの在庫は

資料23の右半分「数値計画」を拡大したもの

	レジ通過客数	支持率 野菜	支持率 果実	支持率 花	一人当りの買上個数 野菜	一人当りの買上個数 果実	一人当りの買上個数 花	一人当りの売数単価 野菜	一人当りの売数単価 果実	一人当りの売数単価 花	
予測	5200人	40.5	25.0	2.1	2.5	2.3	1.7	130円	180円	320円	計画
実績	4634	44.[illegible]	28.1	2.0	2.5	2.18	1.56	139	179	301	実績
前回実績	4407	38.1	23.0	6.0	2.5	2.2	2.01	145	167	168	前回実績

単品別商品投入計画とその実績、及び消化率

商品名 ○戦略計画	売価 円	原価 円	規格	値入率 %	売上高 2/5	売上高 /	消化率 %	DIY売上高構成比 2/5	/	販売数量 2/5	/	PI
○ 長芋	298	220	L 1本	26.2	83千 66		79.5	6.7% 5.3		280個 220		53.8 42.5
○ 白ネギ	128	102	1束	20.0	38 42		110.5	3.1 3.4		300 355		57.7 76.6
○ 人参	98	78	1袋	20.0	29 18		62.1	2.3 1.5		300 181		57.7 39.1
○ みかん	398	318	ビP	20.1	16 26		162.5	1.3 2.1		40 66		7.7 14.2
○ イチゴ	380	304	1パック	20.0	129 132		102.3	10.8 10.6		340 352		65.4 76.0
生椎茸	198	144	200g	27.3	46 46		100.0	3.3 3.7		225 202		43.3 43.6
トマト	128	90	1玉	29.7	38 5		13.2	3.1 0.4		300 42		57.7 9.1
Gボール	150	110	1玉	27.0	38 20		52.6	3.1 1.6		250 135		48.1 29.1
白才	150	110	1/2	27.0	36 35		97.2	2.1 2.8		280 230		46.2 49.6
コーン	198	140	1本	29.3	24 4		16.7	1.9 0.3		120 52		23.1 4.7
キヌさや	128	85	1袋	33.6	26 8		30.8	2.1 0.6		200 65		38.5 14.0
インゲン	150	105	1袋	30.0	23 10		43.5	1.8 0.8		150 69		28.8 14.9
なめこ	128	85	1パック	33.6	18 13		72.2	1.8 1.0		140 100		26.9 21.6
スウィーティー	128	100	1玉	21.9	51 37		72.5	4.1 3.0		400 370		76.9 79.8
サンムツ	128	95	1玉	25.8	133 70		52.6	10.9 5.6		1040 547		200.0 118.0
イヨカン	98	78	1玉	20.4	25 17		68.0	2.8 1.4		250 170		48.1 36.7
バナナ	198	145	1房	26.8	40 33		82.5	3.2 2.7		200 178		38.5 38.4
キウイ	68	48	30個 1玉	29.4	20 7		35.0	1.6 0.8		300 101		57.7 21.8
甘栗	398	284	(小)1袋	28.6	32 28		87.5	2.6 2.3		80 71		15.4 15.3
レッドデリシャス	50	39	88玉	22.0	44 31		70.5	3.5 2.5		880 617		169.2 133.1
売上高 889千	原価 665千		値入率 25.2%		889千 668		[illegible] 72.[illegible]	91.4% 52.2		6035個 4093		1160.6 883.2

当りの買い上げ個数は、少数点第3位四捨五入。

日々少ない方が好ましいです。

朝には、当日仕入れの新しい「いちご」が並ぶ方が、鮮度の面でお客様にとっても、荒利の面でＭｇｒにとってもいいはずです。

最後に、「値入」です。

「いちご」はチラシでの売上構成比が10～15％と高く、果実内の売上構成比でも20％をはるかに超える売上を稼ぐには最適の商品です。

しかし、過剰在庫を抱えると鮮度低下・見切りにつながり、荒利への悪影響が大きく、リスクの大きい商品なので発注には細心の注意が必要です。

荒利率が悪いＭｇｒは、「一の市」や「日曜一の市」などの「いちご」の発注時、取り過ぎて失敗し、その月ずーっと低荒利を引きずることが多いです。

「いちご」はリスクの大きい要注意商品だと認識させるため、このシーズンにはＭｇｒは「いちご」単品の差益管理を実施し、ＳＶがチェックして「いちご」の低荒利を防止します。

それでも実際「いちご」の荒利率は、Ｍｇｒが10人いれば、10％を超えるＭｇｒは2人、10～▲5％のＭｇｒが6人、▲5％以下のＭｇｒが2人くらいの割合だったと記憶しています。

「いちご」の値入を見ると20％となっています。

「いちご」は売出商品の中でも集客の目玉になりやすいので、売価が安く強化され、一般的には値入率は10％前後になりやすいです。

それでも20％確保されているのは、TQCプロジェクト「野菜の価格と鮮度の改善」の具体策、**資料9 荒利率25％・21％の値入マトリックス**（140頁）に表現されていたように、主要野菜のBY指示売価を守るためのBYとMgrの約束、ルールです。

チラシの日替わり商品は20％の値入を保証されているので、果実BYは取引先と商談を強化し、自分の貯金を充ててでも20％値入を守るのです。

他の日替わり商品も値入を20％以上保証されています。

4 高い発注精度を実現する発注プロセス

それでは、このような高い発注精度はどのような手順で実現していくのか？

「いちご」の例で見てみます。

このMgrの発注数量決定のプロセスは次の三つのステップを通ります。

(1) 第1ステップ……（数量予測）

①「フーズレジ通過客数」を予測します。「数値計画」のTQC指標一覧表では、Mg

ｒは５２００人と予測しています。

②頭の中に蓄積されている過去の検証データから、「いちご」の売価３８０円での販売数量は３００前後と予測が付きます。

③「いちご」の行の右端の過去のＰＩ値 単品支持率 をもとに、発注数量を計算します。

ＰＩ実績値 65・4 ×「フーズレジ通過客数」５２００人 ＝３４０・６↓ ３４０

⑵ 第2ステップ……(売上予測)

①発注数量とチラシ売価で「いちご」の予測売上が計算されます。

発注数量 ３４０ パック×売価 ３８０ 円 ＝ 12万９０００

②「数値計画」の上のＴＱＣの重要指標である「フーズレジ通過客数」、「支持率」、「1人当たり買上個数」「売れ数単価（一品単価）」をかけ合わせて、野菜（71万）・

果実（53万5000）・花（5万9000）別の売上が予測され、合計の予測売上は**124万5000**となりました。

③「いちご」の売上構成比を計算します。

予測売上**12万9000**÷合計予測売上**124万5000**＝**10・4%**

果実内予測売上構成比（129÷535）**24・1%**

果実内売上構成比実績（132÷506）**26・0%**

⑶ 第3ステップ……（数量と売上の擦り合わせ調整）

①「いちご」の予測売上構成比は10・4%となりました。10〜15%なので適正でしょう。実際、実績は10・6%となりました。

「いちご」の発注数量は340パックに決定です。

「売上計画」の売上構成比と擦り合わせても、発注数量は適正数量と判断されました。

②また、果実部門内の「いちご」の予測売上構成比は計算にあるように 24・1% 、実績は 26・0% 、実に果実部門売上の4分の1を超えます。「いちご」は売上、荒利ともに慎重な単品計画が要求されます。

長崎店のMgrの、計画精度の高い販売計画の作成手順を見てきました。

大切なのは、販売計画を作成して終わりの作りっぱなしでなく、きちんと実績を確認して検証し、次回に向けて創意工夫や営業努力をしてレベルアップ・改善を図っていくこと。

つまり、営業活動の基本を回す、PDCAサイクルを回していくことです。

5 精度の高い販売計画の実現には……地道に販売計画のPDCAサイクルを回すこと

最後に、検証項目です。

高い計画精度の販売計画を作成するためには、商売が終わってからの実績の検証が不可欠です。

検証項目では……、

①発注数量……発注数量と販売実績、ＰＩ値（単品支持率）の計画値と実績値
②売上……売上構成比の計画値と実績値
③ＴＱＣ指標……「フーズレジ通過客数」、「支持率」、「1人当たり買上個数」「売れ数単価（一品単価）」
④消化率（発注数量÷販売実績）……荒利と在庫にとって重要な指標です。

全体の消化率は72・9と非常に高く、売り出しが終わっても在庫の心配はありません。

単品ごとに見ても消化率の高い商品が多いですが、中には、インプロのトマト（13・2％）、コーン（16・7％）などのように低い消化率も見られます。消化率の目安は65～70％以上あれば荒利への影響も少なく合格でしょう。消化率の数値を見て、偉い人の中には90％以上、１００％に近づけろとか神業に近いことを要求する人がいます。90％で売場はほぼ品切れに近い状態です。残り物が並んでいる売場では、お客様も手が出ないでしょう。

九州の青果責任者として、この販売計画に対する私の評価はかなり高い合格点でした。

このような販売計画の計画・検証の例が「100円均一セール」についてもあったので、参考までに、**資料24　販売計画書―千歳店―均一セール**に掲げておきます。

このように精度の高い「週間販売計画」を全てのMgrが作成できるわけではありません。この2人のMgrは、50名近くいた九州地区のMgrの中でも5本の指に入る優秀なMgrでした。

IYの青果部門の売場観察・調査でもそうでしたが、方針通りきちんと守れるのは80%、20%はSVがある程度サポートを強化し、レベルアップさせる必要のあるMgrです。

でも、ようやく方針や決め事を守れる「組織風土」になってきたなという印象です。

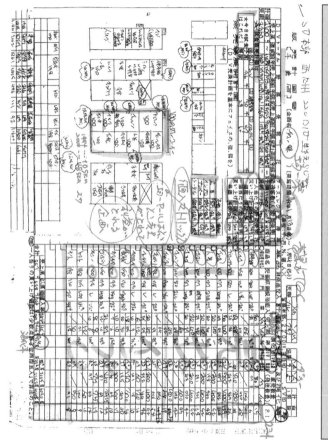

資料24　販売計画書 ― 千歳店 ― 均一セール

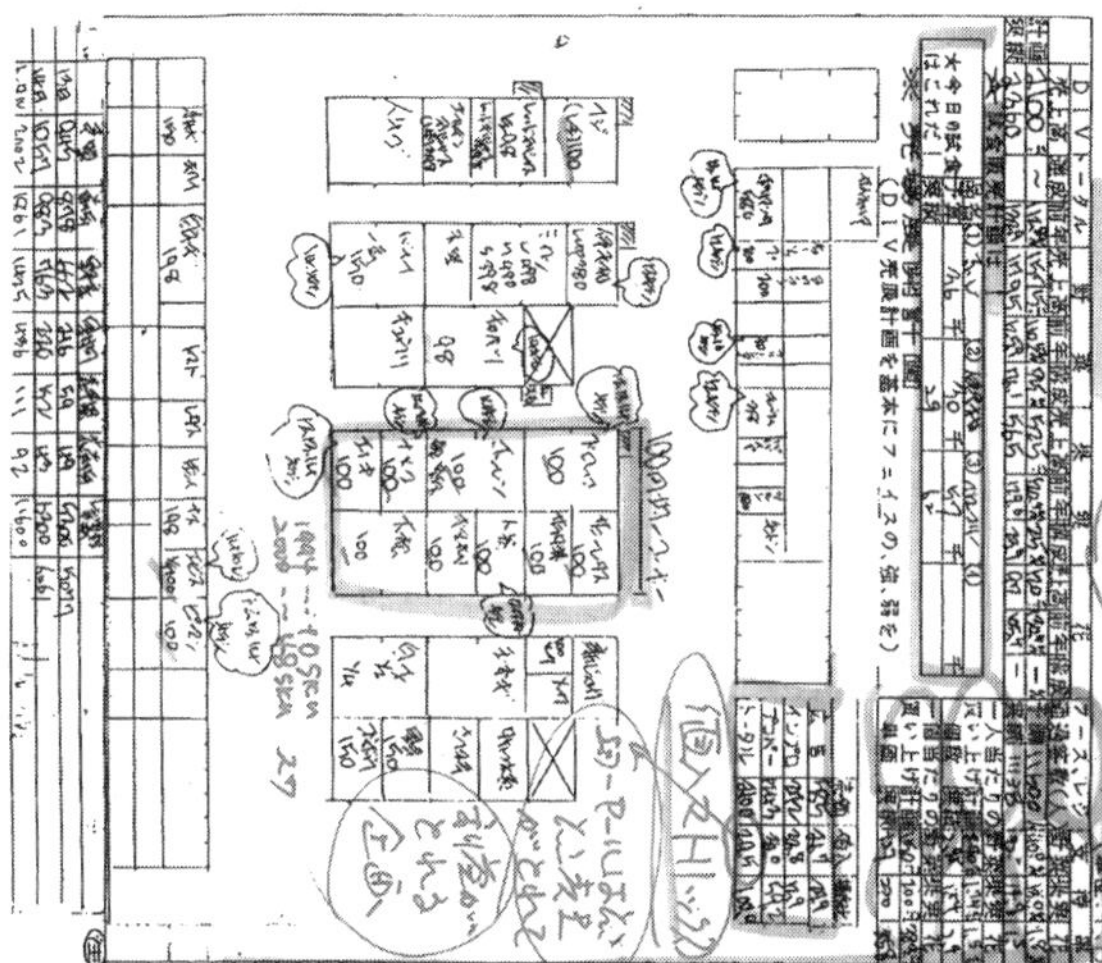

(2) TQCプロジェクト「野菜の価格と鮮度の改善」の取り組みの成果

1 これまでの取り組みは、TQCプロジェクト「野菜の価格と鮮度の改善」の名の下に、……

●青果の組織「体質」を「顧客志向」に変える構造改善の取り組み

これまで書いてきたように、試行錯誤しながらTQCプロジェクト「野菜の価格と鮮度の改善」に真剣勝負で取り組んできました。

お客様の要望に寄り添い、商売として正しいプロセスを踏んで売上と荒利を実現しよう。

お客様の要望に沿えない者は去れ！

BY・SVからMgr・社員・パートタイマー・アルバイトに至るまで、全員ベクトルを合わせて、お客様の望む「野菜の60％の品目を150円までの売価で、85％の品目を200円までの売価で販売しよう」の実現のために取り組みました。

その集大成とも言うべき「週間販売計画」のＰＤＣＡサイクルをひたすら回しながら、身にしみて理解できたこと……。

「野菜の価格が高い」……それは体の表面にできた「おでき」みたいなもの。

根本的な原因は、「おでき」を生み出した「健康に悪い悪しき食習慣」とその結果生まれた「悪い体質」です。

食習慣を変えて「体質」を変えないと「おでき」はまた現れる。

私たちが取り組んできたＴＱＣプロジェクトは、

①「野菜の価格が高い」という症状の「おでき」をなくすため

②「お客様軽視の安易な値上げ」という「健康に悪い悪しき食習慣」を変えて

③プロセス軽視・結果偏重の「組織風土」という「好ましくない体質」を、お客様の要望に寄り添う、商売として正しいプロセスを踏む健康な「体質」へ変える

二度と悪しき「体質」へ戻らなくするための「構造改善」への努力のプロセスだったのです。

薬を塗って一時的に症状を抑える対症療法でなく、「体質」を根本的に変える「体質改善」の取り組みでした。

完全とは言えませんが、それでもTQCプロジェクトスタート以前に比べると青果の「組織風土」、「体質」は驚くほど変わりました。

CEO直轄という性格のプロジェクトだったせいか、これを錦の御旗に掲げ、「何を綺麗事を！」「青臭い」と言われても仕方がないほど純粋に、「For The Customers」（お客様のために）の「こころざし」を貫くことができました。

何しろ、「建前」も「本音」もない、「建前」を「本音」で実行する青果部門でした。

売場で迷ったときは、これはお客様のためになるのだろうかと……、

①考え
②判断し
③行動する

行動規範のようなものが、青果部門の現場の人たちにも身に付いたように感じます。

⑶ 効果① 表彰台での忘れられないシーン……
劇的な数値改善で全員が表彰台へ、
青果の「体質」が変わった結果！
●つくづく身にしみる言葉、
「業績は『体質』の結果」（当時の『IYのS社長』）

青果の「組織風土」が変わって、数字がどのように変わったか……。忘れられないシーンがあります。

D社のフーズライン（食品部門）では、毎年、年度末前に方針発表会が行われ、全国から800名以上が集まりました。

地域のフーズライン責任者、各部門責任者、BY・SV、食品関連子会社の管理職などフーズラインの関係者、様々です。

その時に、北は北海道から南は九州まで、全国の各地域の精肉、青果……ドライ食品、惣菜の各部門責任者の中で、年間売上前年比100％を達成した者が表彰されます。

結構、ハードルが高いので、各地域でどこかの部門責任者1名くらいが表彰されるのが関の山です。

ＴＱＣプロジェクト「野菜の価格と鮮度の改善」に取り組んで1年が過ぎた、初めての年の方針発表会です。

表彰が始まり、表彰対象者は名前を呼ばれて表彰台に上がり並びます。

青果部門では、一人を除いて全員が並びます。

驚きのどよめきと同時に「パチパチパチパチ」と拍手が鳴ります。

青果のＯＢの心境は複雑です。

自分たちが過去築き上げてきたものの大部分が、ＴＱＣプロジェクトの進行とともにお客様視点で見直され、廃止されました。

前年実績積み上げ方式の無理な直輸入や産直計画、荒利や現場のオペレーションに負担となるような派手な販促企画などが対象となりました。

そういう見直しや廃止の上に、今の売上結果があります。

そんなほろ苦い思いがＯＢたちの胸をよぎりますが、それでも気を取り直し、「まあ、よく頑張ったやないか。ほぼ全員が表彰台に上がっている。ようやった」です。

私の担当の関東地区の売上前年比は１１０％くらいだったと思います。

私たちの実施してきたことが、いかにお客様に支持されてきたかわかります。

2年目のフーズライン方針発表会です。

名前が呼ばれて、各地域の青果責任者全員、一人残らず表彰台に上がります。

青果責任者全員が一列に並んだとき、会場が拍手を忘れて、ジーっと何が起こったのか理解できない異質なものを見る視線です。

会場が、一瞬、シーンと水を打ったように静まり返ります。

しばらく時間を置いて「パチパチパチ」です。

この時、私ははっきり感じました。

私たちはD社に居ながら、D社の「企業風土」、「体質」と異なる「組織風土」、「体質」に変わった……ようやく望ましい組織に「変わることができた」と……身内の反応で知ることができました。

2年目の関東地区の売上前年比は107％だったと思います。

3年目は103％だったでしょうか。

彼らに理解できないのも無理はありません。

彼らの経験したことのない、かなり「先鋭化した顧客志向」の組織と「建前」を「本音」で実行する「組織力」、その結果としての信じられない数値結果だからです。

今さらながら、当時の「ＩＹのＳ社長」の言葉が身にしみます……「業績は体質の結果」だと。

(4) 効果② 後日談……
「顧客志向」に先鋭化した組織に、経営トップも苦笑い！

後日談があります。

経営トップがアメリカ視察から青果部門に手土産を持って帰ってきました。アメリカのSMの青果部門の売場で、レタスの包装に使われているメッシュ状の穴だらけのレタス包装用セロファンシートです。

見た目が気に入ったのか、穴があいているからよく冷えて鮮度維持効果が高いからだったのか覚えていませんが、D社でも使ってみたらとのことです。

日本では、穴のあいていないセロファンシートでレタスを包装します。

日本のお客様は、穴があいていて他のお客様の指が触れるように包装されたレタスは、衛生上、敬遠されるからです。

TQCプロジェクト取り組み以前の青果だったら、青果部門トップが呼ばれて指示されたら「はい、分かりました。すぐ実行します」です。

D社では、CEOの指示は絶対です。

翌日には、本社の野菜責任者はメッシュのレタスシートを調達して、次の日には全国、全店舗で実行でしょう。

ところが、「建前」を「本音」で実行する徹底した「顧客志向」へと「先鋭化」した組織に変わった青果部門です。

経営トップに対しても、日本での実態を説明して、「店舗で実験をしてお客様から支持されるようであれば採用します」と回答します。

そして店舗で、2種類のレタスシートで包装されたレタスを並べて販売実験をして、どちらのレタスがお客様に支持されるのか、POSデータで科学的に検証して答えを出します。

結果が出ました。

穴のあいていないシートで包装されたレタスのほうが圧倒的に販売数量が多かったのです。

そして、経営トップに、アメリカで使われているメッシュのレタスシートは、「お客様から支持されない」ので採用しないことをデータを添えて、報告書を提出して、承認をもらいます。

自分より上位の職位の者を説得するには、言葉や議論より、揺るぎようのない説得力のある数値が一番です。

そして、承認がおりました。

でも、経営トップの承認印は横を向いていたそうです。

経営トップが白羽の矢を立て顧客評価改善のためにＴＱＣプロジェクトに取り組ませたものの、徹底した「顧客志向」へと先鋭化した青果部門、「建前」も「本音」もなく「本音」でぶつかってくる姿勢に苦笑いだったのでしょう。

(5) 効果③ ダメMgrから№1Mgrへと成長のお手伝い!

●「週間販売計画」のPDCAを回して大変身の精肉のⓎMgr!

★人は変わる!

青果部門の責任者を卒業後は、アメリカと日本各地域の食品部長を長く担当しながら、数多くの不振店を活性化してきました。

一時期、SM事業本部の関東地域の商品部長(食品・日用品・衣料品)を兼務しながら、不振店舗の活性化タスクチームリーダーも兼務していた時期があります。

これからの話は、私が担当していた不振店舗の精肉Mgrについてのストーリーです。

ダメMgrと烙印を押されていたⓎMgrが「週間販売計画」を通して、どのように関東地区の精肉部門の№1Mgrへと成長していったかという話です。

この頃、D社は関東のあるローカルチェーンT社とM&Aで合併しました。

大型店舗はGMS(総合スーパー)に組み入れられ、小型店舗がSM部門に組み入れられました。

同時に、T社の社員たちもD社の社員として再スタートを切ることになりました。

小型店舗の改装も一巡し、社員たちもD社の関東SMのエリアマネージャー、店長、BY・SV・Mgrとして人員配置され、D社の企業風土に馴染みだしました。

組織も整い始めたので、1月末、軽油も凍るマイナス18度という寒さの中、長野県の諏訪湖の辺りに600坪のSMの新店を出店しました。仮に「諏訪店」としましょう。

店長は、人材豊富な近畿SMから配属され、経験・実績ともに十分備えていて有能です。

Mgrは旧T社とD社のMgrの混成部隊です。

精肉のMgrはT社出身のⓎMgrです。

諏訪店は、オープン月こそ1億5000万円の売上実績でしたが、改装で休業していた競合店がオープンし、直後には山梨のSMチェーンが新店を出したので競合が激化し、売上は7000万～8000万円にまで落ち込みました。店損益も大幅赤字です。

諏訪店は、関東SM地区の店舗なので、関東地域の商品部長である私の数値責任下にもあります。

人件費・販促費・水道高熱費・売価変更・廃棄などのオペレーション項目は販売部門の数値

責任ですが、売上、特に荒利責任は商品部が最終責任を負う形になります。

交通費予算枠を気にしながら、月に1回はBYと一緒に、後は一人で不振となった諏訪店を巡回します。

例によって、夕方から閉店オペレーション、朝の開店オペレーションを確認します。

なかなか伸びない売上に、経験・実績豊富、有能なはずの近畿SMからきた⓪店長も焦ります。

毎日、閉店間近に全Mgrを集め、明日の売上対策会議です。

特に、性格的に追及されやすく大人しい性格の精肉のⓎMgrは、その後さらに1～2時間説教されるとのことでした。

私が店舗巡回での閉店間際、店長を捜して店長室に行くと説教の真っ最中。

私が来たことも気づかずにいるので、じっと聞いていると……、

「なあ、ⓎMgr。同じ年やのにお前がMgrで、なんで俺が店長をしてるか分かるか？　胸に手を当てて考えてみ！　なんでお前みたいなんが新店のここのMgrになったんや！　数字も上げきらんと。売上を上げる手を打てや！　何回言わせるんや！」と言い出す始末。

そこで私は「店長、そこまでにしときや！　それは言い過ぎや。ⓎMgrをMgrにした人間にも責任があるで」と、パワハラのおそれも有り、⓪店長を止めにかかりました。

1 成功体験が多く、挫折を知らない人ほど逆境に弱い

◎店長は有能とは近畿の同僚から聞いていましたが、自分が直面している課題に向き合う姿が私が想像していた姿とは随分違うので少し驚きました。

店長の焦りと苦悶の表情から、期待を背負いながら有効な対策指示も出せないまま、結果も残せない。

もう、自分を見失っている姿が見て取れました。

多分、優秀なMgr群に支えられて、店長が指示を出せばMgrは解決策と行動と結果が出せるレベルの競合状態で成功体験を多く重ねてきたのだろうと思います。

自分が組織づくりを一から手がけ、様々な創意工夫や苦労を重ねて築き上げた実績づくりと違い、周りに支えられていつの間にかサクセスストーリーのようなことが積み重なった……のでしょう。

成功体験の思いが強いだけにその殻から脱皮できず、「なんでこれでうまくいかないんや」と挫折していく人をよく見かけます。

本当は、店長自ら、近畿と違う諏訪地域のお客様の家族構成・購買習慣、食習慣、競合店の

棚割や品揃えの特徴……一つ一つを吟味し、商品構成や品揃えを修正しながらもう一度、基礎から積み上げていかなくてはならないのです。

一番大事なことは、店長が不振となったこの店をどんな店に再構築しようとしているのか、「こころざし」、「方向性」を全従業員に示すことです。

手足となるＭｇｒに方向性を示して、店長自らが、全員のベクトル合わせの教育・指導をしていかなくてはならないのに……。

ＴＱＣプロジェクト「野菜の価格と鮮度の改善」に取り組んできた経験から、今まで経験したことのない新しい課題に直面しては、なぜ、何のために、誰のために……まず「こころざし」……根本に戻ることが必要です。

次に自らの頭の中を白紙に戻して過去の成功体験を捨て、既成概念から解き放つこと。

その上で、お客様の声に耳を傾け、競合店のベストプラクティスを素直に取り入れて、教えてもらうつもりで模倣から始め、自分なりに咀嚼して血肉化し、全員がベクトルを合わせて努力しながら、学習・成長していかなくてはなりません。

「無知の知」の心境です。

ＴＱＣプロジェクト「野菜の価格と鮮度の改善」では、「野菜についての従業員アンケート」に答えてくれたパートタイマーのお客様が先生、ＩＹの青果売場が参考でした。

これは、店舗が不振になった時、店長は何をするか……「お客様でもあるパートタイマーを集めて忌憚のない意見を聞く」……D社の中での基本中の基本でした。

彼はそのことすら忘れて、右も左もわからないMgrに答えを見出そうとしていました。

私はTQCプロジェクト「野菜の価格と鮮度の改善」の中で「野菜についての従業員アンケート」でしっかり教えられていたので意味がよく分かります。

2 不振対策の基本……お客様（パートタイマー）に聞く！ アメリカでも日本でも共通解決策

余談になりますが、売上不振になった時、「パートタイマーに聞く」というのはアメリカでも日本でも共通解決策です。

D社の本社主導でアメリカのフィリピン人居住地区に、日系人と白人をターゲットにした新店を開くという「ちぐはぐ」なことをして、すぐ売上不振になった現地での笑い話があります。

落ち込んだ不振店をある程度の軌道にのせる手がかりとなったのは、やはり、お店に勤務するパートタイマーの人たちの声でした。

当時、私はアメリカの食品部長でしたが、部下のフィリピン人の精肉のBYが開店計画のことで私を熱心に説得します。

「Mr.渡辺、フィリピン人の住むところに白人や日本人は来ないぞ。フィリピン人しか来ない。肉の品揃えは日本の計画ではダメだ。まず白人の料理用途に全然合っていないし、まして来店するフィリピン人の必要なものがほとんど欠けている。売上を確保するために肉の品揃えを変えていいか？」です。

本社の計画が変わるとも思えず、本社からのオープン立ち会いもないから肉の品揃えが変わっても体制に影響ない……「まあ、ええか」。

肉のＢＹにゴーサインを出し、彼の品揃え計画を確認して、「えー、こんなもの」とびっくりです。

私は鹿児島出身なので、豚・鶏文化で育ち、鶏は自分で絞めていたし、盆暮れには親戚が黒豚を屠殺・解体する光景を見て育ったため、多少のことでは驚きません。

小型の安価な冷凍丸ごとチキン、豚の頭蓋骨抜きピッグヘッド、豚足、腸他の内臓……確かに、こんなものは現地の日系人や白人は食べない……さらに豚の血のボトル詰めが出てきてさすがの私もびっくり。

聞くと、ソースとしていろいろな用途があるとのことです。

さあ、新店がオープンしました。

開店当初こそいろいろな人種のお客様が来店され、売上も目標をキープしていましたが、1カ月もしないうちに売上は激減です。

来店するお客様はほとんどフィリピン人、日系人が日本食を求めてチラホラ、白人は皆無です。

たまに見かけても、日系人の伴侶と一緒で、いわゆるWASPの白人のみのお客様はゼロです。

WASPの白人はウォルマートやセーフウェイに行きます。

それはそうでしょう。

このお店は彼らから見るとジャパニーズのエスニックストアです。

彼らのチーズやワイン、トマトソースの文化を深く理解した品揃えをしているとも思えず、実際そうなのですから。

セーフウェイのある店舗では、豆腐の品揃えはSOFT（柔らかい：絹）のみで、あるセーフウェイの店舗ではFIRM（硬い：もめん）のみといった具合です。

私がセーフウェイの店舗で日系人向けの豆腐の品揃えを見ても、「ありゃ、全然分かってないなぁ」とため息が出ます。

まあ、私たちもWASPの白人の食文化を十分理解していないのですから、あまり人のことは言えません。

この店の店長は、日系3世か4世で、姓は「FUKUSHIMA」です。

英語の会話の中に「ジッチャン」、「バッチャン」という言葉が出てくるので、疑問に思って、それは「Grandpa（祖父）」や「Grandma（祖母）」のことかと聞くと、「そうだ」との答えです。

小さい頃の祖父母の呼び名だったそうです。

彼は標高500mのハイランドに住んでいるので、暖炉もありますが、「KOTATU」も使うそうです。

これではWASPの白人の食文化とは程遠いものがあります。


売上激減の中でも、精肉部門の売上は、他部門より群を抜いて健闘しています。

彼の言ったとおり、来店客は全部と言っていいほどフィリピン人です。

売上不振の責任は開店計画を作った本社ですが、遠く海を隔てた別会社のことなど気にするはずもありません。

自分たちでなんとかしなくてはなりません。

いろいろ考えた末、基本に戻るのが一番、セオリー通り、パートタイマーを集めて、お客様からの改善提案です。

店長に、パートタイマーを集めての会議を指示します。

集まったパートタイマーたちの顔ぶれを見て苦笑い、当然といえば当然ですが、全員フィリピン人です。

改善提案を受け、フィリピン人向け食料品店を調査し、欠落しているフィリピン人向けの食品の品揃えを充実させます。

記憶が定かでないですが、食品８０００ＳＫＵのうち、フィリピン食品が約３００～４００ＳＫＵ、総品揃えの５％前後に相当したでしょうか。

みるみる、数値が改善します。

多民族国家のアメリカで、構成比は微々たるものでも、人種に合わせてその民族に必要な食品を品揃えをすることの重要性と怖さを痛感しました。

ある日の夕方、青果売場で売場整理を手伝っていると、ランニングシャツを着て子供を肩車した労働者風の男性が近づいてきて、「ようやくダイエーも我々フィリピン民族のことを理解できるようになったな。いい売場になった。またきてやるからな」との言葉です。

本当に心に染み入る言葉でした。

3 商品部長兼不振店活性化タスクチームリーダー！

●全権委任……売上を上げるため、後ろに手が回らなかったら何をしてもいいぞ！

不振店になったらお客様の声を聞く、それもパートタイマーの声を！

アメリカでも日本でも基本的なことは変わらないというお話でした。

私は日本でも同じことをします。

さて、なかなか改善されない数値、店舗の組織の結束の緩み……業を煮やしたＳＭ事業本部のトップのⓉ本部長から、私に商品部長兼務で「諏訪店活性化」タスクチームリーダーの命令がおりました。

ＴＱＣプロジェクトと同じくトップ直轄プロジェクトが組まれ、諏訪店は販売部の手から離れ、店舗組織・オペレーションも含め全てがタスクチームリーダーの私の下で動くことになりました。

同じフーズラインですから、多分、Ⓣ本部長は青果のＴＱＣプロジェクトの進捗を横から見ていたのでしょう。

「辺さん、後ろに手が回ること以外は、何をしてもええから、諏訪店を立て直してくれや。Ｓ

Mのメンツがかかっている」です。

これを機に、毎週、週末はＢＹと一緒に諏訪店を巡回、もう一度新しく店づくりです。

金曜日のお昼に諏訪店に入り、ＢＹは土曜の午後帰りますが、私は日曜日に帰ることもしばしばです。

実に、３回も諏訪で稲刈りを見ることになります。

品揃え・棚割・売場などを見直すとなると、ＢＹの即断即決でないと、週１回の巡回ではスピード感をもって大きく変更できないからです。

ＳＶは留守中の関東の店をしっかり守ります。

交通費の予算も関東での予算とは別枠が設けられ制限はありません。

一番嬉しかったのは、忍耐強くじっとＭｇｒや従業員、パートタイマーの声に耳を傾けてくれる鮮魚出身のⒾ店長が着任したことでした。

私の不振店対策のモットーは、四つの心がけです。

①Market ………顧客密着（お客様を知る、お客様と競合店に学ぶ）

②Flexibility……頭を柔らかく、柔軟性。過去の成功体験を捨てる、固定概念に縛られない

①Speed ………スピード。とにかくやってみる、駄目なら違う方法で取り組み、最後ま

でやり抜く

②Focus ………… 集中。あっちこっち手を付けず、お客様の㊡（不便、不満、不信など）と㊝（負担、負荷など）の解消に集中する

お客様からのヒアリングで、「お前んところは、なんか綺麗すぎてお高く止まっている。地下足袋では入りにくい」という評価をいただいていました。

早速、諏訪という地域のお客様の普段の生活に役立つ、地下足袋でも来店できる温かみのある店づくりを目指すことになりました。

一番はお客様を知ることです。

諏訪のお客様が考えていること、望んでいること、諏訪店に期待していることが実現できていないから売上の大幅ダウンです。

お客様の普段の生活を充実させ、その上で、諏訪にないけど、あったら間違いなくお客様の暮らしを豊かにすることができる食生活提案をする……それが私たちの「こころざし」、社会的な存在意義です……「For The Customers」。

早速、お客様を知ることから始めます。

4 お客様を知るための具体策の数々

(1) 地域密着

①現地個店チラシ作成……関東で作成されていたチラシをやめます。
その代わり、アップルランド・S社SSVなどの競合店のチラシを参考に、毎週、店長と2人で頭を突き合わせて、個店チラシを作成して地域商材を豊富に掲載します。

「競合店のチラシに載っているのに売れない」と理解に苦しむ商品もありました。

●チラシの立ち上がりも、競合がかち合う木曜を止め、なりふり構わず、競合の隙間の水曜立ち上がりに変更してお客様獲得を狙います。後で、販促部門より、木曜立ち上がりはD社の決まり事とクレームがつきましたが既成概念にとらわれず、チラシの効果優先と突っぱねました。

②POP……タイトルも「SALE」ではなく、温かみのある黒板POPを使ったり、カラフルにして、「特価」「お買い得」「広告の品」などお年寄りにもわかり

やすく、気安く馴染めるようにしました。

③青果・鮮魚Ｍｇｒの市場買い付け……地場商品の品揃え充実のため、青果、鮮魚Ｍｇｒは、週初めと週末に地元の市場に朝早く行って直接買い付け。朝食と交通費支給を制度化してやる気を出させます。たまには、私も一緒に付き合います。

④デスティネーション性……あの商品・催事があるから行ってみようと思ってもらえる店づくり（Fun & Excitement）。

イ　１００円均一……S社ＳＳＶ恒例の６００ＳＫＵ品揃えする驚きの「１００円均一」に取り組み、５００ＳＫＵまで挑戦。

ロ　朝市……テント・ブルーシートで全天候型の大規模朝市を月に１回実施。青果、鮮魚の干物市・マグロの解体セール、大試食大会などで広域から集客。朝８時から12時までで店舗売上３００万。

ハ　特徴ある品揃え。
精肉………柔らかく安価なカンザスビーフ

鮮魚………美味しい生マグロ
惣菜………和洋風惣菜、弁当、寿司
洋日配……若い人たち向けに新商品の早期品揃え充実
ドライ……諏訪精工舎で働く南米出身者のための輸入米や調味料の品揃え充実
他………いろいろ

⑤お客様の声を聞く……毎週金曜日、2時間、従業員購入券を購入して自店で買物をしているパートタイマーを集めて品揃え・売場・サービス改善会議（パートタイマー会議）。店長と一緒に出席。

アメリカでの出来事を懐かしく思い出します。

提案は、議事録でBY・Mgrに回し、即、実行してもらいます。週ごとに青果、鮮魚……祭りの準備やテーマを決めて準備して、パートタイマーからの提案に耳を傾けます。

7年に1度の「御柱」では、鯉のまるごと唐揚げなど特殊食品が多くあり、パートタイマーの提案を受け品揃えが充実しました。

⑥商圏調査……3カ月に1度、「たまご50円」と住所・家族構成・年齢記入のクーポン入りのチラシを広域に配布して商圏調査を実施。

地図に落とし込むと実に興味深い事実が盛りだくさんで驚きます。

FSPがない頃ですから、安上がりで有効な商圏調査です。

・朝市には、口コミでしょうか、遥か20km遠くの岡谷からのお客様も来店して、びっくりです。

・週末には、周りの山間部から祖父母・両親・子供2〜3人の6〜7人の大人数で来店することも分かり、ケース売りなど大容量パックの品揃えを充実させます。

●似たような立地の愛媛県内子で不振店対策をした時は諏訪対策の引き出しを開けて大いに参考になりました。

・半年に1回は割引クーポンを持って店舗の周りを宅訪して、お客様の声を聞く。

(2) スピード

①提案の実行……パートタイマーからの提案（金曜）は、Mgr・BYは基本的にはその週（金曜・土曜）に即実行する。

各部門のBYにはいろいろ言い分はあるだろうけど、店から提案が出やすい環境を作るために半年は我慢してと説得です。

彼らもよく理解して、頑張ってくれました。

(3) 固定概念・過去の成功体験を捨てる……関東の品揃え・棚割を捨てる

①パートタイマーの提案・競合店を模倣して実行……。

- 提案のあった品揃え・棚割については競合店を見ながら実行。
- マーケットに疎い我々がいろいろ考えてもらちがあかない。地域のお客様からの提案が全部正しいとは言わないが80%は大丈夫。それで十分。

●日配の「練り製品が豆腐・厚揚げと別々で買いづらい、一緒にして欲しい」と提案がありました。
D社は通常、練り製品と水物の豆腐・厚揚げが隣り合わせの棚割になることはありません。

競合店を見るとそのとおり。すぐ棚割変更。すると売れ数も伸びました。

- BY滞在中の夕方・早朝で品揃え・棚割がゴロゴロ変わります。関東の棚割がだいぶ崩れますが、ＳＭ本社の全国部門責任者のＢＹは、関東ＢＹから報告が上がっても、数字が上がるのでじーっと興味深く見守ります。

②地元取引先（他力）の有効活用。

■お盆の落雁の品揃えは主に関東仕様。お客様からもあれはないかこれはないかといろいろ聞かれます。パートタイマーからもあれでは仏壇に飾れないと地元仕様の要望があって、すぐに地元取引先を呼んで総入れ替え。お客様のクレームもパタッと止まりました。

■これを機に、地元取引先を有効活用する機会が増えました。とにかくわからないことは、知っている人に聞く、やってもらうに限ります。

5 各Mgrの「商品・売場づくり」サービスのレベルを横並びに！

●競合店に負けない「お役立ち」のため、「週間販売計画」のPDCAサイクルを回す！

さあ、いよいよ課題の「週間販売計画」に取り組みます。

諏訪店でも混成部隊ということもあり、オープン当初からMgr間の「商品・売場づくり」の出来映えには、各Mgrの能力の差に応じて「バラツキ」がありました。

来店されるお客様に、全部門、一定レベル以上の「商品・売場づくり」サービスを提供する必要があります。

お客様から見たら価格も重要な指標ですが、価格も含めて鮮度や品揃え、生活提案・情報発信・サービスなどを通じて、お客様の普段の生活やお盆・正月・お彼岸・お祭り・卒業・入学など季節催事の生活シーンをどれだけ充実させることができるか！

お客様の要望に寄り添いながら、競合店よりも役に立つ……「お役立ち」の競争……これが結果的に売上につながります。

TQCプロジェクト「野菜の価格と鮮度の改善」の時と同じです。

何をすべきか道筋はできています。

直轄プロジェクトになるまでは、ＳＭ本部の商品部の全国部門責任者ＢＹや店舗を管轄する販売部のエリアマネージャーなど利害関係者が多くいて、あるべき姿を求めても調整に疲れる現実は大変でした、くじけます。

でも今は、全てが、即、一気通貫でできる権限と責任体制ができました。

青果のＴＱＣプロジェクト「野菜の価格と鮮度の改善」のコンセプトを食品全体に拡大し、お客様の要望に寄り添い、そのために全てが凝縮された「週間販売計画」のＰＤＣＡサイクルをひたすら愚直に回していくだけです。この道しかありません。

青果のＭｇｒが肉、鮮魚、惣菜、日配、ドライ、ハード・ソフトのＭｇｒに変わるだけです。打ち合わせの中で、説明や説得、動機付け、教育・訓練を通じてお互いの理解を深め、共有する「こころざし」の下にベクトルを合わせて進めば大丈夫です。

青果のＴＱＣプロジェクトで苦労と努力を重ねてきましたし、頼り甲斐のある優秀な部下の各部門ＢＹがいますから確信がありました。

毎週金曜、「パートタイマー会議」の後にすぐ「週間販売計画」の打ち合わせです。

Ｍｇｒが作成した「週間販売計画」の内容を説明します。

説明を受けてアドバイスする側は私と①店長の２人、プレゼンする側はＭｇｒとサポート役のＢＹ２人です。

各Mｇｒごとに、持ち時間は20～30分、時によっては長引きます。

毎週の「週間販売計画」について、①前週の結果分析反省・次回への改善提案、②次週の計画・これまでの改善ポイントなどを「売場展開計画」と売上・値入の「数値計画」をもとに主要商品について確認していきます。

スタート時はＭｇｒの能力のレベルが違うため、作成する「売場展開計画」、「数値計画」のレベルも様々です。

「週間販売計画」も手書きやＰＣで作成したもの、「数値計画」もインプロ商品と売出商品と両方計画のＭｇｒもいれば、売出商品の計画のみから、それも値入計算なしとか、形もいろいろです。

時間をかけていけば、Ｍｇｒの成長とともに「週間販売計画」も最終形に落ち着くはずです。

おぼろげに覚えている各Ｍｇｒの印象です。

①青果Ｍｇｒ………信頼できるベテランで「商品・売場づくり」、「数値管理」も安定感あり。

②鮮魚Ｍｇｒ………若手で経験不足だが技術力もあり、やる気満々。

③ 精肉Ｍｇｒ ……40過ぎで技術はあるが、数値に弱く、売場に穴だらけ・死に筋がゴロ

ゴロ、発注精度向上が急務。

④惣菜Ｍｇｒ………ベテランで職人肌、経験と勘を数値管理で裏打ちできれば百人力。

⑤ドライＭｇｒ……親の面倒を見ている関係で仕事より私生活重視、今後のハードな展開を説明し、面接の上、数字が安定して定時で帰れる店舗へ異動。

⑥日配担当………人事が特別枠で採用した2年目の有名大学出身者。ハードで地道な不振店対策の実務を軽視しがちで、デスクワーク優先。諏訪店が進むベクトルに合わず、チームの和を乱すので人事の反対を押し切って他部署へ異動。

「お客様の要望に寄り添えない者は去れ」です。

⑦日用雑貨・衣料品Ｍｇｒ……ベテランで「数値管理」もきちんとした安定感。

さて話は、ⓎＭｇｒに集中します。

机に向かい合って、片方に店長と私、向かいにＢＹとⓎＭｇｒです。

「週間販売計画」の中身は「数値計画」のみ、それも売出商品の発注数量と売上金額のみです。

ⓎＭｇｒが一の市について初めての「週間販売計画」をたどたどしく説明します。

その後、彼より年下の精肉ＢＹが補足説明をします。

「POSデータを見ると、売れ筋の『豚こま』の売上がものすごくバラついています。売上がピークの日曜日でも、一番売っている日曜日の50～60％の売上の日があり不思議でした。

時間帯別の売れ数を見ると夕方に売れ数が立ってない日があり、品切れです。Mgrに原因を聞くと、仕入れをしなかった日があるそうです。

原料を取りすぎたので在庫をはかすため、仕入れを抑えて品切れしたそうです。

売れ筋で同じような機会ロスの商品が多くあります。

一番の原因は、主要品目が日別にいくら売れるか販売数量を摑めていないことです。

これから毎日、主力品目については売れ数を記録していくそうですから、売上は徐々に上がっていきます。発注精度が上がり在庫をあまり持たないようにすれば、商品の鮮度も上がります」とのことです。

発注精度、どこかで聞いた「台詞」……その通りです……思い当たります。

諏訪店オープン後の初めの頃ですが、SMトップのⓉ本部長と一緒に売場巡回の時、毎回、「辺さん、ⓎMgrはあかんわ。技術はあるようやけど、牛の鮮度が悪いし、牛・豚・鶏、売れるもんが広がってないわ。あかん、代えようか」と私に問いかけます。

Ⓣ本部長は精肉出身で、精肉部門のDMM（全国責任者）も務めて実績を残し、取締役に

なった経歴です。

肉のダイエーの基礎を作った功労者のひとりで、牛を枝肉から捌ける技能の持ち主でもあり、肉のプロですからＭｇｒの商売を見定める力は確かです。

困ったなと思いながら、ＳＭ本部の「精肉ＢＹに相談してみます」と答えるのが精一杯です。早速、ＳＭ本部の精肉ＢＹに相談しても、「着任してから6カ月も経ってないのにあかんでしょう。判を押した人にも責任がありますよ。異動稟議を起こしても人事は反対しますよ。どうしても言うんやったら、辺さんが対応してください！」と仕事を振られる始末でした。

そういう経緯もあり、私が諏訪店活性化タスクチームリーダーになってから初めての諏訪店巡回の時にも、「あかんなぁ、やっぱりあのＭｇｒを代えないかんなぁ」と言います。

ただ、Ⓨ Ｍｇｒの能力と育成の見極めもつき、ＢＹのＭｇｒに対する評価も、

「大丈夫でしょう。

技術と経験はあるし、あとは本人がやる気を出して売れ数をきちんと摑んで、それに見合った精度の高い発注・仕入れをすれば数値はついてきますよ。

本人もやる気を出して毎週の『週間販売計画』を作り、ＰＯＳデータを叩いて前週の実績分析と反省・改善を回しています。

それに、私と約束した主力商品の日々の売れ数データをきちんと確認しています。

前の店長の時は頭ごなしに怒られるばかりでしたけど、今度の店長はよく言うことに耳を傾けてくれて、『肉にも新入社員が入ったんやから、Ⓨ Mｇｒも自分がしっかりして、きちんと教えていかんとな』と言われて張り切っていますよ」という力強い返事です。

最近のⓎ Mｇｒの「週間販売計画」も、初めの頃に比べるとかなりレベルアップし、「売場展開計画」で、タレメーカーが協賛したカンザスビーフなどの試食まで計画し、「数値計画」でも値入計算までするようになりました。

きちんと「週間販売計画」のＰＤＣＡサイクルを回し、Ⓨ Mｇｒ自身も自分が成長してきているのが分かるのでしょう、商売も楽しそうで表情も明るく活気にあふれています。

Ⓞ店長がいた頃の暗くて、うつむき加減のⓎ Mｇｒの面影は、そこにはありません。

Ⓘ店長も「人間って変わるもんやなぁ。大したもんやなぁ」と感慨深げです。

最初の頃の「週間販売計画」の打ち合わせ時間は、予定の30分を大幅に超えていましたが、最近はほぼ20分の時間内に終わるようになっていました。

なので、Ⓣ本部長の諏訪店巡回時に、Ⓣ本部長から「Mｇｒを代えたら」に対する私の返事も、

「本部長、数字も売場も良くなりますから、3カ月待ってもらえませんか。本人も、教育しているＢＹも頑張っていますから。約束します」です。

それから3カ月後、Ⓣ本部長が精肉売場を巡回しての言葉です。

「えぇーっ、良うなったな。えらい変わりようやないか！　牛の色もええやないか。売場もメリハリついて管理がええわ」です。

私も相槌を打って、「本部長、6カ月経ったら売場はもっと良くなるし、売上も上がります。楽しみにしていてください。ついでにMｇｒとBYを褒めてあげてください。肉だけでなく他の部門も良くなりましたよ。今度来るときは、4時間で300万売る朝市も見てください。大勢の人で賑わいますよ」。


6カ月経って、諏訪店巡回時にⓉ本部長から出た言葉は、「ええな。人間変われば変わるもんや。あのMｇｒがなぁ」でした。

この頃、諏訪店の月間売上は8000万円のどん底から、ようやく9000万円に届いた頃でした。

しかしまだまだ店損益は大赤字です。


1年経ちました。

Ⓣ本部長から出た言葉は「辺さん、ⓎMｇｒを関東に持って行ったらあかんか？　代わりのMｇｒを寄越すから、また教育してくれや」です。

私の答えは、即座にノーです。

「本部長、目標の売上1億2000万にはまだまだです。私や店長、ＢＹが時間をかけて育てて成長したＭｇｒが、本格的に活躍して売上を伸ばしてくれるのはこれからです。売上の勢いが中折れしますから待ってください」

Ⓣ本部長は寂しそうに、「そうか……」です。

東京の旗艦店舗に異動させたかったようです。

この頃の月間売上が1億〜1億1000万円だったでしょうか！

店損益が黒字になる月間売上1億2000万円になったのは、実に1年半後でした。

ⓎＭｇｒはこの頃には、関東の精肉Ｍｇｒの中で押しも押されぬNo.1のＭｇｒになっていました。

ＢＹが評価するＭｇｒ評価シート一覧の中でダントツです。

①数値管理……売上・荒利・在庫・売変・廃棄、「単品管理」
②商品管理……発注精度、売価・規格・商品づくり
③売場管理……品揃え、棚割、「売場展開計画」、旬・シーズンの売場づくり、プレゼ

ンテーション
④オペレーション……総労働時間管理、作業計画、新入社員教育
⑤情報システム管理……ＰＯＳシステム活用・データ利用

6 人は「きっかけ」があれば変わる！　さらに成長する！
●能力を見出してあげるのも「上」の責任！「千里の馬は常にあれども、伯楽は常にはあらず」

ⓎＭｇｒにはまだ物語があります。

諏訪という地域は、精肉の売上の中身でいうと、関東よりも豚・鶏の売上構成比の高い地域です。

関東でも、精肉の中の牛肉の構成比は20％前後です。

彼は、その頃には牛肉の売れない地域で、関東でのダントツの30％近い売上構成比を実現していました。

きっかけは、「週間販売計画」の中での試食計画です。

外国産の食品に抵抗の多い田舎の諏訪ですが、毎週、客数の多い日曜日にカンザスビーフの

試食を行います。

タレメーカーのタレ販売と協賛で、相手のマネキンを活用して試食を行い、「柔らかくて美味しい」カンザスビーフの浸透を図ります。

あるときタクシーの運転手から嬉しい話を聞きました。

諏訪店巡回の時、店舗までの交通の便が悪いのでタクシーを利用します。

そこで地元の人の諏訪店の評価を知りたくていつも質問します。

もちろん、D社の社員とは言いません。

「運転手さん、評判のいい店はどこ。買物はどこでする？　肉や魚や野菜はどこがいい？」などです。

すると、嬉しいではありませんか、1年半か2年経って、「肉と刺身はD社諏訪店だね」と返事。

「どうして」と聞くと、「うちの年寄りがD社の牛肉でないと食べないから。お客さんを呼んだり、祭りの時の盛り合わせの刺身には生マグロが入っていて、美味しいって呼んだお客さんにも喜ばれるから」とのことです。

でもまだ疑問です。

「どうしてお年寄りがそこの牛肉しか食べないの？」の質問に、「いつも試食で牛肉を食べてて、柔らかいのを知っているからね。他のスーパーの牛肉は硬いか、柔らかいかわからないからね。あはは」です。

豚・鶏が売れるのは当たり前！

ⓎＭｇｒが牛肉の売上構成比を上げて売上アップを図ろう、柔らかくて美味しいカンザスビーフを食べて知ってもらおう……根気強く毎週、試食を継続する姿勢に脱帽です。

刺身の評価がいいのも鮮魚のＭｇｒの努力の賜物です。

鮮魚のＭｇｒは生マグロの美味しさを知ってもらおうと、朝市と他に月２回マグロの解体セールを実施して、試食をしたりして売り込みを図ってきました。

諏訪は海から遠く、流通経路も長いため、コールドチェーンがなかった昔、マグロは変色しにくい「きはだ」や「びんちょう」の流通が主流だったのです。

ある時、山あいのお客様からクレームが入りました。

「おまえの店で買ったマグロを買って、後で食べようと冷凍室に入れておいたら、真っ黒に変色していた。どうしてくれる？」

早速、山あいのお客様を訪問してお詫びの説明です。

「お客様、生マグロはマイナス80度以下でないと冷凍保存できません。変色します。家庭用の冷凍庫では、マイナス20度くらいがせいぜい、無理なんですよ」と、代わりの生マグロを差し出して納得していただきました。

いろいろ紆余曲折はありましたが、美味しい生マグロを食べて欲しい、そんなＭｇｒの努力が実ったのです。

ⓎＭｇｒの牛肉売上構成比アップの秘策はまだありました。

諏訪店巡回時のある時、月初めの一の市の準備で店にいて電話が鳴り続けるので電話を取りました。

すると、車で30分くらいの蓼科でペンションを経営するオーナーからの電話です。

「いつものように、ステーキ30枚頼むわ、用意しててくれる」と、びっくりです。

Ⓘ店長に聞くと、一の市の前とかは、あっちこっちからステーキ20枚、30枚と注文が来るそうです。

「この注文は何？」とⓎＭｇｒに聞くと、休みの日にペンションを回って御用聞きやら開拓をしていたそうです。

当時、チラシの目玉でカンザスステーキ1枚２９８円、４枚１０００円が月２回掲載されていました。

ペンションにしても、牛ステーキは冷凍保存が利いて1枚２９８円と仕入原価も安いし、その割には宿泊客に喜ばれ、重宝されているとのことでした。

またまたびっくりです。

前任のⓄ店長の前でうなだれて、説教をされていたMｇｒがこんなに変わるものとは……目からウロコが落ちた思いと、感激で胸の中がジワーッと温かいもので満たされていく満足感を覚えました。

「人はきっかけがあれば変わる」……ⓎMｇｒから教えられた教訓でした。

最後に、ⓎMｇｒが作成した「週間販売計画」書を参考までにお見せしましょう。

資料25　ⓎMｇｒの「週間販売計画」――の市がそうです。

最初の頃のたどたどしい「週間販売計画」から、ある程度中身のある「週間販売計画」書になってきました。

これは「数値計画」です。

別途、「売場展開計画」もあったと思います。

どこのSMでも、どこのMｇｒでも「週間販売計画」書らしきものは作成しているでしょう。うちの会社でもちゃんと作成して実行している。それなのに、数値が上がらない、何故なんだ？　……と経営トップや経営幹部は嘆きます。

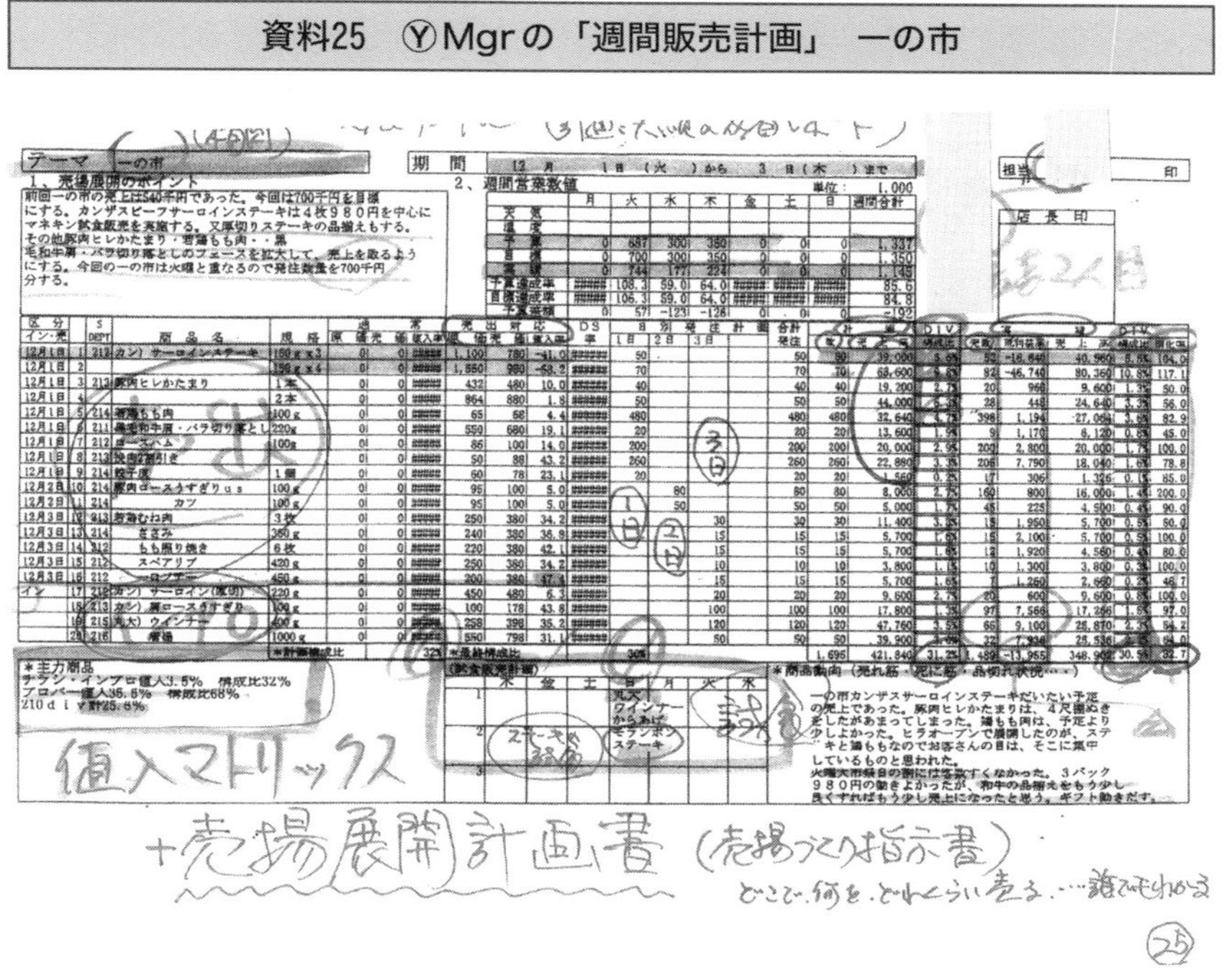

資料25　ⓎMgrの「週間販売計画」　一の市

テーマ　一の市

期間　12月　1日（火）から　3日（木）まで

1、売場展開のポイント

前回一の市の売上は540千円であった。今回は700千円を目標にする。カンザスビーフサーロインステーキは４枚９８０円を中心にマネキン試食販売を実施する。又厚切りステーキの品揃えもする。その他豚肉ヒレかたまり・若鶏もも肉・・黒毛和牛肩・バラ切り落としのフェースを拡大して、売上を取るようにする。今回の一の市は火曜と重なるので発注数量を700千円分する。

2、週間営業数値　単位：1,000

	月	火	水	木	金	土	日	週間合計
天気								
温度								
予算	0	687	300	350	0	0	0	1,337
目標	0	700	300	350	0	0	0	1,350
実績	0	744	177	224	0	0	0	1,145
予算達成率	#####	108.3	59.0	64.0	#####	#####	#####	85.6
目標達成率	#####	106.3	59.0	64.0	#####	#####	#####	84.8
予算差額	0	57	-123	-128	0	0	0	-192

区分 イン・売		S DEPT	商品名	規格	通常 原価	通常 売価	通常 値入率	売出対応 原価	売出対応 売価	売出対応 値入率	DS率	日別発注計画 1日	2日	3日		合計発注	計画 数	計画 金額	DIV 構成比	実績 売数	実績 荒利額	実績 売上高	DIV 構成比	消化率
12月1日	1	212	カン）サーロインステーキ	180g×3	0	0	#####	1,100	780	-41.0	######	50				50	50	39,000	[illegible]	52	-16,640	40,960	5.8%	104.0
12月1日	2			150g×4	0	0	#####	1,550	980	-58.2	######	70				70	70	68,600	[illegible]	82	-46,740	80,360	10.8%	117.1
12月1日	3	213	豚肉ヒレかたまり	1本	0	0	#####	432	480	10.0	######	40				40	40	19,200	2.7%	20	960	9,600	1.3%	50.0
12月1日	4			2本	0	0	#####	864	880	1.8	######	50				50	50	44,000	[illegible]	28	448	24,640	3.3%	56.0
12月1日	5	214	若鶏もも肉	100g	0	0	#####	65	68	4.4	######	480				480	480	32,640	4.7%	398	1,194	27,064	3.6%	82.9
12月1日	6	211	黒毛和牛肩・バラ切り落とし	220g	0	0	#####	550	680	19.1	######	20				20	20	13,600	1.9%	9	1,170	6,120	0.8%	45.0
12月1日	7	212	ローストハム	100g	0	0	#####	86	100	14.0	######	200				200	200	20,000	2.9%	200	2,800	20,000	1.7%	100.0
12月1日	8	213	焼肉[illegible]		0	0	#####	50	88	43.2	######	260				260	260	22,880	3.3%	206	7,790	18,040	1.6%	78.8
12月1日	9	214	餃子皮	1個	0	0	#####	60	78	23.1	######	20				20	20	1,560	0.2%	17	306	1,326	0.1%	85.0
12月2日	10	214	豚肉ロースうすぎりｕｓ	100g	0	0	#####	95	100	5.0	######		80			80	80	8,000	2.7%	160	800	16,000	1.4%	200.0
12月2日	11	214	カツ	100g	0	0	#####	95	100	5.0	######		50			50	50	5,000	1.7%	45	225	4,500	0.4%	90.0
12月3日	12	213	若鶏むね肉	3枚	0	0	#####	250	380	34.2	######			30		30	30	11,400	3.3%	15	1,950	5,700	0.5%	50.0
12月3日	13	214	ささみ	380g	0	0	#####	240	380	36.9	######			15		15	15	5,700	1.6%	15	2,100	5,700	0.5%	100.0
12月3日	14	212	もも照り焼き	6枚	0	0	#####	220	380	42.1	######			15		15	15	5,700	1.6%	12	1,920	4,560	0.4%	80.0
12月3日	15	212	スペアリブ	420g	0	0	#####	250	380	34.2	######			10		10	10	3,800	1.1%	10	1,300	3,800	0.3%	100.0
12月3日	16	212	[illegible]	450g	0	0	#####	200	380	47.4	######			15		15	15	5,700	1.6%	7	1,260	2,660	0.2%	46.7
イン	17	212	カン）サーロイン(厚切)	220g	0	0	#####	450	480	6.3	######			20		20	20	9,600	2.7%	20	600	9,600	0.8%	100.0
	18	213	カン）肩ロースうすぎり	100g	0	0	#####	100	178	43.8	######			100		100	100	17,800	1.3%	97	7,566	17,266	1.5%	97.0
	19	215	丸大）ウインナー	400g	0	0	#####	258	398	35.2	######			120		120	120	47,760	3.5%	65	9,100	25,870	2.3%	54.2
	20	216	[illegible]	1000g	0	0	#####	550	798	31.1	######			50		50	50	39,900	[illegible]	32	7,936	25,536	[illegible]	64.0
				*計画構成比			32%	*最終構成比			30%						1,695	421,840	31.2%	1,489	-13,955	348,962	30.5%	82.7

*主力商品
チラシ・インプロ値入3.5%　構成比32%
プロパー値入35.6%　構成比68%
210ｄｉｖ計25.6%

（試食販売計画）

	木	金	土	日	月	火	水
1				丸大ウインナーからあげ			
2				モランボンステーキ			
3							

*商品動向（売れ筋・死に筋・品切れ状況・・・）

一の市カンザスサーロインステーキだいたい予定の売上であった。豚肉ヒレかたまりは、４尺棚ぬきをしたがあまってしまった。鶏もも肉は、予定より少しよかった。ヒラオープンで展開したのが、ステーキと鶏ももなので、お客さんの目は、そこに集中しているものと思われた。
火曜大市頭目の割には客数すくなかった。３パック９８０円の動きよかったが、和牛の品揃えをもう少し良くすればもう少し売上になったと思う。ギフト動きだす。

担当　印

店長印

それはそうでしょう。作成しておしまい。実行したと思っている。「週間販売計画」のPDCAサイクルにとって、「週間販売計画」の作成はPDCAサイクルのP、そこはほんの入り口です。

入り口でウロウロしていて、全体が回っていないのに数値が変わるわけがありません。まして、作成させるはいいけど、作成させっぱなし、進捗管理もなしの放任では何も変わりません。

中身は盛りだくさんでなくていいから、「週間販売計画」を作成し、実績の効果・検証、改善策を考える。

その上で、次週の「週間販売計画」を作成するときに改善策を反映させ、「週間販売計画」を組み立てる。

このPDCAサイクルの中で中身が増え、充実していくのです。

まして、上司が「やっとけよ」で、関心も示さず、評価もされない「組織風土」では人も育たず、数値も変わるわけがありません。

(6) 効果④ ローカルSMでの不振店対策

D社退職後勤務したローカルSM各社でも、不振店対策の業務が付いて回りました。どこでも、業績不振となった本店や旗艦店舗の立て直しが、入社後の私の初仕事です。私の実力を見るためのテストです。

経営者からすると、給与に見合うだけの仕事ができるのかどうか確認したかったのでしょう。どの店舗も、難易度は様々でしたが、大体3〜4カ月で前年比90%くらいの数値から前年比100%以上に目標数値は改善されました。

もちろん、店損益が黒字化することは絶対条件です。

比較的短期間で目標数値へ到達するのは、改善の「のりしろ」が大きいからです。商品構成や売価設定、「商品・売場づくり」など、商売の基本がチェーンストアの原理原則から外れていたり、お客様が何を考え・どんなことを望んでいるのかを充分理解しない営業活動をしていて、ムダが多く、改善の余地が多かったからでしょう。

まず、1カ月はお客様が気持ちよく買物をしていただくための環境整備から始まります。

不振店対策の重要な柱は店長ですから、私自身が見極めて店長を選ぶ時もあります。

店長とコミュニケーションを密に図るとともに、新しい店づくりのコンセプトとお客様の要望に沿った部門ごとの具体策を説明します。

その後、各部門責任者に部門ごとの具体策の実施指導を行います。

その際は、私自身も実務を、例えば日配部門の和日配や洋日配などを担当します。

販売計画を作成して、発注から売価変更やシーズン商品の売場づくり、品揃え・棚割の見直し、販促資材の改善、シフトの調整まで一通りの実務をこなし、一緒に改善しながら数字が上がっていくのを見せます。

余所から突然来た人がいきなり不振店のリーダーだと言われても、どれだけの力を持っているのか知らないままに、彼らも「はい、はい」と聞くわけがありません。

意思疎通のため数値や決め事の進捗確認、情報確認・交換のための朝礼、昼礼、終礼などは必須です。

部門責任者に具体策を説明、理由を説明・説得し、手ほどきしながら実行させ、失敗してもいいから任せて彼らを教育・訓練します。

失敗したら、失敗の原因を一緒に考え、手を添えながら再スタートです。

彼らが成長しないと数値は上がりませんし、安定もしません。

人を育てるその先に数値が見えます。

まさに「企業は人なり」です。

山本五十六の言葉の通りです。

「やってみせ、言って聞かせて、させてみせ、褒めてやらねば、人は動かじ」です。

さらに、「話し合い、耳を傾け承認し、任せてやらねば人は育たず」……本当にその通りです。

不振店対策で一番楽しいことは、お客様との会話を通じての言葉も嬉しいですが、売場での商品を通じて、お客様の意思とか気持ちが売場の変化で伝わってくることです。

新しい商品をＰＯＰで提案しても、「まだまだ不十分、納得できない」と売場に変化なし。

じゃあこれはと情報を追加して提案すると、「納得！」と売場の商品がなくなります。

売場の商品を通じて、「売り手が伝えたいこと」、「お客様の役に立ちたいと思っていること」と「お客様が知りたいこと」、「お客様が望んでいること」の意思の疎通ができるようになるのです。

一旦、お客様との信頼関係が確立すると、大抵の提案は信頼して受け入れてもらえます。

本当に、嬉しい瞬間です、商売の醍醐味です。

そこに至るには、半年くらいの時間がかかるでしょうか！

苦労もあります。

売場を歩きすぎて足の裏のアーチの骨が疲労骨折になったり！

数値は比較的短期間で目標に達したものの、人も充分育っておらず、お客様との信頼関係もまだまだ不十分です。

本当は、瞬間的に目標に達した数値を、水平に目標レベルで維持していくことの方が大変で、大切なのはこれからです。

でも、短期間で数値が改善されるのを見て、驚きなのか期待なのか、「渡辺マジック」とか持ち上げながら宿題が次々と出てきます。

会議では、経営トップや幹部には、改善計画の中で店づくりのコンセプトや組織編成・具体策などを説明し、改善の進捗報告はするのですが、理解してもらえず、理解しようともしません。

「体質改善」という組織の構造改革をしているとの認識よりも、具体策の手法にしか目が行かず、それで数字が簡単に改善すると思っているのです。

D社内部ですらそうでした。

TQCプロジェクト「野菜の価格と鮮度の改善」の目覚ましい実績に目を奪われて、D社でも他部門がＴＱＣと称して取り組んでいましたが、ことごとく頓挫しました。

それはそうです、「実績は体質の結果」だというのに、手法だけ真似て、根底の「体質」を変えるための考え方・思想に思いが至らないのです。

ここでもそうです。


私にとっても気がかりがあります。

この会社で、今まで改善に取り組んできた幹部たちの心境です。

ＴＱＣプロジェクト「野菜の価格と鮮度の改善」で目覚ましい実績を上げて表彰台に上がった時に、「パチパチ」と拍手を送らざるを得なかった青果ＯＢたちの心境と似ています。

数値改善のためには、店舗組織の再編成を含めて、これまでの前任者が行ってきた営業方針や商売のやり方を見直し、廃止・改善して構造改革を行うことになるからです。

Ｄ社でも、一時、私たちとＯＢたちとの間で気持ちのわだかまりがありました。

まして、ここは「組織風土」の違うよその会社です。

あるローカルＳＭでは、不振店対策の店舗組織の編成で、店長や一部のＭｇｒの人選を巡って、軋轢がありました。

寡黙だけど部下の声に耳を傾け、実務を着実にこなしていく店長を不振店の店長に抜擢しました。

彼は、経営トップや幹部から「昼行灯」と呼ばれていて周りは大反対です。Ｍｇｒの評価もそうでした。

でも、「私が店長とＭｇｒを観察してきた結果、現時点での最適の人材です。特に店長は組織のかなめです。彼なら大丈夫、彼で行きます。いずれにしても、全責任は私にありますから、私が責任を負います」で押し切りました。

店長もＭｇｒも見事に私の期待に応えてくれて、３カ月という短期間で、それも台風の大雨の中、店舗が水に浸かるかもという日に、目標数値に到達できました。

私は知らない振りをしていましたが、店長はあるときに経営トップから呼ばれて、「よくやった」と褒められたそうです。

今は、彼は旗艦店舗を含めた主力店舗、数店舗の「エリアマネージャー」をしています。人が努力して成長する姿を見るのは嬉しいものです。

そういう出来事は、よくありました。

他の幹部たちも私の構造改善の手法を真似るのですが、実行してもうまくいかず、経営トップからは責められ大変です。

物まねではうまくいかないのは当然といえば当然なのですが、それでは収まりません。自分たちの「組織風土」の中で育んできた分かりやすい手法に沿った改善を要求し、自分たちの「組織風土」への同化が始まります。

本当は、従来のやり方では駄目だから、社外から異質な私を取り込んで、社内を変えようと図ったはずなのですが、業績を残しても異質なものを受け入れ難いのは世の常です。

D社ですら、請われて外部から入社した人材で、V字型回復で素晴らしい業績を残した人を放出するといった出来事も数多くありました。

組織を説得して動かす私の能力不足もありますが、他社の「組織風土」を変えることは、経営トップの大きな英断がないと、なかなか困難なようです。

私は、D社の経営トップの故中内CEOの英断により、TQCプロジェクトの日々の改善活動の取り組みの中で、「顧客志向」を徹底して貫き、結果、青果の「組織風土」が180度異質なものに変わるという貴重な経験ができました。

これが「きっかけ」となり、その後の職業人生の「道標（みちしるべ）」となりました。

どの企業で勤務しても、その道のプロとして恥ずかしくない実績を残せます。

故中内CEOには感謝の念でいっぱいです。

13 「固定客の囲い込み」……夕方商売

……夕方の「商品・売場づくり」

(1) 夕方に買物に来られるお客様の特徴とは……
●ひたすら「Fast Time Shopping（買物時間節約）」に専念……「固定客」を大切にしなくては

1990年頃から働く主婦や単身者の増加とともに、帰宅途中に買物をされるお客様が増え、夕方16時、17時から閉店までの夕方売上が1日の売上の50%を超える店舗が増えてきました。駅前やバスターミナル、団地内立地の店舗では、ほとんどの店舗で夕方売上の構成比が50%を超えます。

それまでは、売上が前倒し傾向で、開店の9時、10時から14時、15時までの売上が1日の売上の50%を超えていました。

夕方に買物をするお客様が増え、結果として夕方の売上が増えるため、売上が後ろ倒し傾向になってきたのです。

以前よりも大勢のお客様が夕方買物に来店されるということです。

昼間のお客様は買物時間にも余裕があるので、価格の安い商品を求めて多くの店舗を買いまわるのが一般的な特徴です。

これに比べて、仕事からの帰宅途中に来店されるお客様は、帰宅後の夕食の準備や家事が待っているため買物時間にも余裕がないのが特徴です。

短い時間で買物を終える必要があるので、チラシの商品を気にすることもなく、夕食や朝食に必要な食材を、行きつけの店舗を決めて、さっさと買物をされます。

夕方のお客様は、私たちにとっては、いつも買物をしていただく、ありがたい「固定客」です。

夕方のお客様にとって、献立に必要な商品が売場に並んでいない「品切れ」や、帰宅途中の貴重な時間をいたずらに浪費させられる「レジ待ち」などは一番の大敵です。

夕方のお客様が望まれるのは、「Fast Time Shopping（買物時間節約）」です。

「Fast Time Shopping（買物時間節約）」ができるわかりやすく、買いやすいレイアウト、売場づくりをしなくてはなりません。

D社では、1日の売上構成比が50％に達する時間を、1日の売上の折り返し時間なので、第2の開店時間という意味で、「第2の開店」と呼んでいました。

「第2の開店」時間を迎える前に、それまでに乱れた売場の整理整頓、鮮度チェック、品薄になった商品の加工・補充、夏であれば青果部門では切りたてのスイカ、鮮魚では切りたての刺身、惣菜では揚げたて・作りたての惣菜を充実させます。

そして、夕方に来店されるお客様を売場でお迎えする「夕方商売」に備えます。

⑵ 関東店舗の17時以降の売上構成比……

●16時以降ではさらに構成比が50％以上に高まる

資料26 17時以降売上高状況は、２０００年８月のＤ社ＳＭ店舗の夕方17時以降の売上構成比を店合計、部門別、フーズ（食品）、ノンフーズに表したものです。

フーズで17時以降の売上構成比が45％以上あれば、16時以降の売上構成比は50％を超えます。東関東、西関東の店舗では、16時以降売上構成比が50％を超えることが予想される店舗は、駅前立地、団地立地の店舗に多いです。

このデータは、15年前のものですから、お客様の生活がさらに多様化してコンビニ店舗が大活躍の現在、17時以降の売上構成比がさらに高くなっていると思われます。

部門では、日配部門で17時以降の売上構成比が既に50％を超えている店舗が多いです。

パン、牛乳、ヨーグルト、たまご、豆腐、納豆、麺類など消費頻度の高く、朝食・夕食の献立に欠かせない商品が多いからです。

資料26　17時以降売上高状況

17時以降売上高状況　[00年8月1日(火)~8月6日(日)]

単位：千円・%

店名	店合計 売上	構成	210 売上	構成	220 売上	構成	230 売上	構成	240 売上	構成	250 売上	構成	270 売上	構成	フーズ 売上	構成	ノンフーズ 売上	構成
八幡町	9,025	41.0	664	41.3	727	43.3	614	38.9	2,345	40.7	3,210	42.0	508	39.0	8,085	41.0	940	40.9
下北沢	20,478	49.8	1,500	52.5	2,260	50.2	1,388	49.6	3,820	53.3	4,391	49.6	1,885	50.5	15,021	51.0	5,457	45.9
叶谷	8,349	42.0	747	46.6	925	40.8	824	47.2	1,595	44.5	2,653	42.0	482	42.4	7,206	43.4	1,143	34.9
八王子大和田	7,389	48.6	716	54.3	792	46.1	550	49.6	1,767	50.2	2,096	48.4	397	45.5	6,319	49.1	1,070	45.1
小金井	10,882	46.8	806	48.2	950	46.3	793	49.2	1,846	49.4	4,315	46.8	759	47.2	9,471	47.6	1,412	42.4
稲城	14,730	46.2	1,281	47.2	1,706	43.9	1,462	47.8	3,234	47.8	3,575	45.3	970	49.7	12,227	46.6	2,502	44.3
国立	15,053	48.0	1,324	49.0	1,842	46.4	1,460	48.6	3,312	51.1	3,673	45.9	966	50.0	12,578	48.2	2,475	47.1
東浦和	11,356	49.9	723	56.3	1,179	49.7	781	56.6	1,916	55.2	3,977	47.1	893	53.6	9,468	50.9	1,888	45.4
大崎	28,338	47.1	1,410	53.6	2,160	50.3	1,328	49.2	4,416	50.9	8,744	47.2	1,783	36.4	19,852	47.6	8,486	45.0
新発田	10,402	37.1	1,116	49.7	466	38.3	665	41.8	1,401	42.6	3,961	34.6	699	33.2	8,309	37.9	2,093	34.1
上野原	13,611	39.8	1,337	42.2	1,104	40.8	1,412	42.3	2,692	42.2	3,294	41.0	696	43.6	10,536	41.7	3,075	34.4
二本松	9,206	44.0	979	45.4	1,406	41.4	910	45.5	2,147	46.8	2,524	42.6	503	45.5	8,471	44.2	735	42.1
光ヶ丘	10,553	47.2	930	47.5	1,094	43.5	924	48.6	2,062	48.9	3,979	47.0	640	44.6	9,629	47.0	924	43.6
大沼	9,793	43.6	771	48.9	904	44.4	643	46.5	2,085	45.6	2,524	43.0	590	37.6	7,518	44.2	2,274	41.9
淵野辺本町	8,565	47.9	851	51.6	1,037	47.4	895	51.8	1,881	49.1	2,385	45.4	670	49.0	7,719	48.2	845	45.3
鴨宮	8,123	41.4	716	44.1	802	40.9	709	42.8	1,925	42.5	2,272	39.6	658	43.0	7,084	41.6	1,039	40.1
津久井	10,093	37.4	946	38.8	921	37.3	1,032	38.8	1,807	42.0	4,053	36.8	521	40.1	9,281	38.4	813	28.1
町田	9,143	48.3	767	52.2	1,080	47.7	627	50.0	2,211	50.5	2,709	47.3	705	44.0	8,100	48.5	1,044	45.8
諏訪インター	11,637	43.2	1,129	40.7	1,173	41.5	831	45.0	1,954	45.9	3,531	43.0	1,390	41.8	10,008	43.1	1,629	43.9
横山	8,822	48.1	930	50.0	1,229	45.8	975	51.9	2,190	49.0	2,217	46.4	698	50.9	8,239	48.3	582	45.5
三国	6,673	46.7	475	51.0	599	51.1	371	49.9	1,304	52.9	1,817	48.7	592	52.2	4,958	50.1	1,715	33.1
芦原	3,960	39.3	358	40.9	519	35.3	346	38.9	842	43.5	934	38.7	194	35.1	3,193	39.4	787	38.7
西大島	9,800	37.7	981	39.8	1,132	35.8	991	36.5	2,070	40.5	2,263	38.7	701	36.7	8,138	38.4	1,682	34.8
北鳴尾	13,013	40.0	1,492	41.7	1,557	34.8	1,218	38.1	2,561	42.9	3,290	40.2	954	41.8	11,072	40.0	1,941	39.9
小林	15,926	42.3	1,725	43.8	1,881	38.8	1,374	41.2	2,865	44.4	6,101	43.3	615	36.8	14,561	42.4	1,366	40.8
みのお	8,959	35.7	773	38.7	1,007	32.6	818	35.9	1,704	39.7	1,851	36.4	510	37.8	6,664	36.8	2,296	32.8
西武庫	13,746	39.6	1,413	41.8	1,379	37.2	1,257	40.3	2,916	42.9	3,380	39.3	804	41.1	11,148	40.5	2,598	35.2
水無瀬	16,177	36.7	1,334	38.6	1,220	31.0	1,284	35.4	2,418	39.6	6,034	36.6	948	40.7	13,237	36.8	2,940	36.2
東芦屋	12,720	49.0	1,162	48.6	1,809	45.4	1,068	47.6	2,549	51.3	4,477	49.6	801	51.4	11,866	49.1	853	47.4
芦屋陽光	2,067	37.1	141	39.9	246	35.0	117	41.9	542	43.6	679	39.8	166	27.3	1,691	38.7	175	25.7
西明石	18,762	41.1	2,195	41.6	1,785	39.5	1,773	40.1	3,799	44.8	3,868	42.0	1,162	43.5	14,582	42.2	4,179	37.9
本山	14,025	44.6	1,401	45.3	1,744	41.5	1,149	42.5	2,908	48.3	3,122	44.8	1,013	52.4	11,338	45.5	2,687	41.0
六甲道	18,813	43.5	2,107	46.2	2,229	40.6	1,726	38.1	3,810	47.4	4,279	43.6	1,532	49.1	15,684	44.1	3,129	40.6
ポートアイランド	19,412	39.3	1,374	38.7	2,042	33.9	1,382	37.1	3,387	42.1	6,027	38.7	1,132	38.9	15,344	38.5	4,059	42.2
ひよどり台	7,045	36.9	839	37.1	690	32.8	626	33.5	1,621	39.5	1,827	35.5	397	38.4	6,000	36.3	1,045	40.5
[illegible]	12,317	42.2	1,120	43.4	1,353	39.6	1,010	41.1	2,491	45.6	3,109	42.5	876	47.7	9,960	43.2	2,357	38.7
長田	15,057	38.6	1,336	40.3	1,378	33.8	1,093	36.2	2,789	42.6	3,462	38.7	846	41.8	10,904	39.0	4,153	37.6
新神戸OPA	9,912	51.2	753	57.4	1,241	52.8	533	52.1	2,202	57.1	3,089	46.0	858	48.2	8,675	50.9	1,237	53.6
六甲アイランド	9,615	41.5	978	43.4	1,223	39.7	630	41.7	1,957	45.7	3,578	43.0	770	33.7	9,136	42.0	479	33.3
西神戸	5,505	34.8	553	33.3	441	33.7	291	33.5	1,353	37.1	2,353	38.3	120	32.9	5,132	35.6	373	25.9
生鮮市場住吉	12,389	41.8	1,535	44.1	1,238	40.8	1,190	44.2	1,665	47.6	5,963	39.8	381	44.2	11,973	41.9	417	35.7
六甲道駅前	6,012	41.3	859	41.0	916	39.3	641	40.9	1,566	43.3	1,176	42.3	812	40.2	5,970	41.4	42	29.2
摩耶海岸通	10,251	57.4	727	54.9	1,053	48.1	820	51.0	2,162	57.0	4,013	56.5	886	53.6	9,661	58.2	590	46.9
小束山	18,444	44.2	1,921	44.3	1,952	40.2	1,603	44.6	3,583	47.2	5,896	44.7	1,367	42.9	16,326	44.4	2,118	42.6
箱崎	12,141	44.2	857	47.3	975	45.4	813	41.1	2,429	45.9	3,631	46.1	617	43.2	9,324	45.4	2,817	40.8
八幡	8,468	36.8	506	39.7	403	38.0	469	34.8	1,233	39.3	3,076	38.2	329	39.1	6,016	38.3	2,471	32.1
JR久留米	10,097	42.3	834	42.9	627	35.7	739	39.8	1,754	43.6	3,392	43.4	601	48.0	7,945	42.6	2,152	41.0
三萩野	8,852	41.3	674	40.8	730	44.1	539	38.7	1,721	44.1	2,234	42.1	496	43.1	6,393	42.5	2,459	38.0
雑餉隈	12,149	42.0	1,002	43.5	842	42.6	806	43.9	2,025	47.0	2,632	41.1	740	50.4	8,047	44.0	4,102	38.7
野芥	12,354	41.0	977	41.8	782	37.1	838	39.4	1,779	42.0	4,071	42.7	666	37.7	9,112	41.2	3,241	40.5
門司	9,984	42.3	803	44.0	768	41.4	826	41.8	2,016	44.4	2,850	44.5	357	35.9	7,419	43.4	2,584	39.7
小笹	9,680	47.2	1,011	49.1	1,024	44.3	837	46.5	1,934	49.4	2,448	52.0	393	38.7	7,647	48.4	2,033	43.2
大橋	11,689	45.6	769	45.3	698	46.5	697	44.7	2,111	49.5	3,560	46.6	741	51.1	8,575	47.3	3,114	41.4
浦上	11,117	49.9	852	46.9	1,112	50.5	724	47.5	1,796	49.1	3,610	53.8	843	50.6	8,938	50.6	2,179	46.4
湯布院	8,692	37.1	773	37.3	577	33.0	629	35.4	1,800	43.4	2,356	37.2	303	32.4	6,437	37.8	2,255	35.1
南福岡	9,854	49.0	861	50.5	1,009	46.9	815	46.1	1,981	52.2	2,684	51.6	444	41.8	7,894	49.7	1,960	46.3
東関東エリア	138,002	46.0	10,308	49.8	13,007	46.5	9,863	47.7	25,653	48.9	40,595	44.8	9,111	43.9	108,537	46.6	27,465	43.9
西関東エリア	99,545	43.5	9,358	45.3	10,752	42.9	8,958	45.6	20,955	48.0	29,490	42.7	7,072	43.6	86,585	44.1	12,961	39.9
東近畿エリア	103,041	40.2	9,854	42.2	11,348	37.2	8,844	39.4	19,771	43.6	30,626	40.9	6,265	41.0	86,728	40.9	16,313	36.9
西近畿エリア	177,559	42.4	17,708	43.0	19,284	39.3	14,469	40.6	35,299	45.8	51,773	42.6	12,151	43.9	150,684	42.8	26,875	40.0
九州エリア	125,098	43.0	10,020	44.1	9,547	42.5	8,533	41.7	22,578	45.9	38,543	44.6	6,528	43.4	93,749	44.2	31,349	39.7
SMカンパニー計	641,245	43.0	57,247	44.5	63,933	41.2	50,666	42.7	124,257	46.1	189,027	43.1	41,147	43.3	525,283	43.7	114,952	43.3

資料26の上部を拡大したもの

17時以降売上高状況 [00年8月1日(火)〜8月6日(日)]

単位:千円・%

店名	店合計 売上	店合計 構成	210 売上	210 構成	220 売上	220 構成	230 売上	230 構成	240 売上	240 構成	250 売上	250 構成	270 売上	270 構成	フーズ 売上	フーズ 構成	ノンフーズ 売上	ノンフーズ 構成
八幡町	9,025	41.0	684	41.3	727	43.3	614	38.9	2,345	40.7	3,210	42.0	508	39.0	8,085	41.0	940	40.5
下北沢	20,478	49.8	1,500	52.5	2,260	50.2	1,388	49.6	3,820	53.3	4,391	49.6	1,685	50.5	15,021	51.0	5,457	45.9
叶谷	8,349	42.0	747	46.6	925	40.8	824	47.2	1,595	44.5	2,653	42.0	462	42.4	7,206	43.4	1,143	34.9
八王子大和田	7,389	48.6	716	54.3	792	46.1	550	49.6	1,767	50.2	2,096	48.4	397	45.5	6,319	49.1	1,070	45.1
小金井	10,882	46.8	806	48.2	950	48.3	793	49.2	1,846	49.4	4,315	46.8	759	47.2	9,471	47.6	1,412	42.4
稲城	14,730	46.2	1,281	47.2	1,705	43.9	1,462	47.8	3,234	47.8	3,575	45.3	970	49.7	12,227	46.6	2,502	44.3
国立	15,053	48.0	1,324	49.0	1,842	46.4	1,460	48.6	3,312	51.1	3,673	45.9	966	50.0	12,578	48.2	2,475	47.1
東浦和	11,356	49.9	723	56.3	1,179	49.7	781	56.6	1,916	55.2	3,977	47.1	893	53.6	9,468	50.9	1,888	45.4
大崎	28,338	47.1	1,410	53.6	2,160	50.3	1,328	49.2	4,416	50.9	8,744	47.2	1,783	36.4	19,852	47.6	8,486	45.0
新発田	10,402	37.1	1,116	49.7	466	38.3	665	41.8	1,401	42.6	3,961	34.6	699	33.2	8,309	37.9	2,093	34.1
上野原	13,611	39.8	1,337	42.2	1,104	40.8	1,412	42.3	2,692	42.2	3,294	41.0	696	43.6	10,536	41.7	3,075	34.4
二本松	9,206	44.0	979	45.4	1,406	41.4	910	45.5	2,147	46.8	2,524	42.6	503	45.5	8,471	44.2	735	42.1
光ヶ丘	10,553	47.2	930	47.5	1,094	43.5	924	48.6	2,062	48.9	3,979	47.0	640	44.8	9,629	47.0	924	49.8
大沼	9,793	43.6	771	48.9	904	44.4	643	46.5	2,085	45.6	2,524	43.0	590	37.6	7,518	44.2	2,274	41.9
淵野辺本町	8,565	47.9	851	51.6	1,037	47.4	895	51.8	1,881	49.1	2,385	45.4	670	49.0	7,719	48.2	845	45.3
鷺宮	8,123	41.4	716	44.1	802	40.9	709	42.8	1,925	42.5	2,272	39.6	658	43.0	7,084	41.6	1,039	40.1
津久井	10,093	37.4	946	39.8	921	37.3	1,032	38.8	1,807	42.0	4,053	36.8	521	40.1	9,281	38.4	813	28.1
町田	9,143	48.3	767	52.2	1,080	47.7	627	50.0	2,211	50.5	2,709	47.3	705	44.0	8,100	48.5	1,044	45.8
諏訪インター	11,637	43.2	1,129	40.7	1,173	41.5	831	45.0	1,954	45.9	3,531	43.0	1,390	41.8	10,008	43.1	1,629	43.9
横山	8,822	48.1	930	50.0	1,229	45.8	975	51.9	2,190	49.0	2,217	46.4	698	50.9	8,239	48.3	582	45.5

(3) 夕方のお客様購買行動の実態把握に取り組む

夕方、「第2の開店」時間以降、買物に来店されるお客様のために、「夕方商売」を充実させないといけないことはわかりました。

まず、売場の整理整頓、鮮度チェック、品薄商品の加工・補充、「レジ待ち」させないためのレジシフトの充実などです。

POSデータで、各店舗の「第2の開店」時間はわかります。

しかし、夕方買物をされるお客様の買物行動については実態のわからないことばかりです。

ISM（In Store Merchandising）の売上の公式と同じです。

売上＝「客数」×「客単価」……これだけでは具体的な対策には結びつきません。

「客数」と「客単価」をさらに分解して、「支持率（買上率）」と「1人当たり買上個数」というお客様の購買行動に基づいた指標で数値化されて、初めて、具体的な対策が打てます。

営業部門としては、「品切れ」対策が悩みです。

夕方のお客様のために、全商品を閉店まで「品切れ」させずに品揃えしていたら、膨大な見切り・廃棄で荒利を圧迫し、元も子もありません。

まずはお客様の買物行動の実態調査です。

青果部門では、ＴＱＣプロジェクトを進めるプロセスで様々な原因と対策を科学的な手法で数値化・グラフ化するなど、科学的に「見える化」する手法で明らかにしてきました。

青果部門はいつしか、自称・他称、「科学する青果」と呼ばれるようになりました。

これから、「お客様の買物行動」の「見える化」に取り組みます。

(4) 買物動線調査

1 買物動線調査……A大宮店青果売場

ＴＱＣプロジェクトスタート以前からＤ社の青果部門の売場では、お客様の回遊性を高め、滞留時間を長くする目的で、直線型の売場レイアウトやコの字型のレイアウトなど多様なレイアウトが展開されていました。

ただ、どの形態のレイアウトが一番望ましいのか、検証もされずに放置されてきました。

ＴＱＣプロジェクト担当メンバーとしては、お客様へのサービス向上対策として、お客様が買物をし易いレイアウトとしてはどんなレイアウトがベストなのか、喉から手が出るほど欲しい情報でした。

そこで、ＴＱＣプロジェクトの中で、お客様の買物行動の軌跡を売場に重ねて描く、「動線調査」が行われることになりました。

お客様が売場のどこに立ち寄って買物をされているか、お客様の買物行動の「見える化」です。

その上で、夕方のお客様の「Fast Time Shopping（買物時間節約）」に応える必要があります。

大宮店は、ＪＲ駅前立地で、バスターミナルが隣接しているため、夕方、勤め帰りのお客様が大勢来店されます。

資料27　動線調査は、1990年の大宮店の青果売場のある1日の「動線調査」結果です。

大宮店の青果売場はコの字型レイアウトですが、他の店舗の他の形態のレイアウトについても「動線調査」が行われました。

この「動線調査」の方法は、調査員が一人のお客様の後についてまわり、売場のどこに立ち寄ったかを記入する方法らしいですから、調査にかかった時間と手間は大変なものです。売場の中で、動線が濃い場所ほど、お客様が多く立ち寄ったり、通過した場所です。

この動線は、開店から閉店までの1日のお客様動線を重ねて描いたものです。

お客様の動線のスタートは、当然、お客様の買物行動のスタート地点のカゴ・カート置き場からスタートしますので、カゴ・カート置き場の動線は濃いです。

カゴ・カート置き場の正面に、コの字型の青果売場から離れて、ぽつんと縦長の平台が1台あります。

資料27　動線調査

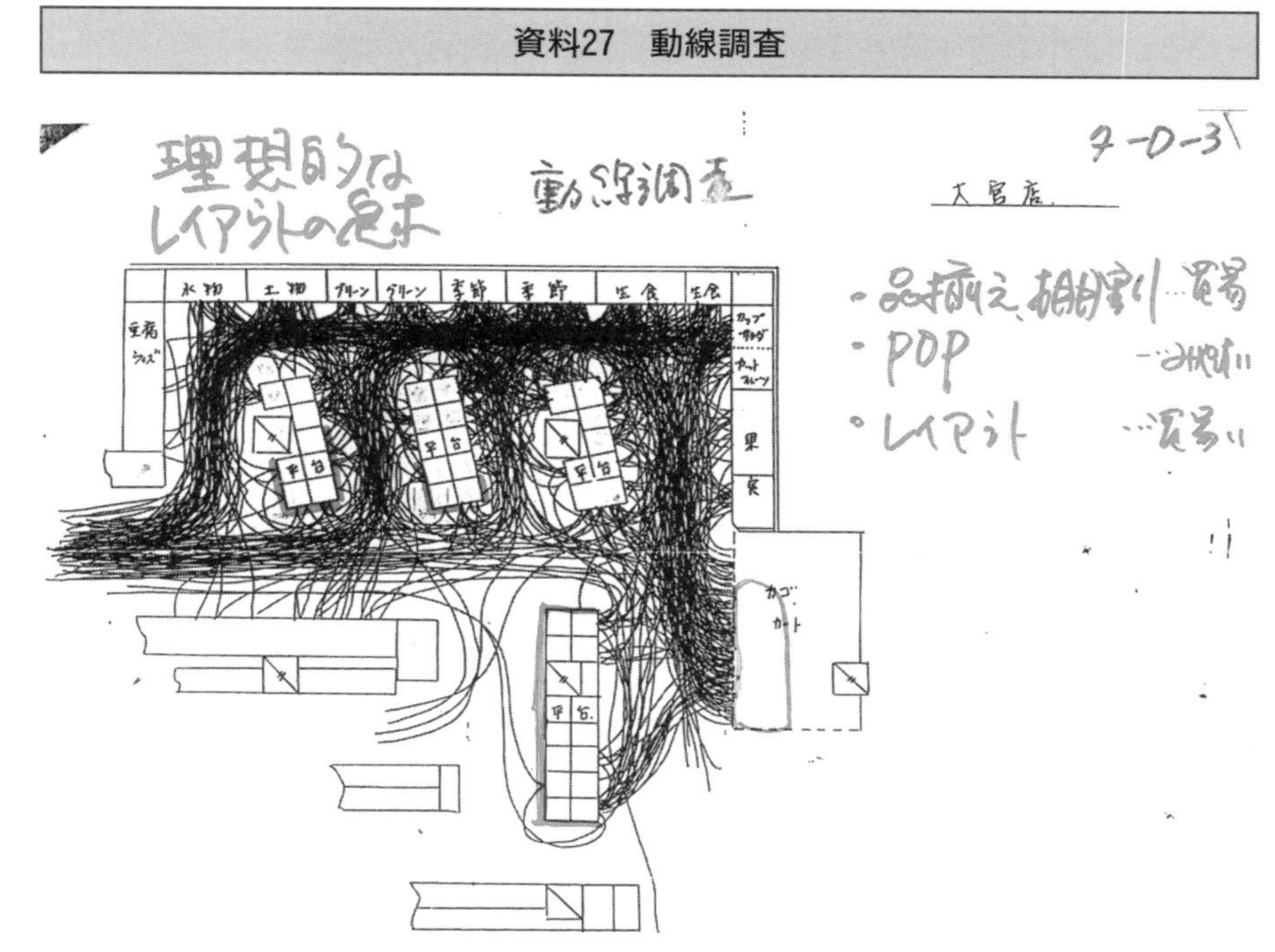
理想的な
レイアウトの見本
動線調査
大宮店
・品揃え、棚割…良い
・POP
・レイアウト
水物
土物
グリーン
グリーン
季節
季節
生食
生食
平台
平台
平台
平台
果実
カゴ
カート

右半分は多少のお客様の寄り付きがあるものの、左半分にはお客様の立ち寄りはほとんどなく、死んだ売場です。

ここに日持ちのしない商品を陳列したら、商品が回転せずロスだらけになることが予想されます。

コの字型のレイアウトの中の三つの平台とも、お客様の進行方向に面した右側はお客様の立ち寄りが多くあるものの、左側はほとんどない状況が見て取れます。

冷蔵ケース内の定番の各コーナーは動線が濃く、お客様の立ち寄り回数が多いことがわかります。

このように、お客様の買物行動を「見える化」できて、初めて、コの字型レイアウトは課題が多いことが分かりました。

平台の配置にも、工夫が必要なことがわかります。

このように、死に場所を多く抱えた売場を預けられたＭｇｒこそいい迷惑です。

資料28　青果動線調査　L／O分類にあるようにⓐ～ⓔまでの他店舗の青果売場の様々なパターンのレイアウトの「動線調査」も実施され、回遊性、滞留性の高い、効果的なレイアウトがわかりました。

資料28　青果動線調査　L/O分類

青果動線調査、L/O分類

	型	店舗
ⓐ	ⓐコの字型	板宿 大宮 小平 変形型として 北野田
ⓑ	ⓑL字型	堅田 Dランド学園 金剛
ⓒ	ⓒ両側面ケース型	鈴蘭台 大島 垂水 西神中央
ⓓ	ⓓ片面ケース型	加古川 P/K
ⓔ	ⓔ入口部分より、青果始まり部分へ逆もどりする L/O型	上大岡 (成増)

以上の5パターンに分類をした

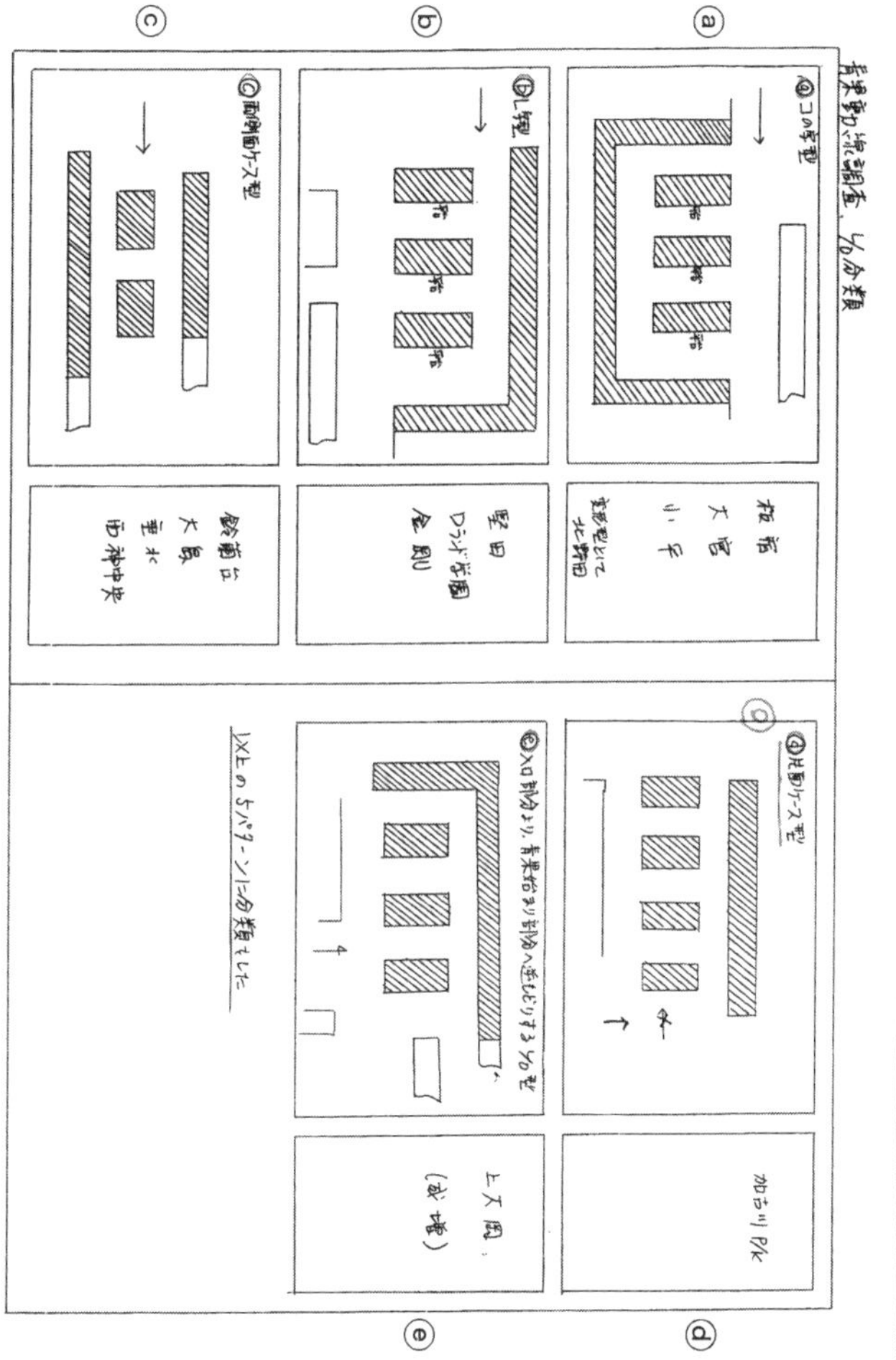

そのレイアウトは、ⓓの片側ケース型のレイアウトです。

主通路をはさんで片側に日配商品の多段冷蔵ケースを、片側に青果の多段冷蔵ケースを配置し、その間に青果の5~6尺の平台群を多段冷蔵ケースと平行に配置するというものでした。

このパターンのレイアウトでは、お客様が冷蔵ケースや平台の裏表までまんべんなく立ち寄って買物をされる回遊性や滞留性の高い「動線」の軌跡が描かれていました。


この大宮店の「動線調査」は1日の動線を重ねたものですが、夕方16時以降の「動線調査」を見ると驚きです。

夕方のお客様は、平台の商品には見向きもせず、主に冷蔵ケース内の定番商品を中心に買物されている様子の「動線」が表現されていました。

調査書には、「夕方のお客様は冷蔵ケースに沿って、野菜の鮮度を確認しながら、価格をあまり確かめもせず、無造作に商品を買物かごに入れ、足早に買物をする」状況が報告されていました。


お客様が帰宅を急ぐ中での買物行動や心理状況を考慮すると当然と言えます。

夕方のお客様にとっては、いつも「あて」にできる定番の野菜が「品切れ」なく並んでいることが一番重要だということです。

「夕方商売」では、定番商品を「品切れ」させないことが、私たちにとって重要な使命です。

2 買物動線調査……B成増店食品売場

参考までに。

資料29「客動線」成増は、成増店の食品売場全体の「動線調査」結果です。

成増店は、地下1Fに食品売場が有り、1Fからエスカレーターで下りると青果売場に突き当たります。

このように、食品売場全体のレイアウトを見直すために、青果の「動線調査」と合わせて一部店舗では食品売場全体の「動線調査」が行われました。

食品売場では、購買頻度の高い商品と低い商品が品揃えされているので、お客様の立ち寄り回数は場所によっては差が出てくるのは当然です。

それでも、少しでも回遊性をよくし、滞留時間を長くし、お客様に買物しやすいレイアウトを工夫して、一品でも多く買っていただきたいというのが企業の願いです。

特に、夕方のお客様に対しては、わかりやすく、買いやすい売場づくりをして、「Fast Time Shopping（買物時間節約）」ができる環境を整えなければなりません。

資料29　「客動線」成増

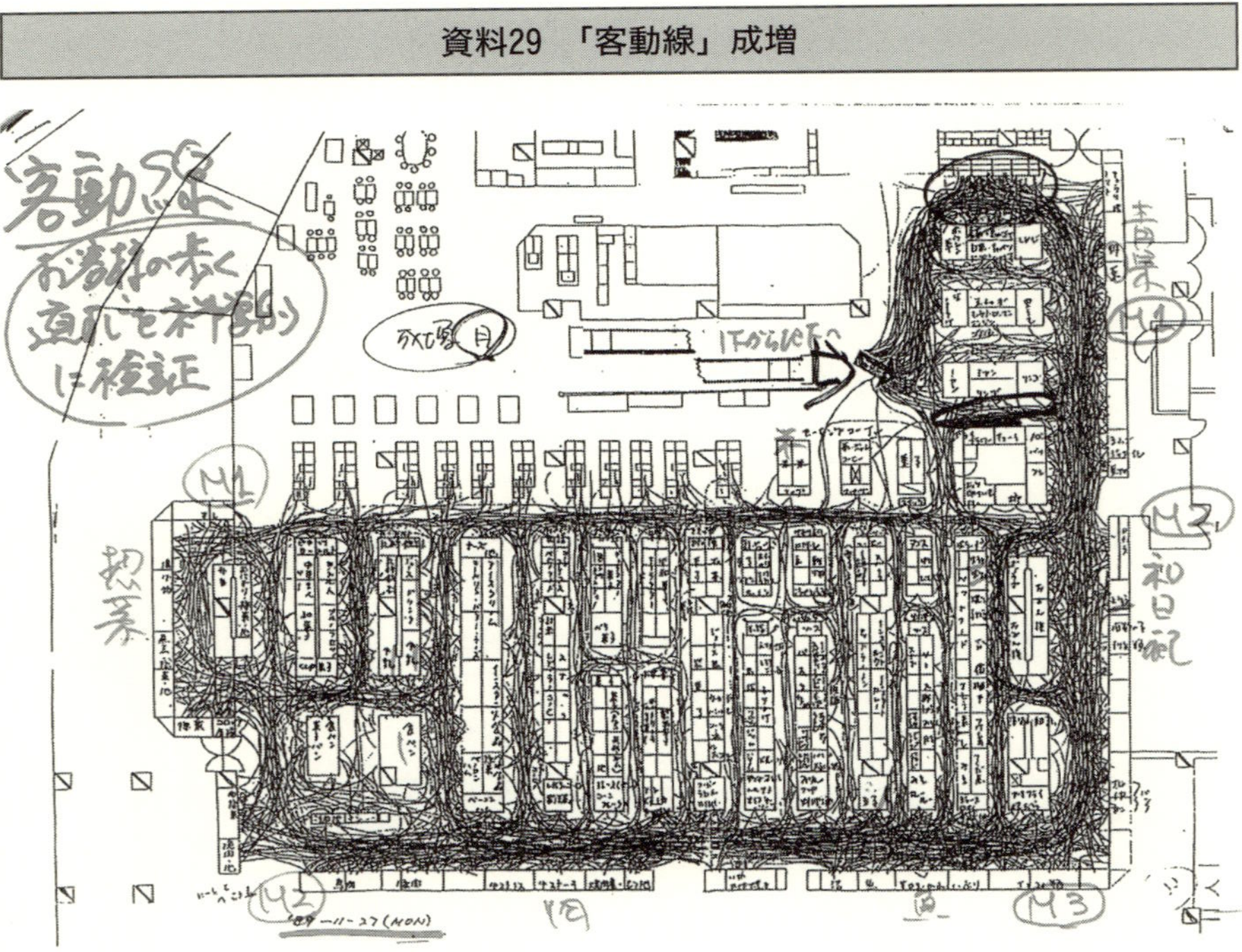

夕方のお客様が朝食・夕食に必要な食材を買う際に「Fast Time Shopping（買物時間節約）」ができるために、入り口近くに惣菜などを配置するとか、D社だけでなく、他のチェーンストアでも工夫がされてきています。

現に、アメリカのSMのレイアウトは入り口近くにデリを配置している店舗がほとんどです。

⑸ 滞留時間調査……

●青果売場での買物時間帯別の滞留時間と買上個数

資料30　青果滞留時間・買上個数は、時間帯別にお客様が青果売場でどれくらいの時間を費やして買物をしたか、そして、それぞれの時間帯で何個買われたかを調査した1990年1月のデータです。

対象店舗は、大宮店（駅前・ターミナル立地）、大島店（団地立地）、上大岡店（住宅街立地）、小平店（郊外立地）の4店舗です。

大宮店の16～19時までの平均滞留時間は1分54秒、それ以前の12～16時の平均滞留時間は2分23秒です。

夕方は約30秒ほど短くなり、「動線調査」で見たように慌ただしい買物の姿が数字にもはっきり現れています。

これに対して、他の3店舗は16～19時と12～14時の平均滞留時間には大きな差が見られません。

資料30　青果滞留時間・買上個数

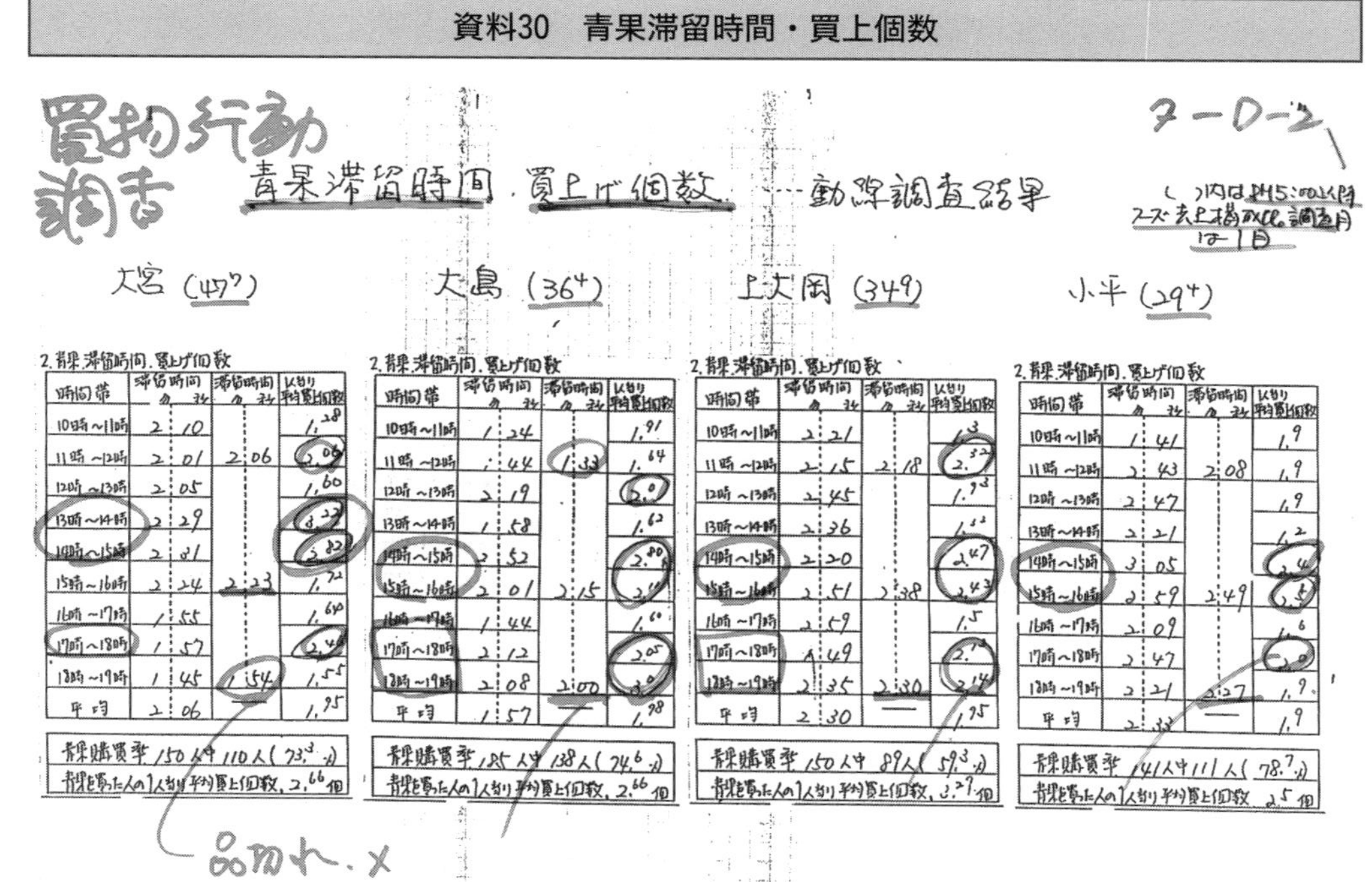

買物行動調査

青果滞留時間．買上げ個数……動線調査結果

ヌ－ロ－2

（　）内は売場面積（坪）
スーパー売上構成比調査月
12－1日

大宮（47⁷）

2．青果．滞留時間．買上げ個数

時間帯	滞留時間（分：秒）	滞留時間（分：秒）	1人当り平均買上個数
10時～11時	2：10		1.28
11時～12時	2：01	2：06	2.06
12時～13時	2：05		1.60
13時～14時	2：29		3.22
14時～15時	2：31		2.82
15時～16時	2：24	2：23	1.72
16時～17時	1：55		1.64
17時～18時	1：57		2.46
18時～19時	1：45	1：54	1.55
平均	2：06	—	1.95

青果購買率 150人中 110人（73.3%）
青果を買った人の1人当り平均買上個数．2.66個

大島（36⁴）

2．青果．滞留時間．買上げ個数

時間帯	滞留時間（分：秒）	滞留時間（分：秒）	1人当り平均買上個数
10時～11時	1：24		1.91
11時～12時	1：44	1：33	1.64
12時～13時	2：19		2.0
13時～14時	1：58		1.62
14時～15時	2：52		2.80
15時～16時	2：01	2：15	2.1
16時～17時	1：44		1.60
17時～18時	2：12		2.05
18時～19時	2：08	2：00	3.0
平均	1：57	—	1.98

青果購買率 185人中 138人（74.6%）
青果を買った人の1人当り平均買上個数．2.66個

上大岡（349）

2．青果．滞留時間．買上げ個数

時間帯	滞留時間（分：秒）	滞留時間（分：秒）	1人当り平均買上個数
10時～11時	2：21		1.3
11時～12時	2：15	2：18	2.32
12時～13時	2：45		1.93
13時～14時	2：36		1.52
14時～15時	2：20		2.47
15時～16時	2：51	2：38	2.43
16時～17時	2：59		1.5
17時～18時	1：49		2.1
18時～19時	2：35	2：30	2.14
平均	2：30	—	1.95

青果購買率 150人中 89人（59.3%）
青果を買った人の1人当り平均買上個数．2.27個

小平（29⁴）

2．青果．滞留時間．買上げ個数

時間帯	滞留時間（分：秒）	滞留時間（分：秒）	1人当り平均買上個数
10時～11時	1：41		1.9
11時～12時	2：43	2：08	1.9
12時～13時	2：47		1.9
13時～14時	2：21		1.2
14時～15時	3：05		2.4
15時～16時	2：59	2：49	2.5
16時～17時	2：09		1.6
17時～18時	2：47		2.0
18時～19時	2：21	2：27	1.9
平均	2：33	—	1.9

青果購買率 141人中 111人（78.7%）
青果を買った人の1人当り平均買上個数 2.5個

品切れ．×

この理由は、大宮店のお客様は買物の後さらに時間をかけて、バスか電車で帰らなくてはいけない焦る気持ちがあるのに対し、他の3店舗のお客様は既に自宅近くまで帰ってきての買物なので、気持ち的にも余裕があるという心理的なちがいでしょう。

さらに、大宮店の食品売場全体で見ると、昼間のお客様の平均滞留時間は約15分、これに対して夕方の16〜19時の平均滞留時間は約12分で、実に約3分、買物時間が短くなっています。いかにお客様が、「Fast Time Shopping（買物時間節約）」を心がけているかがわかります。

大宮店の「1人当たり平均買上個数」でも、同じ夕方の16〜19時の時間帯の中でも、17〜18時の時間帯の「1人当たり平均買上個数」が飛び抜けて多くなっているのがわかります。

(6) 夕方の「品切れ」不可商品……「Q商品」

1990年頃から、D社商品部のフーズラインとしても、夕方の売上構成比が高まる中、「夕方商売」に取り組み始めました。

販売個数の多い主要定番商品の中から、夕方17時以降お客様にとって必要だと思われる商品を「Q商品」として、各部門がリストアップしてまとめました。

資料31 Q商品リスト は、2000年11月のSM事業本部の「Q商品」リストです。

「Q商品」は、閉店まで品切れさせてはいけない「品切れ不可商品」です。

青果部門で見ると、キャベツ、大根、レタスの2分の1、白菜4分の1などは、品切れさせてはいけない商品でありながら、売れ残ったら鮮度低下のため翌日は廃棄されます。

廃棄を覚悟で、「品切れ」させないように閉店まで品揃えするのです。

けれども、廃棄商品の数量が多くならないように、POSデータを見て最小限にマネジメントするのがMgrの仕事です。

お客様の、朝食・夕食の献立に欠かせない食材だから当然でしょう。

資料31　Q商品リスト

○○／11月度　Q商品リスト

DIV	SKU数	商品名	規格
210	8	ｶﾝｻﾞｽﾋﾟｰﾌ肩ロースうすぎり(ｱﾒﾘｶ)	S
		ｶﾝｻﾞｽﾋﾟｰﾌ上ｶﾙﾋﾞ焼肉(ｱﾒﾘｶ)	S
		豚肉ロースうすぎり(国産)	S
		豚肉こまぎれ(国産)	S
		豚肉酢豚ｶﾚｰ(国産)	S
		若鶏もも肉(国産)	1枚
		若鶏むね肉(国産)	1枚
		豚肉挽肉(国産)	S
220	12	トマト	1玉
		ほうれん草	1束
		生椎茸(国産)	1ﾊﾟｯｸ
		キャベツ	1/2玉
		大根	1/2切
		レタス	1/2玉
		きゅうり	バラ
		白菜	1／4切
		長(青)葱	1束
		もやし	1袋
		バナナ	100g
230	11	鉢まぐろ	1冊
		鉢まぐろ小造り	1ﾊﾟｯｸ
		湯たこ	1ﾊﾟｯｸ
		鮭はらす	1ﾊﾟｯｸ
		さば塩焼	1ﾊﾟｯｸ
		刺身小造り5点	1ﾊﾟｯｸ
		しらす干	1ﾊﾟｯｸ
		あじ開干	1ﾊﾟｯｸ
		うなぎ蒲焼(ハーフカット) 1切	1ﾊﾟｯｸ
		生たら切身	1ﾊﾟｯｸ
		塩たら(甘口)	1ﾊﾟｯｸ

DIV	SKU数	商品名	規格
240	22	CC成分無調整牛乳	1000ml
		CC北海道牛乳	1000ml
		低脂肪乳	1000ml
		SVコーヒー	1000ml
		CC我が家の食パン	6枚
		CC レーズンブレッド	6枚
		ヤマザキ ﾀﾞﾌﾞﾙｿﾌﾄ	6枚
		CCバターロール	8個
		丸共 生餃子	16粒
		紀文焼ちくわ	2本入
		SVちくわ	4本入
		紀文はんぺん(大)	2枚
		SVかに風味蒲鉾	11本
		とうふ(もめん，きぬ)店長おすすめ品にて対応	
		DDF　油揚げ	3枚
		(斎藤 油揚げ	3枚)
		DDF　熟成うどん	220g
		(せきもと うどん2食入	500g)
		納豆 店長おすすめ品のトレー3Pまたは4Pにて	
		たまごL	10個入
		近藤白菜浅漬け	250g
		(片山 白菜漬け	350g)
		近藤 白菜朝鮮漬け	200g
		(野島 白菜朝鮮漬け	270g)
		丸昌　野沢菜	200g

DIV	SKU数	商品名	規格
270	10	海老かき揚げ	1枚
		骨なしから揚げ	1ﾊﾟｯｸ
		男爵コロッケ(セルフバラ)	1個
		地鶏甘辛揚げ	1ﾊﾟｯｸ
		カキフライ	1ﾊﾟｯｸ
		ロースカツ	1枚
		にぎり寿司(7個)	1ﾊﾟｯｸ
		ねぎとろ中巻	1ﾊﾟｯｸ
		白飯	1ﾊﾟｯｸ
		赤飯	1ﾊﾟｯｸ

ここに、売り切れごめんの八百屋の商売と社会的な使命を果たそうとするチェーンストアの商売の大きな違いがあります。

頭の中では、「Q商品」を「品切れ」させてはいけないと分かっていても、荒利を圧迫する廃棄をあまり出したくないのがMgrの心境……ジレンマです。

一部の店舗では、このようなMgrのジレンマを断ち切るため、「Q商品」のプライスカードの横に、「この商品は閉店まで『品切れ』させません」とPOP表示して、各Mgrの覚悟の程を示していました。

でも、「Q商品」はMgrが勝手に決めた商品で、これらの商品が本当に適切なのかどうか疑問です。

私は単身赴任を長く経験して自ら買物をし、煮魚や煮物・揚げ物などの料理をこなせるようになったので、主婦の生活実感が身に付きました。

しかし今、勤務しているローカルSMのMgrの中で、主婦の生活実感を持っているMgrが何人いるのか？

BYですら疑わしいものです。

実態は、当時のD社のBYでも同じです。

大筋では合っているでしょうが、お客様を満足させるだけの根拠がありません。

早速、科学的根拠に基づいた、お客様を満足させる「Q商品」の選定基準探しです。

1 「Q商品」の選定基準1……夕方のお客様が必要な大部分（70～80％）の商品

大宮店での青果部門の「動線調査」で、「夕方のお客様は、主に冷蔵ケースに沿って、価格も気にせず定番商品を足早に買物する」姿が見て取れました。

夕方のお客様は、いつも決まったお店で買物をしていただいている大切な「固定客」です。朝食・夕食に必要な食材が「品切れ」しているからといって、他の店舗に足りないものを買いに行く時間的な余裕はありません。

「品切れ」が多いと、あてにされずに他の店舗に移って行ってしまいます。

夕方のお客様が献立に必要な食材を、私たちには、「品切れ」させずに提供する責任があります。

「夕方商売」のスタートにあたっては、とりあえず、販売数量の多い主要商品の中から「品切れ不可商品」としての「Q商品」を決めました。

でも、これらの「Q商品」が、夕方のお客様の朝食・夕食の献立を100％満たす食材であるかどうかは自信がありません。

2000年11月の**資料31　Q商品リスト**は、部門によって多少の選定基準は違うものの、ある程度吟味され、改善した中身の「Q商品」リストです。

１９９０年頃の「Ｑ商品」リストは、部門ごとに「Ｑ商品」のコンセプト・選定基準が曖昧だったため、お客様から見て「どうしてこんな商品が朝食・夕食の献立に必要なの」という品目もありました。

お客様の朝食・夕食の献立にというより、お客様に売り込みたいという売り手発想の考えが先行していたからでしょう。

青果部門でも同じです。

定番の野菜の主要商品とは、どこまでを含むのか？

キャベツ、レタス、きゅうり、トマト……などはわかるが、もやしや貝割れなどはどうする。

どこで、どのような基準で線引きする。

同じキャベツでも、１玉、２分の１、４分の１カットの三つの品揃えＳＫＵがあり、１玉と２分の１カットのうちどれを「品切れ不可商品」にするのか、両方なのか？

「品切れ不可商品」をあまり多くすると荒利を圧迫される……悩みはつきません！

悶々としている中、当時「ＩＹのＳ社長」の記事が目に留まりました。

「夕方商売」は難しいことではない。

お客様の要望を１００％満たそうと、無理な発想をするから難しくなる。

お客様から見て許容範囲の70～80％（大部分）の要望を満たすつもりで品目を絞り、閉店まで品揃えすれば廃棄ロスも少なくなる。

……といった内容の記事だったと記憶しています。

渥美先生のチェーンストアの教科書の文章がよみがえります。

我々、チェーンストアの扱う商品は、生活の大部分（80％）をカバーし、販売量の多い部分を扱うことに専念する。

我々は、チェーンストアビジネス、百貨店や専門店ビジネスとは根本的に異なる。

普段の生活に必要な商品に絞り、大部分（80％）を生かすために割り切っている。

……とありました。

そうだ！　……と納得です。

少し「夕方商売」での「Q商品」の切り口が見えてきました。

「Q商品」は、夕方、17時以降に来店されるお客様が朝食・夕食に必要な商品に絞り込もうと決めました。

POSデータから導き出される科学的な根拠に基づいて「Q商品」を決めれば、お客様も納得されるはずです。

まずは、夕方16時以降にお客様がどんな野菜を買われているか、POSデータでSKU別に売れ数を調べました。

そして、金額ではなく、売れ数が多い順に並べて、売れ数累計構成比が70～80％に含まれるSKUを調べました。

その調査結果が、**資料32　野菜夕方売れ数ランキング**です。

これは、1991年12月、駅前立地の市川店の16時以降の野菜の売れ数98SKUの売れ数ランキングです。

上位26SKUで売れ数構成比約70％、36SKUで売れ数構成比の80％を占めます。

お客様が夕方16時以降購入される総売れ数の、70～80％に含まれるSKUが「品切れ」なく閉店まで品揃えされていれば一応の成果です。

資料32　野菜夕方売れ数ランキング

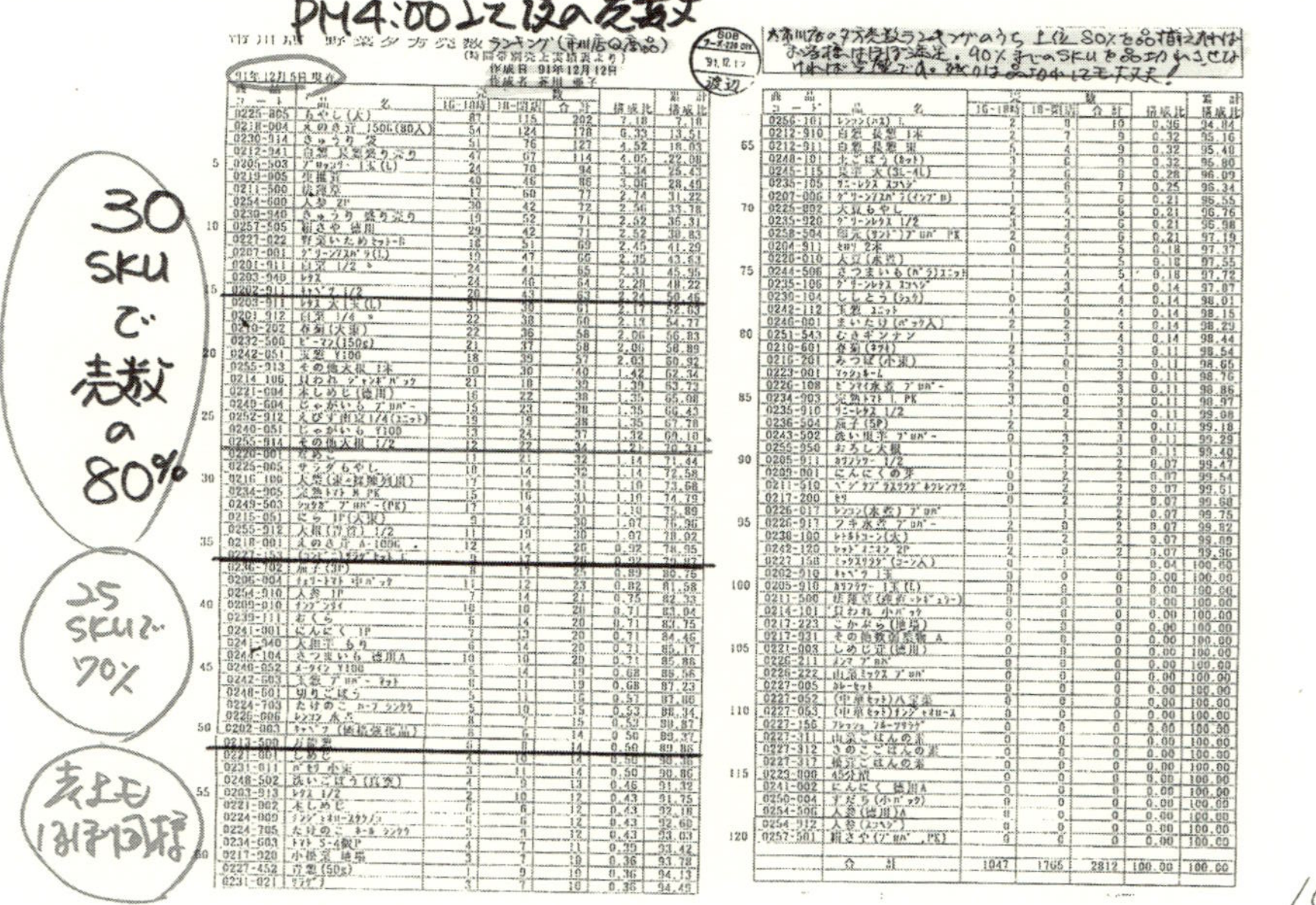

市川店　野菜夕方売数ランキング（全店Q商品）
（時間帯別売上実績表より）
作成日 91年12月12日
作成者 [illegible]
91年12月5日現在

商品コード	品名	売数 16-18時	売数 18-閉店	売数 合計	構成比	累計構成比
0225-805	もやし(大)	87	115	202	7.18	7.18
0218-004	えのき茸 150G(80入)	54	124	178	6.33	13.51
0230-914	きゅうり 袋	51	76	127	4.52	18.03
0212-941	白菜 長菜盛り沢り	47	67	114	4.05	22.08
0205-503	ブロッコリー 1玉(L)	24	70	94	3.34	25.43
0219-005	生椎茸	40	46	86	3.06	28.49
0211-500	法蓮草	17	60	77	2.74	31.22
0254-600	人参 2P	30	42	72	2.56	33.78
0230-940	きゅうり 盛り沢り	19	52	71	2.52	36.31
0257-505	絹さや 徳用	29	42	71	2.52	38.83
0227-022	野菜いためミット-B	18	51	69	2.45	41.29
0207-001	グリーンアスパラ(L)	19	47	66	2.35	43.63
0201-911	白菜 1/2	24	41	65	2.31	45.95
0203-940	レタス	24	40	64	2.28	48.22
0202-911	キャベツ 1/2	20	43	63	2.24	50.46
0203-911	レタス 大1玉(L)	31	30	61	2.17	52.63
0201-912	白菜 1/4	22	38	60	2.13	54.77
0210-202	春菊(大束)	22	36	58	2.06	56.83
0232-500	ピーマン(150g)	21	37	58	2.06	58.89
0242-051	玉葱 ¥100	18	39	57	2.03	60.92
0255-913	その他大根 1本	10	30	40	1.42	62.34
0214-106	貝われ ジャンボパック	21	18	39	1.39	63.73
0221-004	本しめじ(徳用)	16	22	38	1.35	65.08
0240-604	じゃがいも ブロパー	15	23	38	1.35	66.43
0252-912	えびす南瓜1/4(ユニット)	19	19	38	1.35	67.78
0240-051	じゃがいも ¥100	13	24	37	1.32	69.10
0255-914	その他大根 1/2	12	22	34	1.21	70.31
0220-001	なめこ	11	21	32	1.14	71.44
0225-005	サラダもやし	18	14	32	1.14	72.58
0216-100	大葉(束ね採集残用)	17	14	31	1.10	73.68
0234-905	完熟トマト M PK	15	16	31	1.10	74.79
0249-503	ショウガ ブロパー(PK)	17	14	31	1.10	75.89
0215-051	にら 1P(大束)	9	21	30	1.07	76.96
0255-912	大根(青首) 1/2	11	19	30	1.07	78.02
0218-001	えのき茸 A-100G	12	14	26	0.92	78.95
0227-153	(コンビニ)サラダセット I	9	17	26	0.92	79.87
0236-702	茄子(3P)	8	17	25	0.89	80.76
0206-004	チェリートマト 中パック	11	12	23	0.82	81.58
0254-910	人参 1P	7	14	21	0.75	82.33
0209-010	オニオンスライ	10	10	20	0.71	83.04
0239-111	おくら	6	14	20	0.71	83.75
0241-001	にんにく 1P	7	13	20	0.71	84.46
0241-940	大蒜 もり	6	14	20	0.71	85.17
0244-104	さつまいも 徳用A	10	10	20	0.71	85.88
0240-052	メークイン ¥100	5	14	19	0.68	86.56
0242-603	玉葱 ブロパー ネット	8	11	19	0.68	87.23
0248-601	切りごぼう	5	11	16	0.57	87.80
0224-703	たけのこ カーブ シンクウ	5	10	15	0.53	88.34
0226-006	レンコン 水煮	8	7	15	0.53	88.87
0202-003	キャベツ(鮮度強化品)	8	6	14	0.50	89.37
0213-500	万能葱	6	8	14	0.50	89.86
0221-001	しめじ	4	10	14	0.50	90.36
0231-011	パセリ 小束	3	11	14	0.50	90.86
0248-502	洗いごぼう(真空)	4	9	13	0.46	91.32
0203-913	レタス 1/2	2	10	12	0.43	91.75
0221-002	本しめじ	6	6	12	0.43	92.18
0224-009	ジンジャネローズタケノコ	6	6	12	0.43	92.60
0224-705	たけのこ ホール シンクウ	3	9	12	0.43	93.03
0234-603	トマト S-4個P	4	7	11	0.39	93.42
0217-920	小松菜 地場	3	7	10	0.36	93.78
0227-452	豆苗(50g)	1	9	10	0.36	94.13
0231-021	サラダナ	3	7	10	0.36	94.49
0256-101	レンコン(ハス) L	2	8	10	0.36	94.84
0212-910	白葱 長葱 1本	2	7	9	0.32	95.16
0212-911	白葱 長葱 束	5	4	9	0.32	95.48
0248-101	土ごぼう(ネット)	3	6	9	0.32	95.80
0245-115	長芋 大(3L-4L)	2	6	8	0.28	96.09
0235-105	サニーレタス スコヘジ	1	6	7	0.25	96.34
0207-006	グリーンアスパラ(インプB)	1	5	6	0.21	96.55
0225-802	大豆もやし	2	4	6	0.21	96.76
0235-920	グリーンレタス 1/2	3	3	6	0.21	96.98
0258-504	南瓜(サンド)ブロパ PK	2	4	6	0.21	97.19
0204-911	セロリ 2本	0	5	5	0.18	97.37
0220-010	大豆(水煮)	1	4	5	0.18	97.55
0244-506	さつまいも(バラ)ユニット	1	4	5	0.18	97.72
0235-106	グリーンレタス スコヘジ	1	3	4	0.14	97.87
0230-104	ししとう(シュク)	0	4	4	0.14	98.01
0242-112	玉葱 ユニット	4	0	4	0.14	98.15
0246-001	まいたけ(パック入)	2	2	4	0.14	98.29
0251-543	むきギンナン	1	3	4	0.14	98.44
0210-601	春菊(ネット)	2	1	3	0.11	98.54
0216-201	みつば(小束)	3	0	3	0.11	98.65
0223-001	マッシュルーム	2	1	3	0.11	98.76
0226-108	ゼンマイ水煮 ブロパー	3	0	3	0.11	98.86
0234-903	完熟トマト L PK	3	0	3	0.11	98.97
0235-910	サニーレタス 1/2	1	2	3	0.11	99.08
0236-504	茄子(5P)	2	1	3	0.11	99.18
0243-502	洗い里芋 ブロパー	0	3	3	0.11	99.29
0255-950	おろし大根	1	2	3	0.11	99.40
0205-911	カリフラワー 1/2	1	1	2	0.07	99.47
0209-001	にんにくの芽	0	2	2	0.07	99.54
0211-510	ベジタブルサラダホウレンソウ	0	2	2	0.07	99.61
0217-200	セリ	0	2	2	0.07	99.68
0226-017	ゼンマイ(水煮) ブロパ	1	1	2	0.07	99.75
0226-917	フキ水煮 ブロパー	2	0	2	0.07	99.82
0238-100	レトルトコーン(大)	0	2	2	0.07	99.89
0242-120	セットオニオン 2P	2	0	2	0.07	99.96
0227-158	ミックスサラダ(コーン入)	0	1	1	0.04	100.00
0202-910	キャベツ 1玉	0	0	0	0.00	100.00
0205-910	カリフラワー 1玉(L)	0	0	0	0.00	100.00
0211-500	法蓮草(徳用レギュラー)	0	0	0	0.00	100.00
0214-101	貝われ 小パック	0	0	0	0.00	100.00
0217-223	こかぶら(地場)	0	0	0	0.00	100.00
0217-931	その他数物野菜 A	0	0	0	0.00	100.00
0221-003	しめじ茸(徳用)	0	0	0	0.00	100.00
0226-211	メンマ ブロパ	0	0	0	0.00	100.00
0226-222	山菜ミックス ブロパ	0	0	0	0.00	100.00
0227-005	カレーセット	0	0	0	0.00	100.00
0227-052	(中華セット)八宝菜	0	0	0	0.00	100.00
0227-053	(中華セット)チンジャオロース	0	0	0	0.00	100.00
0227-156	フレッシュ フルーツサラダ	0	0	0	0.00	100.00
0227-311	山菜ごはんの素	0	0	0	0.00	100.00
0227-312	きのこごはんの素	0	0	0	0.00	100.00
0227-317	筍ごはんの素	0	0	0	0.00	100.00
0223-000	45[illegible]	0	0	0	0.00	100.00
0241-002	にんにく 徳用A	0	0	0	0.00	100.00
0250-004	すだち(小パック)	0	0	0	0.00	100.00
0254-506	人参(徳用)A	0	0	0	0.00	100.00
0254-912	人参(スコヘジ)	0	0	0	0.00	100.00
0257-501	絹さや(ブロパ ,PK)	0	0	0	0.00	100.00
	合計	1047	1765	2812	100.00	100.00

資料32の左上部を拡大したもの

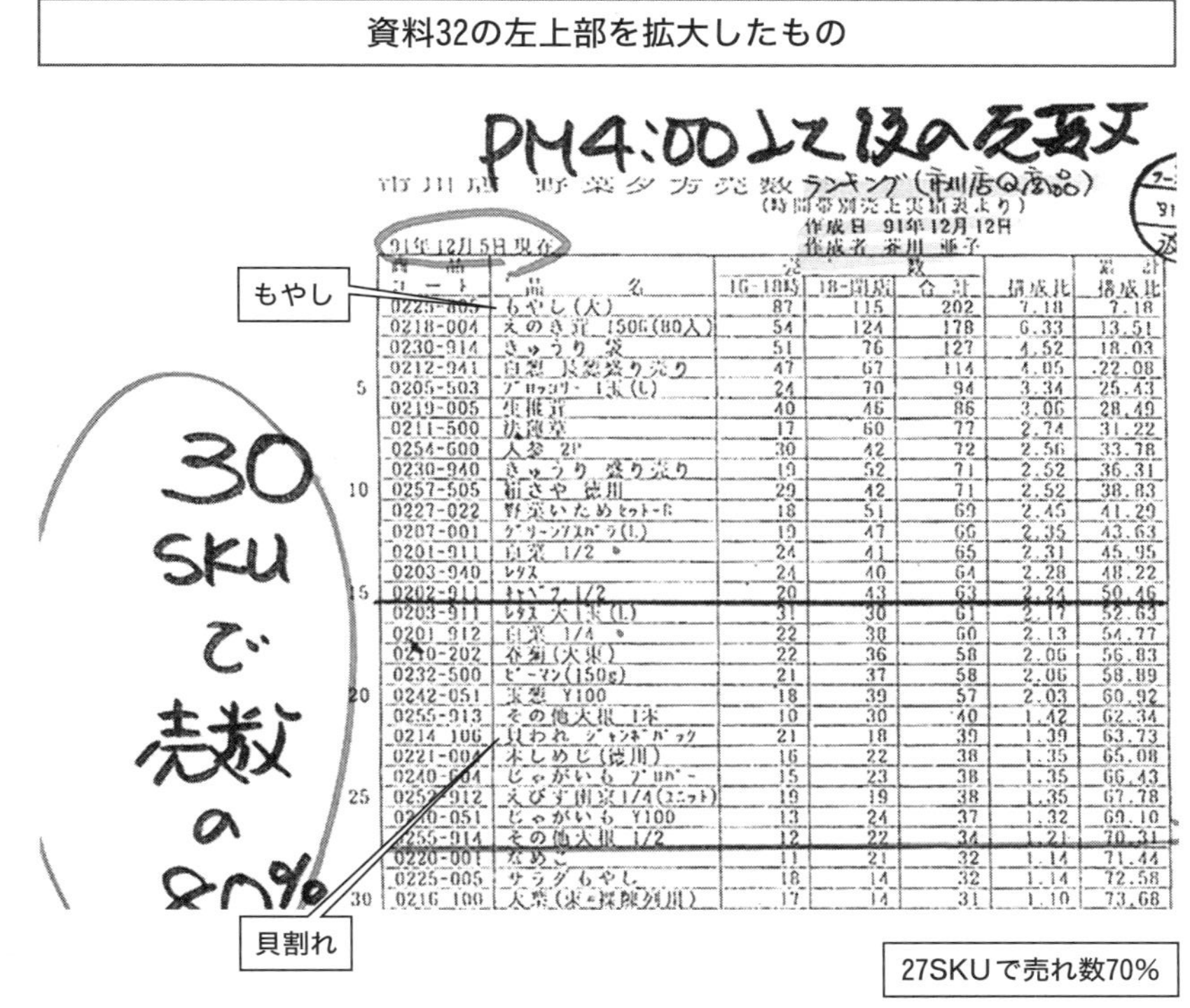

市川店　野菜夕方売数ランキング（市川店Q商品）
（時間帯別売上実績表より）
作成日 91年12月12日
作成者 [illegible] 亜子

91年12月5日現在

商品コード	品名	売数 16-18時	売数 18-閉店	売数 合計	構成比	累計構成比
0225-005	もやし(大)	87	115	202	7.18	7.18
0218-004	えのき茸 150G(80入)	54	124	178	6.33	13.51
0230-914	きゅうり 袋	51	76	127	4.52	18.03
0212-941	白菜 長葱盛り売り	47	67	114	4.05	22.08
0205-503	ブロッコリー 1玉(L)	24	70	94	3.34	25.43
0219-005	生椎茸	40	46	86	3.06	28.49
0211-500	法蓮草	17	60	77	2.74	31.22
0254-600	人参 2P	30	42	72	2.56	33.78
0230-940	きゅうり 盛り売り	19	52	71	2.52	36.31
0257-505	絹さや 徳用	29	42	71	2.52	38.83
0227-022	野菜いためセット-B	18	51	69	2.45	41.29
0207-001	グリーンアスパラ(L)	19	47	66	2.35	43.63
0201-911	白菜 1/2	24	41	65	2.31	45.95
0203-940	レタス	24	40	64	2.28	48.22
0202-911	キャベツ 1/2	20	43	63	2.24	50.46
0203-911	レタス 大1玉(L)	31	30	61	2.17	52.63
0201-912	白菜 1/4	22	38	60	2.13	54.77
0210-202	春菊(大束)	22	36	58	2.06	56.83
0232-500	ピーマン(150g)	21	37	58	2.06	58.89
0242-051	玉葱 ¥100	18	39	57	2.03	60.92
0255-913	その他大根 1本	10	30	40	1.42	62.34
0214-106	貝われ ジャンボパック	21	18	39	1.39	63.73
0221-004	本しめじ(徳用)	16	22	38	1.35	65.08
0240-604	じゃがいも プロパー	15	23	38	1.35	66.43
0252-912	えびす南瓜1/4(ユニット)	19	19	38	1.35	67.78
0240-051	じゃがいも ¥100	13	24	37	1.32	69.10
0255-914	その他大根 1/2	12	22	34	1.21	70.31
0220-001	なめこ	11	21	32	1.14	71.44
0225-005	サラダもやし	18	14	32	1.14	72.58
0216-100	大葉(束[illegible])	17	14	31	1.10	73.68

27SKUで売れ数70%

売上構成比で比較しても大きな違いはありません。

さらに中身を吟味します。

常温陳列でも鮮度的に問題ないじゃがいも・玉葱など、冷蔵ケース内陳列のえのき茸やしめじなどの貯蔵性に富み、もともと「品切れ」させるべきでないSKUを除いていきます。

キャベツ、レタスなどの1玉と2分の1、きゅうりの1本と3本などの品目内で重複しているものは、用途の代替が利くのでどちらかに絞ります。

夕方16時以降のお客様は主婦の他に単身者が多いので、1本・1玉よりも少量の2分の1サイズが望ましいでしょう。

このPOSデータは、12月5日、1日のみのものです。

POSデータを、お客様の購買行動に合わせて、休み明けの月曜日、平日の火・水・木曜日、週末の金・土・日曜日に区切って分析すると、要注意「品切れ不可商品」は15SKU前後に落ち着きました。

野菜100SKUのうち約15SKU前後で夕方お客様の要望の大部分（70〜80％）を満たせるのですから驚きます。

20〜25SKUまでなら、なんとか管理可能なSKU数ですから、約90〜95％までお客様の要望を満たせるということになります。

販売単価が低いので、金額での発想では浮かんでこない「もやし」が堂々の1位です。

その他グリーンアスパラ、野菜いためセット、貝われなど予想外の品目が並びます。

店舗が立地している地域に住まわれているお客様のニーズがPOSデータに反映されるはずですから、「Q商品」は店舗ごとに違うはずです。

貴重なPOSデータがあるのに活用もせず、手っ取り早く経験と勘に頼った軽率な判断と行動を起こしては、お客様に迷惑をかけてしまいがちです。

データを分析して、考え抜いて迷った末の経験と勘の活用が、正しい道筋でしょう。

ドイツの「カント」の言葉に、「経験なき理論は空虚、理論なき経験は盲目」とありましたが、名言です。

課題については、常に問題意識を持って問題解決の糸口を考え続け、アンテナを張っていると、ちょっとした記事や埋もれていた記憶が甦って、問題解決へと導いてくれます。

2 「Q商品」の選定基準2……17時以降の売れ数構成比が60%の商品

富士山の頂に登る道は、静岡側から、山梨側からと様々です。

お客様の要望に応える道も様々です。

市川店のPOSデータ**資料32　野菜夕方売れ数ランキング**の手法で、「Q商品」を選定する方法も一つです。

このPOSデータをヒントに、簡便な「Q商品」の選定方法も生まれました。

単品の17時以降の売れ数構成比が60％以上の商品を「Q商品」とする簡便な方法です。

主に、17時以降に売れる商品ですから一理あります。

この方法だと、1日の売れ数が少ない商品でも、17時以降の売れ数が60％以上あれば対象商品となります。

1日の売れ数が少ないからと言って安易にカットせず、ポイントカードの顧客データを参照するなどして、どんな顧客が買われているのかチェックするのも重要でしょう。

月間購買金額の高い優良顧客が買われているのであれば、カットするのは要注意です。

まずは、POSデータをしっかり見て、その上でMgrの経験と勘を活かして判断すれば、「Q商品」の精度としては充分でしょう。

大事なことは、夕方来店されるお客様の朝食・夕食に必要な大部分（70〜80％）の商品を、「品切れ」なく提供するためにはどうしたらいいかということです。

(7) ローカルSMでの「夕方商売」の実例

東京と神奈川のローカルSMに勤務しました。

これらの企業の会社方針には「我々は、変化適応業」と唱っていました。でも、このようなお客様の重要な行動変化を充分認識できておらず、夕方の売上構成比の数字も把握されていないのが実態で驚きました。

価格志向の午前中のお客様をチラシの価格やポイントで集客する商売が中心で、22～23時まで営業しながら、1日の売上構成比が50％となる時間帯は14～15時の店舗がほとんどでした。昼間のお客様しか相手にしていないということです。

「夕方商売」の重要性を認識してもらうため、ある団地立地の店舗で「夕方商売」の対策を実施すると売上前年比は105％になりました。

なぜそうなったのかを理解させるためデータを分析して説明します。

開店から16時までの売上前年比は100％で変わりませんが、16時から閉店までの売上前年比が110％となっていました。

「夕方商売」で、いかに夕方のお客様へのサービスが疎かになっていたかが分かりました。

売上が伸びないと経営幹部は嘆いていましたが、私から見ると売上の「のりしろ」はまだまだたくさんです。

「売る」のでなく「買っていただく」へと発想を180度変え、お客様の買物の㊌（不便、不満、不信など）と㊚（負担、負荷など）をなくすことに取り組めば、お客様からの感謝の気持ちが売上、荒利という形で必ず返ってきます。

本書の初めの部分にも書きました。

「売る立場」から「買う立場」に180度視点を変えて、お客様の要望に寄り添いながらのお客様視点でしか現状を変えることはできません。

渡辺　一憲（わたなべ　かずのり）

京都大学農学部大学院修了後、約40年間食品小売業に従事。1976年ダイエー入社。商品部フーズライン青果部門で18年間。BY、本社青果企画部門責任者、関東及び九州地区青果責任者を経験しながら、現在の自己の基礎を築く。商品部フーズライン地域商品部長として10年間。アメリカ、関東地区SM、四国で多数のSM不振店舗やSM企業の活性化、再生に従事。2004年ダイエー退社後、東京、神奈川、愛媛のローカルSMで不振の本店、旗艦店舗などの活性化と人材育成のお手伝い。この3年は、生鮮強化のため、昔とった杵柄を活かし、青果部門のBY、SV、Mgrを兼務しながら、人材育成、構造改善のお手伝い。［資格］①中小企業診断士、②税理士、③TOEIC 820点。

「野菜の価格が高い！」
D社対IY戦争で知る商売の真髄

2017年2月13日　初版発行

著　者　渡 辺 一 憲
発行者　中 田 典 昭
発行所　東京図書出版
発売元　株式会社 リフレ出版
〒113-0021　東京都文京区本駒込 3-10-4
電話（03）3823-9171　FAX 0120-41-8080
印　刷　株式会社 ブレイン

ISBN978-4-86641-019-7 C0034
Printed in Japan 2017
落丁・乱丁はお取替えいたします。

ご意見、ご感想をお寄せ下さい。

［宛先］〒113-0021　東京都文京区本駒込 3-10-4
東京図書出版